四川省社会科学院重大项目

四川省社会科学院
学术文库

文化创意产业系统研究
——基于CAS的理论与方法

肖云 ◎ 著

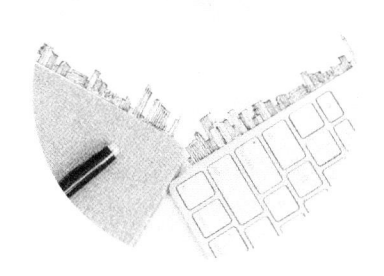

中国社会科学出版社

图书在版编目（CIP）数据

文化创意产业系统研究——基于CAS的理论与方法／肖云著．—北京：中国社会科学出版社，2018.10
（四川省社会科学院学术文库）
ISBN 978-7-5203-3472-3

Ⅰ．①文… Ⅱ．①肖… Ⅲ．①文化产业—产业发展—研究 Ⅳ．①G114

中国版本图书馆CIP数据核字（2018）第249980号

出 版 人	赵剑英
责任编辑	喻　苗
责任校对	胡新芳
责任印制	王　超

出　　版	中国社会科学出版社
社　　址	北京鼓楼西大街甲158号
邮　　编	100720
网　　址	http://www.csspw.cn
发 行 部	010-84083685
门 市 部	010-84029450
经　　销	新华书店及其他书店

印刷装订	北京明恒达印务有限公司
版　　次	2018年10月第1版
印　　次	2018年10月第1次印刷

开　　本	710×1000　1/16
印　　张	17.5
插　　页	2
字　　数	278千字
定　　价	75.00元

凡购买中国社会科学出版社图书，如有质量问题请与本社营销中心联系调换
电话：010-84083683
版权所有　侵权必究

自　　序

对文化创意产业进行系统研究，可选的路径和方法很多。产业链、价值链、生产要素、生产主体、信息流或现金流等都是可以选择的角度；从方法来说，经济学方法、文化学方法、人类学方法、数学方法、计算机方法、演化方法等无一不可。目前的研究成果从产业链和价值链角度、采用经济学和文化学研究方法的较多，从其他路径和方法来进行研究的很少；而把系统方法贯穿到底的著作笔者尚未见到。

文化创意产业在许多发达国家占GDP的份额都很高，美国、英国甚至成为了国民经济的支柱产业，占GDP的份额都在20%以上。这种情况至少在20世纪中叶以前不会发生。因为文化创意产业除了人均GDP要达到一定水平才有可能发展以外，社会的复杂化以及科技的进步也是必不可少的条件。复杂社会为人们的交流和交往创造了更多的机会，人与人之间的思想碰撞更加频繁，丰富多彩的社会生活孕育出各种各样可以商业化的"新思想"（约翰·霍金斯），这为创意产业的生长发育提供了土壤。而简单社会则不可能产生丰富的创意、创意也不可能成为产业。同时，科技的进步在推动社会生活更加复杂的情况下，也便利了人们分享思想，而且这种分享往往可以以感性化的方式（社交化、媒介化、感官化、娱乐化）来呈现。没有科技的进步，思想无法以感性化的形式存在，创意产业化就会遭遇重重困难。科技不仅为创意产业化创造了手段，而且为创意产品提供了规模化消费的可能，这就为创意产业的发展壮大预备了道路。

从复杂社会生活中产生出来的创意产业比起其他产业来，势必带有相当的复杂性，如果采用简单的方法去研究，难免方枘圆凿。诞生于20

世纪中叶的复杂性科学研究成果刚好为我们的研究提供了方法论上的指引。而在复杂性科学的所有研究成果中，目前被人们公认的、操作性和适用性都较好的理论是圣菲研究所约翰·霍兰等人建构的复杂适应系统理论。因此，本书根据上述认识采用了约翰·霍兰的理论，从形态发生的角度、并基于演化方法，从产业链、产业园区、产品、市场和创意城市诸方面讨论了文化创意产业的形态发生问题。特别是以复杂适应系统理论所创造的回声模型和遗传算法，透彻阐释了创意产业园区的形态发生和演化过程；又以中国艺术产业和日本动漫产业为例，从产业链的角度研究了创意产业的形成和演化，其中日本动漫产业是一个完整的个案。读者看完全书应该可以懂得创意产业的形态发生和演化规律、明白复杂适应系统理论对于创意产业研究的价值。

书中可以偶见数学公式，这只是把已有的数学成果作为一个论据而已，没有这个论据，问题也已经阐述得很清楚。对于患有"数学恐惧症"的读者，完全可以忽略这些段落，一点也不影响对本书的理解。

尽管写书貌似一项很独立的工作，但其实是离不开师友的帮助的。特别感谢西南交通大学我的博士生导师叶怀珍教授对本书所提供的指导。感谢西南交通大学杜文教授、高隆昌教授、陈光教授、王成章教授以及李宗平教授、唐春勇教授，感谢四川省社会科学院文兴吾教授、西南财经大学王学义教授、东南大学李文权教授、北京交通大学何世伟教授、原铁道部经济规划研究院仁民教授。感谢同门博士赵素霞女士、王琳女士所提供的诸多帮助。

谨序。

2018 年孟夏

目　录

第一章　绪论 ……………………………………………………（1）
　第一节　问题的提出 ……………………………………………（1）
　第二节　复杂适应系统（CAS）理论国内外研究的现状 ………（3）
　第三节　创意产业相关研究述评 ………………………………（21）
　第四节　CAS 理论在创意产业研究中的运用概览 ……………（33）
　第五节　本书研究的主要内容、目标与方法 …………………（34）

第二章　创意产业系统的 CAS 原理分析 ……………………（36）
　第一节　创意产业系统的主体构成 ……………………………（37）
　第二节　作为 CAS 的创意产业系统的特性 ……………………（83）
　第三节　作为 CAS 的创意产业系统的机制 ……………………（96）
　第四节　本章小结 ………………………………………………（109）

第三章　创意产业主体的性能分析 …………………………（110）
　第一节　创意产业主体的执行系统 ……………………………（110）
　第二节　创意产业主体的信用分派 ……………………………（120）
　第三节　创意产业主体的规则发现 ……………………………（132）
　第四节　本章小结 ………………………………………………（139）

第四章　创意产业系统的回声模型分析 ……………………（141）
　第一节　创意产业系统回声模型的建立 ………………………（141）
　第二节　基于回声模型的创意产业主体的交换接触 …………（149）

第三节　基于回声模型的创意产业主体的交配接触 …………（155）
　　第四节　本章小结 …………………………………………（172）

第五章　创意产业系统自组织演化机理分析 …………………（173）
　　第一节　创意产业系统的自组织现象 ……………………（173）
　　第二节　创意产业自组织演化的条件 ……………………（178）
　　第三节　创意产业自组织演化的动力机制 ………………（180）
　　第四节　系统自组织演化的形式 …………………………（184）
　　第五节　创意产业自组织演化的复杂性 …………………（187）
　　第六节　本章小结 …………………………………………（192）

第六章　专题：文化新业态与创意城市发展研究 ……………（194）
　　第一节　研究综述 …………………………………………（194）
　　第二节　创意城市研究的出发点 …………………………（200）
　　第三节　文化新业态与创意城市建设 ……………………（201）
　　第四节　本章小结 …………………………………………（204）

第七章　专题：健全现代文化市场体系研究 …………………（205）
　　第一节　研究述评 …………………………………………（205）
　　第二节　现代文化市场体系的特殊性研究 ………………（211）
　　第三节　现代文化市场体系的培育 ………………………（230）
　　第四节　本章小结 …………………………………………（251）

结论与展望 …………………………………………………………（254）

参考文献 ……………………………………………………………（259）

后　记 ………………………………………………………………（271）

第 一 章

绪　　论

第一节　问题的提出

进入 21 世纪的今天，人类社会已经变得愈来愈复杂。构成人类社会的各个组分、各个层次都差不多已经由过去的简单系统变成了复杂系统；而且这些系统都在由其他系统提供的、不断变化的情境中活动，并与其他系统交互。很多情况下，一个系统各种活动的效用往往要取决于其他系统的行为；因此一个系统的报酬、收益等都不是显而易见的可以描述的，我们已经无法直接给系统的报酬、收益赋予某个固定的值或者预定一个随时可以纳入计算范围的函数。

正因为如此，所以我们如果还采用传统的方法来研究复杂的现实世界，就会显得方枘圆凿。复杂现象、复杂事物只能采取相应的、复杂的方法来研究才能奏效。

创意产业作为社会经济文化系统发展的必然结果，从其诞生开始就是一种复杂现象；既是复杂的经济现象、复杂的思想文化现象，也是复杂的社会现象。但是目前研究创意产业的手段还基本上采用的是传统的研究方法。把创意产业看成经济现象的，就用经济学方法来进行研究，诸如要素禀赋理论、价值链理论、效用理论、竞争优势理论、计量经济学理论、营销理论等；把创意产业看成文化现象的，就用文化研究手段来进行研究，诸如文化资本理论、意识形态理论、文化软实力理论、文化领导权理论等；同样，把创意产业当作社会现象来认识的人，则采用文化社会学、文化地理学、城市文化学等理论来进行研究。我们把这样的研究叫作"代入式"研究：把过去的理论和方法直接"代入"已经大大向前发展了的现实对象的研究。与物质产品相比，创意产业作为一种精神产品的生产和消费，有着特殊的生产规律和消费规律。直接把物质产品生产的理论（姑且不论这些理论本身的科学性）"代入"精神产品的生产领域进行解释，这种方法很可能把研究简单系统所采用的简单方法套用到创意产业这一复杂系统的研究之中，貌似有理，实则于创意产业的理论建构和实践指导都没有多大的意义。

当然，并不是说传统的研究方法已经走到穷途末路了，而是说，单凭传统的方法，无法真实、正确、系统地反映创意产业的发展和演变规律。

我们认为，面对复杂的创意产业必须采用复杂性科学的方法来研究。以对我国著名的北京 798 文化创意产业园区的研究为例，粗略统计，目前对 798 研究的文献总字数超过 200 万字（其中专著 6 本，论文 60 余篇），这些研究除了少数粗制滥造以外，很多研究都下过很大功夫，从传统的研究思路来看，堪称不刊之论。但是，这些研究差不多都是循着经济学、文化学、社会学的理论思路来进行分析的。我们认为，就某一方面、某一问题来说它们有一定的参考价值，但总的来看缺乏普遍的指导意义，让人觉得不是理论研究，而更像工作总结或经验总结。

从 20 世纪三四十年代开始，国际科学界就着手对复杂系统理论进行研究，迄今为止，以美国圣菲研究所的成果最为显著。而圣菲研究所的成果又以约翰·霍兰的复杂适应系统（Complex Adaptive System，简称 "CAS"）理论最为引人注目。虽然 CAS 理论本身还留下了许多未解的问题，尚在进一步完善之中，但 CAS 理论却已经在生物学、人工生命、经济学、社会学、航天科学等领域得到了广泛的、卓有成效的应用。

但是，把 CAS 理论系统地运用于创意产业领域研究的，目前还很稀少。从中国知网、万方数据全域搜索出来的相关研究成果仅 10 余篇；而且这些研究主要集中在运用 CAS 理论来探讨创意产业集群的形成和演化这一个方向。国外的相关研究同样不易检索到（详见本章"第四节 CAS 理论在创意产业研究中的运用概览"）。这在一定程度上可能跟 CAS 理论和创意产业理论诞生的时间都还不长、能够把两者联系起来的人还不够多有关。

本书试图全面、系统地运用 CAS 理论来研究创意产业的要素（主体）

构成和系统演化，以期对 CAS 理论和创意产业理论都有新的贡献，同时对创意产业的实践也具有指导意义。当然这只能算是一种大胆尝试。因为 CAS 理论本身还不完善，还在不断发展之中；同时，尽管创意产业已经在全世界轰轰烈烈地开展起来，并取得了令人瞩目的成就，但创意产业理论却尚在草创之中——立足于物质产品生产的传统经济学对于精神产品生产的创意产业常常显得力不从心、甚至漏洞百出。因此，我们试图用两种都尚不成熟的理论（CAS 理论和创意产业理论）来研究一种很成熟的产业似乎有点自找苦吃，但我们觉得哪怕付出很多而所得甚微，但走一条新路总比重复别人走过的道路有意义得多。事实上，当我们基本完成自己的研究以后发现，尽管这种尝试在很多方面都还显得笨拙、幼稚，但是，比起其他研究手段来，在这条新路上，一些新的理论发现和理论建树无论对于 CAS 理论研究还是对于创意产业研究，或者对于创意产业实践，都具有比较大的理论价值和实践意义。

第二节　复杂适应系统（CAS）理论国内外研究的现状

研究创意产业这种复杂现象，可以采用的复杂理论很多，如耗散结构理论、协同学、混沌理论、复杂网络理论、CAS 理论等。本书以 CAS 理论为主线，从 CAS 理论出发，并适当吸收相关的理论成果来进行研究。对于随处可见的有关复杂性科学研究的历史和现状描述，这里就叙述从略，直接进入到对 CAS 理论的讨论中。

一　CAS 理论的由来和重要研究成果举例

（一）CAS 理论的由来

1994 年，美国密歇根大学计算机科学与电子工程教授兼心理学教授、遗传算法的创始人约翰·霍兰（Holland J. H.）在美国圣菲研究所成立 10 周年之际，以 "Complexity Made Simple"（复杂创造简单）为题做了一个演讲，提出了比较完整的 CAS 理论。次年，霍兰出版了代表 CAS 理论成果的重要著作 "*Hidden Order: How Adaption Builds Complexity*"（《隐秩序——适应性造就复杂性》），该书系统地阐述了复杂适应系统的理论体系。1998年，霍兰又出版了一本有关CAS理论的科普读物"*Emergence, From Chaos to Order*"（《涌现——从混沌到有序》）。两本著作在形式上看，似乎一本是严格意义上的科学著作，而另一本只是通俗读物，实质上，两者是可以互相参看、互为补充的。从两书的副标题看，前者的重点是表达圣菲研究所的核心观点，那就是"适应性造就复杂性"；而后者则主要是表明复杂系统的演变特征，那就是从小到大、从简单到复杂、从混沌到有序，所以，视角和思路都有很大差异。

当然，对CAS理论做出过重要贡献的人还不止霍兰。著名物理学家M.盖尔曼（Murray Gell-Mann）在研究复杂性问题时，最先提出了要特别重视复杂适应系统的复杂性研究；同时还指出要从演化的角度来研究复杂适应系统，因为系统演化使复杂适应系统的复杂性不断增加，从而产生新的复杂适应系统。盖尔曼是在他于1994年（即霍兰的《隐秩序》出版的前一年）出版的"*The Quark and the Jaguar*"（《夸克与美洲豹——简单性和复杂性的奇遇》）一书中阐述上述思想的。

还有一位叫J.L.卡斯蒂的圣菲学者1999年出版了专著"*Complexi Fication*"（《复杂状态》）。他特别强调复杂适应系统的"涌现"和"令人惊奇性"；并把"令人惊奇性"视为涌现和复杂性的本质特征，进而把复杂性科学称为"惊奇的科学"。

霍兰很少就复杂性本身的特征进行讨论，但他对于复杂适应系统的考察和研究，却形成了"适应性造就复杂性"的基本信念，并构成了圣菲研究所复杂性研究的典型特征。

（二）CAS理论研究的重要成果举例

CAS理论问世以来，全球学者都对其进行了更加深入和细致的研究，研究的重点主要在分类器系统、非线性运动、随机演化、协同、自组织、信用算法、遗传算法、共同演化、回声模型、受限生成过程、混沌现象、系统仿真和建模、Swarm建模平台等方面。

从我国来看，龚小庆、范文涛基于瑞士学者皮亚杰的结构主义思想提出了复杂适应系统演化模型的理论框架，为在计算机上进行CAS演化模型的模型模拟贡献了有用的理论指导（2000）。张江、李学伟基于CAS理论自主开发了数字人工生命模型Autolife，对于揭示复杂适应系统的演化、涌现规律等具有较为重大的意义（2005）；同时两人还基于ACE（Agents-based Computational Economics，ACE 基于主体的计算经济学）理论，针对经济系统建立了人工经济模型，提出了 SIMECO 模型，部分说明了现实经济系统中存在的涌现规律（2005）。北京化工大学王迪兴提出了"准全息系统论"这一复杂适应系统的定量形式化描述模型；而且基于这种理论提出了一种全新的计算机结构原理与技术，并获得了中国、俄罗斯、美国的专利（2004）。

此外，谭跃进、邓宏忠基于复杂适应系统主体的灵活性，揭示了经济主体行为的改变对市场环境的影响，简化了运用公式和符号解决问题的复杂运算过程，在传统经济学问题的研究中发挥了重要作用（2001）；王毅、吴贵生提出了动态核心能力是由企业内在的一系列构成要素组成的复杂自适应系统，是体现于企业组织之中的动态知识体系（2007）；陈蔚珠和陈禹运用 CAS 理论分析了企业信息系统项目中各种风险关系以及如何进行风险管理和应该采取的策略（2004）。张兵和曾珍香基于 CAS 理论分析了企业可持续发展动力机制以及核心理念、资源平台、位势平台、制度平台和能力平台五大要素之间的相互关系，建立了企业可持续发展的金字塔模型（2004）。

其他还有，李刚、邢书宝将 CAS 理论应用到资源承载力人工社会模型中，研究固定资源条件下对不同数量人口的支撑作用，得出了一个国家在一定时间内从其内外部获取的资源恒定不变，要发展综合国力，提高人民的生活水平，就只有适当控制人口数量的结论（2007）。秦小林、张庆国等将复杂性理论应用于生态系统研究中，提出生态系统是一个典型的复杂适应系统，处于混沌的边缘，内部作用是生态系统复杂化、有序化及自组织的主要推动力（2007）。

国外的研究成果也很多。Teece、Pisano 等提出的组织动态能力，强调对快速的环境变化的适应、组织过程独特性，学习、整合、创新的重要性（1997）。Warfield 针对组织管理的复杂性进行了研究，提出用交互式管理的方法解决组织管理中的复杂性问题（1998）。Nonaka 和 Konno 将复杂适应系统理论应用于知识管理研究，提出自组织能让个体更加自由地吸收知识，从而更有可能创造新知识（1998）。Bennet Alex 和 David Bennet 指出社会系统中下一代知识型组织应当是智能复杂适应系统，社会主体间可自由进行知识交互；并基于 CAS 理论，通过可量化的公式描述社会主体间的相互关系，创建直观的演示平台（2000）。Babaoglu 和 Meling 等运用 CAS 理论研究社会系统中对等网络问题，利用多主体仿真，建立了对等节点网络的动力学模型，提出社会中的适应主体如何合作解决复杂问题的路径（2002）。Zofia 等预测下一代公共基础设施的研究将会运用 CAS 理论的模型和方法，以增强公共基础设施的运作管理能力（2005）。Montemagno 等将复杂适应系统理论引入到生物工程上，提出嵌入聚集体的智能行为，使智能治疗迈入了新阶段（2006）。Nicholas 和 Robert 基于复杂适应系统理论阐述了主体仿真对研究竞争市场过程和策略的意义（2007）。E. Santos 等将复杂适应系统理论应用在生命科学领域的短期适应模型中，研究细菌聚集过程，并通过实验验证了模型的正确性（2007）。

以上所列举的有关 CAS 理论的运用，大多立足于不同的领域，其运用的思路和方法对于我们如何把 CAS 理论运用于创意产业研究很有启发和借鉴意义。

二　CAS 理论概述和简评

霍兰的 CAS 理论主要由四个部分组成。一是研究 CAS 系统的共同特征；二是对构成 CAS 系统的所有主动性元素——"适应性主体"进行具有通用价值的定义，研究适应性主体所具有的共同性能；三是研究适应性主体的行为规律及其交互作用；四是根据以上三个方面的研究，尝试建立 CAS 系统的普适理论。由于第四个方面的内容霍兰只是指出了一些通向理论的路标，所以下文在对霍兰 CAS 理论的回顾中，不再对这个方面进行介绍。

（一）CAS 系统的共同特征

根据霍兰的研究，任何复杂适应系统都有 7 个基本点，包括 4 个通用特性和 3 个机制。4 个通用特性是"聚集""非线性""流"和"多样性"；3 个机制是"标识""内部模型"和"积木"。这 7 个基本点就是所有 CAS 系统的共同特征。

聚集，指个体可以相互黏着，形成更大、更多个体的聚集体。聚集有两种情况，一是聚类，同类个体聚集在一起，但这类聚集不管个体之间的相互作用；二是个体之间通过相互作用而聚集在一起，并发生进一步的相互作用。在《涌现》一书中，霍兰经常把"机制""积木块""构件"等概念交叉使用，目的就是要突出在 CAS 系统中所谓的机制，或者构件、积木块都不是孤立静止的元素，而是关系中的元素、活动中的元素，或者说遵循一定规律的、处在运动中的元素。同样，聚集并不是死板的类聚，就像一个没有任何结构的沙堆一样，而是要通过相互作用、形成一定的内在结构、有自己的功能和生命。这样，新的聚集体就如同个体般运动，从而可以成为更高一级的主体——介主体；介主体又可以再次聚集，产生介介主体……这个过程重复几次，就得到了 CAS 非常典型的层次组织。在这样的层次组织之中，各种主体和各个主体之间相互作用，往往会涌现出复杂的大尺度行为。所以霍兰指出，聚集是 CAS 最根本的适应性机制。

非线性，是指个体的相互作用以及它们的各种参量、特征量的变化，完全遵循非线性关系，涉及非线性因素。我们的数学工具，从简单的算术、微积分到代数拓扑学，大多依赖于线性假设。但是 CAS 主体之间的相互作用总是使主体的行为比人们用求和或求平均方法所预期的事实要复杂得多。人们很难用线性方法来分析这些相互作用之间的结果。

流，在任何 CAS 系统中都存在【节点、连接者、资源】这样的三合一组合。在这个组合之中，一般来说，节点就是适应性主体；而连接者则表明主体之间可能的相互作用。系统资源通过连接者在主体（节点）之间流动，包括信息流、能量流、物质流等，这就是 CAS 系统的"流"特性。在 CAS 中，网络上的流动因时而异；而且，节点和连接者会随着主体的适应或不适应而出现或消失。流，是 CAS 理论的一个重要概念，霍兰在最后建立 CAS 回声模型的计算机模拟过程中，其核心就是"流网络"。

多样性，指每一个主体都占据着自己的生态位，而生态位的丰富多样，就产生了主体的差异性。同时 CAS 的多样性是一种动态模式，通常具有持存性和协调性。当主体蔓延开辟了新的生态位，产生了可以被其他主体通过调整加以利用的新的相互作用的机会时，主体的主动适应就会产生多样性；而每一次新的适应，又会产生进一步的相互作用，并为新的生态位开辟可能性。正是这样的多样性使主体不断分化和扩大，从而产生 CAS 的复杂性。是什么因素导致了 CAS 的多样性的动态模式呢？

起码有两点是可以肯定的，那就是"流"和"非线性"。生物多样性的相互作用可以通过面向主体的资源流得到解释；新的生态位的出现，可以通过"再循环流"来解释。从非线性来看，由形形色色的主体的聚集所引发的资源再循环，比个体行为的总和要多得多。

标识，指引主体聚集、帮助主体进行选择性相互作用的要素就是标识。CAS通过标识来操纵对称性；设置良好的、基于标识的相互作用，为主体的筛选、特化与合作提供了合理的基础，这就使介主体和组织结构得以涌现，即使在其各个部分不断变化时它们依然能够保持自身的聚集和彼此的相互作用。标识在CAS中的意义就在于，它是主体为了聚集和边界生成而普遍存在的一个机制，是隐含在CAS中具有共性的层次组织机构背后的机制。

内部模型，指CAS系统实现预知和预测的内部机制。主体必须在它所收到的大量涌入的输入中挑选模式，然后将这些模式转化成内部结构的变化。最终结构的变化，即模型，必须使主体能够预知。所谓预知，就是指主体再次遇到该模式（或类似模式）时，能够认识到随之发生的后果是什么。内部模型是与外部模型相区别的一个概念，所谓外部模型是指主体根据过去的预测经验而采用的外部预测手段，如早期的人类建造的、用来预测昼夜平分时的巨石阵。在这种情况下，外部模型扩展了内部模型。不过，内部模型不完全等同于内部结构，只有当我们根据一个主体的内部结构，可以推断出主体的环境时，内部结构才是一个内部模型。一个有效的内部模型不仅能推断出主体的环境，也能主动地确定主体的行为，并能根据这个行为对未来结果有效地预知；否则即是无效的内部模型。进化过程就是支持有效的内部模型，并剔除无效内部模型的过程。

但是，恒新性是CAS的重要标志，而内部模型只有在其描述的情景反复出现时才是有用的，因此，主体如何才能应付这样一个恒新的环境呢？于是霍兰又提出了"积木"的概念。

积木，就是指内部模型的生成机制和基本构件。CAS所使用的积木，通常是适应性主体在过去经验的基础上，通过无数次的适应而产生的。使用积木生成内部模型是CAS系统应付恒新环境的一个普遍特征。如果模式是隐式的，则发现和组合积木的过程通常是按照进化的时间尺度来进展的；如果模式是显式的，则时间尺度就较短。

但是，霍兰并不像我们这样把7个基本点分成特性和机制来进行阐述，而是依据它们之间相互作用的逻辑来顺次论述的，其顺序是：聚集、标识、非线性、流、多样性、内部模型、积木。根据霍兰的这个顺序，这7个基本点之间的关系可以表述为：主体之间通过标识进行聚集，然后产生非线性作用；非线性作用的动力来自主体之间的各种物质、信息和能量的交换（流）；在非线性和流的作用下，生成了主体的多样性及多样性的动态模式；多样性的主体又根据自己的内部模型来对环境做出反应，但由于环境是恒新的，因此这种内部模型必须根据过去经验，利用已经存在的积木来进行修正，生成新的内部模型，才能应对恒新的环境。在这个过程中，主体通过选择、学习或不断适应，改变自己的性能参数，同时也改变自己的功能属性，从而导致整个系统的功能结构不断发生变化。这种变化规律是，适应性主体从所得到的反馈中加强了自身的存在，同时也给其延续带来了机会；并从一种多样性演化为另一种多样性，推动整个系统向更高的层次演化。

除了这7个基本点之外，霍兰还指出CAS系统与大多数已经被科学研究过的系统很不一样，那就是CAS系统具有惊人的协调性和持存性，同时，这种协调性和持存性并没有一个中央指挥系统；还有，CAS系统都存在杠杆支点：在支点处，一个微小的输入便会引起巨大的可预期的直接变化——放大器效应。比如，在我们的身体里注入很少的抗原（如麻疹病毒），就足以刺激免疫系统产生足够的抗体，使我们免予再染上这种疾病。因为这少量的抗原使免疫系统了解了疾病，并且保存了付出了代价而又非常宝贵的"在线"学习过程。

如果把"CAS具有协调性与持存性，但却没有中央指挥系统"与"杠杆支点"这两个要点加起来，似乎也可以说，CAS系统有"9"个基本点。其中"杠杆支点"是特性，而"没有中央指挥系统"是机制，这就形成了CAS系统的5个特性和4个机制。

（二）适应性主体的通用定义（共同性能）

早期系统理论中所讨论的元素、子系统等都完全是被动的，没有自身的目标或者取向；即使与环境有交流，也只能按照某种固定的方式做出固定的反应。霍兰没有采用系统理论过去所使用的概念，而是用"Adaptive Agent"——"适应性主体"来描述系统的组分。他所说的适应性主体不再是一个静止的概念，而是一个具有适应能力，能够通过不断学习、积累经验，并在与环境的交互之中不断成长和进化的组分。这个概念强调了主体行为的主动性和目标性、强调了系统内部结构及其生存发展的动力学特征。这种对适应性主体的定义带来了复杂系统研究的根本改变。正如霍兰指出，在 CAS 中，任何特定的适应性主体所处环境的主要部分，都由其他适应性主体组成，所以，任何主体在适应上所做的努力就是要去适应别的适应性主体。这个特征是 CAS 生成复杂动态模式的主要根源。

但是，在不同的甚至是相同的 CAS 系统里，适应性主体都呈现出真正的非相似性。城市里的公司与抗体就没有多少共同之处，生态系统中的生物体与神经系统的神经元就更不相像。因此，必须找到一个适用于所有适应性主体的共同定义，才能对 CAS 系统做出更深入的、科学的研究。如果说，前面所阐述的 7 个基本点是就所有 CAS 系统的共性而言的，那么就还需要进一步找到组成 CAS 系统的组分（适应性主体）是如何造就了这 7 个共同特性的，这是 7 个特性存在的根基。

霍兰是如何来研究这个问题的呢？他采用了"执行系统""信用分派"以及"规则发现"三个步骤来探索这个问题。

1. 执行系统

霍兰采用了 IF/THEN 规则作为语法来描述执行系统。并严格依赖主体与其环境之间的相互作用来使用这个语法。

首先，主体是通过对环境刺激的分类来感知环境的。主体怎么感知环境呢？就是通过一组探测器。当某种特性出现时探测器转向"开"，否则转向"关"。也就是说探测器是一个二进制装置，它传递环境一个比特的信息。当主体具有足够多的一组探测器时，就可以探测到来自环境的大量信息。同时，探测器所传递的信息与探测器的数目呈指数关系。比如，3 个一组的二进制色彩探测器就可以对 $2 \times 2 \times 2 = 2^3 = 8$ 种颜色进行编码；20 个一组的探测器，可以对 2^{20} 个，即 100 万种以上不同分类的每一个刺激，都产生独一无二的应答。

当然探测器只是一种假定，并不是说所有的 CAS 主体都使用二进制探测器来感知环境，而是说，可以使用一组二进制探测器来描述主体过滤环境信息的方式；或者把不采用这种方式感知环境的探测转换成这种形式。同时，采用这种假设最重要的原因是，可以把消息标准化，以便用二进制字符串来描述被主体选定的消息。

主体在感知到环境信息以后，怎样进行输出呢？霍兰采用了效应器来描述主体的输出行为。每个效应器一旦被合适的消息激活，它就会对环境产生作用。在任何给定的时刻，主体的行为由在该时刻活动的一组效应器产生。

根据以上对主体处理输入和输出方式的描述，规则就具有了下面的形式。即，

IF（有合适的消息）THEN（发出制定的消息）

如果我们给适应性主体下一个通用的定义的话，适应性主体可以说就是"一组消息处理规则"。

那么，这样的主体有什么性能呢？核心是，它可以通过 IF/THEN 规则处理主体与环境之间的相互作用；还可以用它处理规则与规则之间的相互作用。一个 IF/THEN 与另一个 IF/THEN 相互作用，必然会是一个规则的 IF 部分导致对另一个规则的 THEN 部分所指定的动作十分敏感。

这样一来，作为一组消息处理规则的适应性主体就拥有了既可作用于处理探测器消息的规则，又有可作用于其他规则发出的消息的规则；既有通过效应器，发出作用于环境的消息的规则，也有发出激活其他规则的消息的规则。

借此，我们就可以写出 CAS 主体的通用语法。假设所有的消息都是二进制字符串，即 1 和 0 字符串，且它们都有标准长度，那么消息就具有下面的形式：

$$10010111\cdots 1$$
$$|\leftarrow L \rightarrow |$$

其中 L 是标准消息的长度。所有可能的消息的集合 M，就是所有长度为 L 的 1 和 0 字符串的集合。该集合的正规表示是：

$$M = \{1, 0\}^L$$

接下来就可以为规则的条件部分提供一套语法。提供这套语法的最简单的方法就是引入一个"不在乎"符号"#"，它表示"在此位置上任意可以接受的消息"。例如：

$$1\#\#\#\#\#\#\cdots\#$$
$$|\leftarrow L \rightarrow|$$

就表示主体可以对以 1 开始的任何消息做出反应，同时，并不在乎出现在 L−1 位置上的数字是什么。这样一来，所有可能的条件 C，就是长度为 L 的 1、0 和#的字符串集合。该集合的正规表示是：

$$C = \{1, 0, \#\}^L$$

由于在此公式中，规则的唯一动作是发送消息，所以所有的规则都具有下面的形式：

IF（满足 C 的条件）THEN（从 M 发送消息）

例如，L=5 时，规则

IF（10001）THEN（00000）

即，如果它探测到特定的消息 10001，则发出消息 00000

有了 $M=\{1, 0\}^L$ 和 $C=\{1, 0, \#\}^L$ 这两个集合以及规则的这种形式，就可以描述各种各样主体的行为了；并可以运用统一的、基于规则的技术手段去建立主体的模型。

适应性主体所具有的规则很多都是经验的结果，这些规则构成一个分类器系统。在一个主体里面分类器是分布式的、同时活动的，这对于主体应付恒新的环境创造了有利的条件。主体可以利用规则同时活动的特点，通过组合已经检验的规则（规则在这里又成为了积木）描述新的情况，从而不断提高和增强自己的适应能力。

2. 信用分派

主体根据经验形成规则的执行系统以及主体的性能，但是，随着环境的变化，主体还必须进化。那么，主体在适应环境变化的过程中，根据获得的经验改变系统行为的方式是什么呢？这就是信用分派问题。当主体根据环境的变化采用规则或者引入新的规则时，在决定使用什么规则最恰当的过程中，会导致规则之间的竞争。规则赢得竞争的能力建立在规则过去的有用性上。由于规则过去的有用性不同，所以规则就有不同的强度。根据规则有用性的过去经验来修改规则强度的过程就叫作"信用分派"。

信用分派具有相当的难度。如果系统的某个行为能够获得直接的报偿，信用分派就很容易。比如，喝下水就解了渴。这种经验就很容易获得，就可以直接对这个行为赋予信用。我们可以把这种赋信称为"直接赋信"。

但是，很多时候，主体所采取的行动要经过一段时间以后才能产生有用的结果，信用分派的难度就增加了。记单词对学习外语是必需的，但是，单词记了往往会很快忘记，要什么时候才能真正记得一个单词呢？这种情况下，对记单词这个行为赋予信用就需要一个时间段，这种赋信我们可以称为"延宕赋信"。

更为复杂的情况是，当所有规则都被激活时，有的规则眼前看意义不大，但从长远看却有利于全局，我们就要细心呵护；有的规则眼前看，很有利，而长远看，却可能损害全局，我们就要忍痛割爱。那么，主体如何来确定规则的助益呢？霍兰根据资本和竞争之间的关系，提出了运用传递水桶算法（Bucket brigade algorithm，简称 BB 算法）来进行信用分派。传递水桶算法的步骤和过程如下：

设若有一个消息拍卖市场，该市场采用拍卖和交易两种机制，分类器可以进行交易权的买卖。获得交易权的分类器可以进行消息的再交易，于是在消息产生（环境）与消息使用（作用器）之间形成了一个以分类器为中介的信用分配链。

Step 1 拍卖过程：令 $S_i(t)$ 表示在时刻 t 分类器 i 的强度值。所有匹配的分类器需根据其强度 $S_i(t)$ 参与投标（bid），投标值 $B_i(t)$ 与该分类器的强度成比例，强度越高，投标值越高，投标值最高的分类器允许发送消息。

Step 2 征税过程：对系统所有分类器征集生存税 T_{life}，对参加投标的分类器还要额外征收投标税 T_{bid}，征税的目的在于调节分类器的强度，避免强度较低的分类器控制遗传操作过程。霍兰采取在每个时间步，对主体在染色体中使用的每种资源的一个单位收取"保养费"的办法来调节分类器。

Step 3 交易过程：被选中（中标）发送消息的分类器，通过交易支付其投标值给上一次中标的分类器，作为回报 $R_i(t)$。

采用 BB 算法在 t 时刻更新分类器 i 强度的表达式为

$$S_i(t) = S_i(t-1) - B_i(t) - T_i(t) + R_i(t) \qquad (1-1)$$

其中

$$B_i(t) = C_{bid}S_i(t-1), \qquad (1—2)$$
$$T_i(t) = (T_{bid} + T_{life})S_i(1-1) \qquad (1—3)$$

式中：C_{bid}为投标系数，T_{bid}为投标税系数，T_{life}为生存税系数。通常$C_{bidm} \geq (T_{bid} + T_{life})$ [000]。

传递水桶算法能够加强那些最终获得好处的行为的规则。处理过程就等于涉及创造条件和子目标假设的循序渐进的认证。计算机模拟表明，这种算法在多种环境中都行得通，特别是与规则发现过程组合起来的时候。

进一步地，正是在信用分派过程中产生了主体的内部模型。

首先，在其他条件不变的情况下，主体倾向于选择那些能够利用更多信息的规则。而规则所使用信息的数量取决于条件部分"#"的个数。在规则条件中，"#"越少，规则就越具体。结合规则的强度来看，可以说，只有规则的强度和具体化程度都高时，规则被利用的可能性才会越大。两者之中只要有一项趋近于零，规则的强度就趋近于零。但是，当两者的强度相等时，则越是具体化的规则，越可能得到使用。

因此，从规则的演变来看，早期的主体在没有经验的情况下，最先使用的规则是较为一般、使用信息很少、比随机行为更起作用的规则；而且这种规则由于使用的信息很少，所以，能够很快在环境中得到检验。而较为一般的规则是在没有具体规则的情况下缺省使用的规则，因此可以叫"缺省规则"。当主体的经验不断积累，一些更为具体的规则加入进来时，就会与使用较少信息的缺省规则展开竞争。在这种情况下，由于更为具体的新规则能够使用更多信息，往往会取胜。逐渐地，主体的不断适应会使加入竞争的具体规则越来越多，其内部模型也将因此被修改，适应度也会由此进一步提高。这种缺省规则与具体规则共生地相互作用的内部模型，叫作"缺省层次"。

显然，随着时间的推移，缺省层次会不断地扩展开来。那么产生缺省层次候选者的机制、或者说产生具体规则的路径是什么呢？这就是下面的论题。

3. 规则发现

简单地说，产生新规则的方法就是使用旧规则中已经存在的、被证明有用的部分（积木）来组合成为新的规则；或者说，使用主体中的强规则（积木）或者强规则的有用部分（积木）来生成大量新的规则。

那么，如何找到生成规则的、具有较高强度的积木呢？

霍兰借用数学遗传学的方法，首先把积木的强度变成适应度。由于积木（规则、规则的 IF 或 THEN 部分）孤立地起作用的情况很少见，而且积木的组合也会影响主体的很多特性，不同积木的作用也是交叉的，因此，在给定的环境里，主体的适应度是积木的一个非线性函数。既然是非线性函数，那么我们如何来确定积木的强度或者说适应度呢，特别是，我们如何对个体积木进行评价呢？

首先，引入一个新的"不在乎"符号★。如果我们对第一个位置上放置 1 的积木感兴趣，我们就用：

$$1★★★\cdots★$$

来指定积木。像这样指定的积木，也称为"模式"。

直觉告诉我们，平均地说，如果包含某个模式 $1★★★\cdots★$ 的规则强于其他规则，则这个模式就是有用的积木。而要确定这个规则强于其他规则，就必须能够知道携带有这个积木的规则的平均强度和主体规则的综合平均强度。如果令主体规则的平均强度为 A，令携带有 $1★★★\cdots★$ 模式的规则平均强度为 $S(1★★★\cdots★)$。当 $S(1★★★\cdots★)$ 大于 A 时，我们就认为 $1★★★\cdots★$ 比平均的要好。

但是，要计算出平均数 $S(x)$，却很让人犯难。例如，假设有一个长度为 L 的条件：

$$10\#10\#\cdots10\#$$

$$|\leftarrow L \rightarrow|$$

如果用★来替换这个串中的一些符号，结果就得到该条件的一个积木模式。假如这些变换串是 $1★★★\cdots★$、$10★★\cdots★$、$10\#★★\cdots10\#$ 和 $★★\cdots\#10\#$。那么这个条件的模式的总数就有：

$$2\times2\times\cdots\times2=2^L$$

$$|\leftarrow \quad L \quad \rightarrow|$$

亦即 2^L 个不同的模式。如果 L = 100，则有

$$2^{100}\cong10^{30}$$

亦即 10^{30} 个模式。如果平均每秒计算 100 万个模式，也将需要比宇宙寿命还要长的时间，才能计算出一个条件的所有模式的一轮平均数。

既然这种方法行不通，那用什么方法来发现新的规则呢？霍兰发明了遗传算法来解决这个问题。主要是以下三个步骤：

（1）根据适应度大小，从现存群体（对主体而言就是规则集）中选择字符串（染色体）作为父母进行繁殖。字符串适应度越大（规则越强），越有可能被选中作为父母。一个具有高适应度的字符串可能要当多次父母。

（2）重组。父母串配对、交换和突变以产生后代串。

（3）取代。后代串随机取代现存群体中的选定串。这个循环重复多次，连续产生许多世代。

遗传算法不再着眼于单个模式或者说积木值的估算，而是作用于整体串来实施积木的复杂操作。整体串的操作（繁殖、交换和突变）并没有直接针对模式，也没有实施涉及它们的计算，但遗传算法就好像进行和使用了这种计算一样。一代高于平均数的模式会在下一代频繁使用，而低于平均数的模式则会较少使用。这样，通过对数目相对较少的串的显式操作，遗传算法隐式地进行了大量模式的操作。这种能力叫作隐式并行性。

总的来说就是，一个层次上确立的积木，经过选择性组合，会成为下一个更高层次的积木，所以进化过程会在所有层次上不断地生成和选择积木。同时，在每个层次上，它都保留重组过的元素，以完成进化创新。当某个层次上发现了一个新的积木时，由于这个新积木可能与其他现存的积木形成新的组合，因此通常会开启一整套新的进化可能，接着大量的变化和进步就会接踵而至。可以说，遗传算法用极其简单的语法模拟了这个过程。

综合以上三个方面，即执行系统、信用分派、规则发现，我们可以看到，执行系统刻画了主体在某个固定时点上的能力，即在尚不知进一步如何适应的情况下能够做什么。信用分派则强化了能够用于后期使用的规则。规则发现，不断丰富缺省层次，推动进化，成为主体最重要的性能。

不过，根据霍兰的讨论，我们认为还有很重要的两点值得特别说明：

第一，对于CAS而言，有利数字常常是被隐式定义的，而不像遗传学、经济学和心理学的数学研究中，往往对某个感兴趣的对象直接赋予某个数值，比如染色体就被直接赋以适应度。但 CAS 的主体在适应过程中，由于情境（即上下文、周围环境）和活动都在不停地变化，而一个特定主体的各种活动的效用，很大程度上又依赖于其他主体提供的、不断变化的情境，往往很难确定某一活动的实际效用，因此 CAS 主体的强度和适应度都是被隐式定义的，我们无法给模式或者积木赋予某个固定的值、甚至预定某种适应度函数。我们能够做的，最多就是采用遗传算法进行总体估算。在这一点上，应该说，遗传算法与 CAS 系统的客观状态是相呼应的。

第二，标识在规则耦合和提供后续活动方面起着重要作用。标识实质上是出现在规则的条件和动作部分的模式。因此，它们的操作就与规则在其他部分一样。强规则中的标识会育出相关的标识，提供新的耦合、新的集合和新的相互作用。标识总是试图向缺省层次提供的骨架加入血肉（关联），来丰富内部模型。

三 回声模型

前面阐述了 CAS 系统的共同特征、讨论了适应性主体的通用定义和性能，接下来霍兰研究了适应性主体之间的行为及交互，并用一种通用的格式来刻画这种交互行为。霍兰认为 CAS 系统区别于其他系统的最明显的方面有两个，一个是组成 CAS 系统的主体的多样性；另一个是 CAS 中主体之间的交互作用都受制于从学习和长期适应中产生的期望。综合这两个特征，可以在很大程度上解释 CAS 行为的复杂性。这两种特征都来源于类似的适应和进化机制。正是为了把这些机制统一到一个能包含所有 CAS 的严格的框架中，霍兰在遗传算法的基础上建立了 CAS 的回声模型。

（一）资源和位置

霍兰首先定义了两个概念："资源"和"位置"。

"资源"是可以更新的，它可以用字母【a、b、c、d】来表示，每个字母代表一种资源，回声模型中的主体都是由这些资源字母构成的字符串所构造的。

"位置"是主体所处的"地理环境"，这些位置是相互连接的。个体可以在位置之间移动和选择。每个位置都由该位置的资源源泉来刻画。

如果没有任何资源输入的位置,称为"沙漠";而拥有丰富的资源输入的,则称为"喷泉";可能有一定量的资源输入的,称为"池塘"。主体可以与多个位置交互,一个位置也可以容纳多个主体。

回声模型的关键在于,只有当主体拥有了足够的资源、能够复制其染色体字符串以后,才可以"繁殖"。主体为了收集资源可以在位置之间移动,选择适合于自己生存的、更为适宜的位置;也可以在与其他主体的交互中获取资源。

(二)基本回声模型

在基本模型中,主体只有两个组成部分。一个是用来存放所收集到的资源的仓库(reservoir),一个是由资源字母组成的、代表主体能力的染色体。染色体由两个部分组成,分别刻画两种标识:进攻标识(offense tag)和防御标识(defense tag),两种标识代表了主体的两种能力。进攻标识表示主体获取、占有其他主体或者位置的资源的能力。防御标识表示主体避免资源流失的能力。

基本回声模型的活动规则就是,主体与主体之间、主体与位置之间进行随机的交互;交互规则是两者的进攻标识和防御标识进行匹配,如果匹配成功则进行资源交流,并在自己内部存储与加工资源;如果获得足够的、能够复制染色体的资源,则繁殖新的主体。这就是最基本的回声模型(见图1—1)。

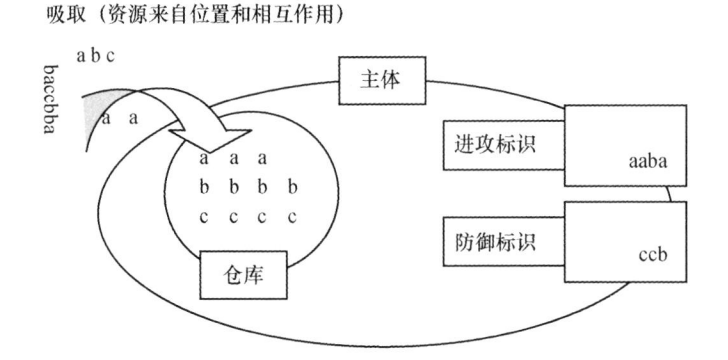

图1—1 基本回声模型中的主体

（三）回声模型的扩展

层次结构是 CAS 的一个普遍特征。基本的回声模型过于简单，无法提供足够的工具来描述各种复杂层次结构的涌现行为。比如，像老虎这样的后生动物是如何从一个受精卵发育成为一个有组织的、复杂的生命体的？要弄清楚这一点，就要知道受精卵是如何通过不断的分化而向前演化的。于是，霍兰在基本回声模型的基础上通过一次添加一种机制，步步扩展，形成了复杂的回声模型。最后一种模型——条件复制具备了模仿后生动物胚胎发生的能力。

怎样步步扩展呢？

第一，增加"条件交换"机制。让主体（染色体）具有与其他主体或者位置进行条件交换的能力。当一方的交换条件与另一方的进攻标识相匹配时，就进行条件交换。条件交换可以让主体用盈余的资源去交换自身的短缺资源，从而形成资源的重组，为主体染色体的分化创造条件。

第二，增加"资源变换"机制。如果主体不能通过条件交换获取短缺资源，而自身在某些资源方面又有富余，那么就可以把这些富余的资源加工转化成为短缺的资源。资源变换为主体染色体的分化提供了重要机会。

第三，增加"黏着标识"。给主体染色体增加一种黏着标识，若一个主体的黏着标识与另一个主体的进攻标识相匹配，只要有一个主体的匹配分数不接近 0，就会发生黏着。主体黏着以后，形成一个有内外边界的、多层次的主体聚集体，并作为一个整体参与交互活动。处于内边界的主体和处于外边界的主体由于其代谢产物的不同，可以专司不同的功能，这为主体的进一步分化创造了机遇。同时，CAS 的层次也开始涌现。

第四，增加"选择性交配"机制。即给主体染色体增加交配条件片段，主体可以有选择地与其他主体结合，通过交换染色体物质，形成子代主体。这为主体的分化创造了更多的可能。

第五，增加"条件复制"机制。即让主体聚集成为多主体，多主体在其他多主体的行为使其复制条件得以满足时，就进行复制。但是，复制并不是原样重构，这是因为其他处于活动状态的多主体的代谢产物，会使亲代多主体的某些区室在复制过程中处于开启或者关闭的状态（用生物学的概念来说，就是相应的基因可能被阻抑或者去阻抑）。因此，后代多主体并不拥有亲代多主体的全部区室。这样后代多主体就具有了不同于亲代多主体的交互能力,从而具有了后生动物所具有的细胞的可塑性。

有了这个回声模型,就为描述CAS层次结构的涌现方式提供了有效的研究工具。

(四) 对回声模型的简要评价

霍兰的复杂适应系统理论尽量在不人为设置和干扰研究对象的存在状态的条件下,按照研究对象的自然状态来观察和探索对象的演化,从中找出带有普遍意义的规律。这种研究方法对于由具有主动适应性的主体构成的系统来说,更容易客观和科学地反映对象的实际状态和客观规律。同时,霍兰主要用生成论的思想来研究复杂适应系统,整个回声模型就是考察复杂适应系统的生成过程,这使CAS的研究更接近于现实。特别是,CAS理论不是把对象从系统中抽离出来,进行还原论式的研究,而是始终把对象置于所在系统、在对象自身的运动和演化过程中来研究对象和系统。这对于我们研究创意产业来说,有着非常重要的方法论意义。

但是,我们认为,霍兰的回声模型有两大缺陷。第一,关于"位置"(Site)。在回声模型中,"位置"是用"资源"来刻画的,因此,位置就有"沙漠""池塘"和"喷泉"。至于为什么会形成这些不同种类的"位置",霍兰并没有给予详细的说明。从人类的活动来看,如果用马克思的话说,"位置"不能感性地理解,而必须从实践的角度来理解,亦即"位置"拥有多少资源、拥有什么资源,不是"位置"本身决定的,而是由人类认识世界和改造世界的水平和结果决定的(马克思,《关于费尔巴哈的提纲》,中译本,1985:83)。从资源条件和区位条件来说,美国的拉斯维加斯远逊于底特律,但前者却创造了许多文化创意产业的奇迹,而底特律却因为产业的单一、人才的单一、文化的单一,等等,走向了破产。同样,以创意产业著称于世的国际大都市,纽约、东京、巴黎、伦敦等并不是天生具有发展文化创意产业的资源,而是在人的实践过程中,逐渐演化形成的。因此,"位置"是人类创造的结果,"位置"是由人类生产出来的。而霍兰对"位置"只进行了简单的、静止的说明,很难看出适应性主体的交互与位置生产之间的关系。这就很可能使回声模型与复杂适应系统的现实演化之间出现漏洞。

第二，进攻标识和防御标识是回声模型的核心概念，但哪些主体资源应该作为进攻标识、哪些资源又应该作为防御标识，进攻标识和防御标识如何转化、资源交换与进攻防御之间的关系是什么等，回声模型一概没有给出科学的定义和解释。这样一来，利用回声模型来模拟现实的系统演化，同样可能受人的主观意识的影响，无法真正实现霍兰意欲在接近自然的条件下观察系统演化的目的，导致我们在仿真的过程中偏离现实。

回声模型的这两大缺陷其实也是整个 CAS 理论的缺陷，这是我们后面运用 CAS 理论研究创意产业，力图加以克服的问题。

第三节　创意产业相关研究述评

一　创意产业的内涵和外延

（一）国外有关创意产业内涵和外延的界定

创意产业首先是作为政府的政策概念提出来的。

1997 年，赢得大选的英国工党政府，成立了由多个政府部门和产业界代表组成的创意产业工作组（the Creative Industries Task Force）。次年，工作组提出了一份《创意产业路径文件》（*Creative Industries Mapping Document*, 1998），第一次明确提出了创意产业的概念。其明显的用意是，以创意产业为政策导向，发挥英国经济的传统优势，增强英国在经济全球化过程中的竞争力，推动英国经济快速和持续地发展。

创意产业的概念第一次把创意，或者说是创造性，放在了经济的主导地位；并通过这个概念，把拥有创意的产业部类、企业和个人，纳入了经济思考和活动的主流。从此，那些过去被认为是彼此毫不相关而且由不同政策调节的产业部类，整合成为了一个产业概念；绘画、音乐、表演等过去具有明显非商业性的部类都被纳入了经济思考的范畴。

就学术层面而言，创意产业概念争议的核心问题就是其定义和由定义所设定的产业范围。

首先看看英国政府是如何定义的。在 1998 年出台的《创意产业路径文件》中英国创意产业工作组把创意产业定义为："源于个体创造力、技能和才华的活动，而通过知识产权的生成和取用，这些活动可以发挥创造财富和就业的潜力。"① 并划定了广告、建筑、艺术及古董市场、流行设计与时尚、表演艺术、电影与录像带、休闲软件游戏、音乐、出版等13个行业。这一定义是以个人创造力为原点,包括个人的技能和才干,其核心是开发和运用知识产权。也就是说,个人的创造力必须通过有知识产权的创造来体现。同时,这种知识产权并不是坐而论道的纯粹的知识,而是可以创造财富和增加就业的。由这样的创造途径而产生和发展出来的产业就是创意产业。从定义所圈定的外延来看,较多地涵盖了精神产品,包括了传统的文化产业在内。为什么传统的文化产业也包括在内呢?因为这种源于个人的创造,不仅是开发知识产权,而且也包括运用知识产权,而传统的文化产业很多都是对既有知识产权(如果有产权的话)的运用。这个定义被新加坡、瑞典、新西兰、丹麦等国家广泛采用。

除了英国政府的定义以外,澳大利亚、日本、加拿大、芬兰等国家都推出了自己的定义。同时,一些国外学者也纷纷展开研究,新定义不断。最著名的是素有"创意产业之父"的约翰·霍金斯(John Howkins,2001)的主张。他认为所谓创意,可以被简单地定义为"有新思想";当这种新思想转化为或改善了商业产品时,就成为了一种产业。他认为,"版权、专利、商标和设计,每一种形式都有庞大的工业与之相应,加在一起就构成了创意产业和创意经济"。② 并具体阐述了广告、建筑、艺术、设计、研发、软件、视频游戏等15个创意产业门类。美国学者理查德·凯夫斯(Richard Caves)则认为,创意产业是提供具有广义文化、艺术或仅仅是娱乐价值的产品和服务的产业,包括书籍、杂志印刷业、视觉艺术(绘画与雕刻)、表演艺术、录音制品、电影电视、时装、玩具和游戏,等等。③

无论国外有多少定义,英国创意产业小组的定义还是最为流传和最被认同的。我们也认为,英国政府的定义包含了从个人创造到产业发展,

---

① 林拓等:《世界文化创意产业发展前沿报告》,社会科学文献出版社2004年版,第9页。
② [英]约翰·霍金斯:《创意产业的核心因素》,石同云译,《产业研究译丛》2009年第5期,第67—69页。
③ [美]理查德·凯夫斯:《创意产业经济学·艺术的商业之道》,孙绯等译,新华出版社2004年版,第3页。

与复杂适应系统从小到大、从简单到复杂的发展过程相契合，具有动态定义的特征，因此是最符合产业发展实际的定义。

(二) 国内有关创意产业内涵和外延的界定

国内的创意产业研究起步于香港。香港称"创意产业"为"创意工业"，其定义为"一个经济活动群组，开拓和利用创意、技术及知识产权以生产并分配具有社会及文化意义的产品及服务，更渴望成为一个创造财富和就业机会的生产系统"。（香港特区政府网，2005年10月19日）这个定义把英国政府定义中的"个人创造性"改为了"一个经济活动群组"，在一定意义上看到了作为一种经济活动的创意不是单个人可以完成得了的，而是群体智慧的结晶。亦即就创意本身来说，其原点应该是个人的，但就创意作为一种商业行为或者经济过程（即定义中的开拓利用、生产、分配）来说，其成果则是群体的。定义的后半部分与英国政府的定义大同小异，最有用的是"渴望成为一个创造财富和就业机会的生产系统"，英国政府的定义没有"生产系统"的提法，而是"产业"的提法。我们认为，属概念采用"产业系统"在逻辑上与创意产业的概念更为一致。

我国台湾的定义与英国政府提出的概念范畴基本一致，但又把创意产业的概念定为"文化创意产业"。台湾学者认为，"文化"是一种生活形态；"产业"是一种生产行销模式；二者的契合点就是"创意"。

还有很多学者也对创意产业进行了定义，比如金元浦、花建、张晓明、孙家正、蒋三庚等。他们的定义都有一个共同之处，那就是把"满足人们精神生活需求"作为定义的核心种差。

对这些定义我们不再赘述。比较而言，我们觉得北京市的定义更具有操作性：以创作、创造、创新为根本手段，以文化内容和创意成果为核心价值，以知识产权实现或消费为交易特征，为社会公众提供文化体验的具有内在联系的行业集群。这个定义将创意产业与其他产业不同的属性，如产业手段、核心价值、交易特征、消费方式、产业特征等都说得很清楚明白，克服了很多定义要么过宽、要么过窄以及片面性、抽象性等毛病。当然，把属概念落在"行业集群"上，还是美中不足的，因为创意产业如果仅仅作为一个行业来看待，就忽视了它在农业、工业、服务业这个产业发展链条中的地位，消弭了创意产业在人类产业发展过程中的革命性意义。

国内外对创意产业的研究表明,创意产业关键就是创造,其边界涉及具有高科技含量、高文化附加值和丰富创新度的任何产业。概而言之,它是以创意为核心,向大众提供精神产品的产业,包括提供文化、艺术、精神、心理、娱乐产品服务等。[①] 这应该是创意产业最基本的内涵。

二 对创意产业的基本认识

总的来看,国内外学术理论界对创意产业的研究还处于认知和探索阶段,更多的研究成果这里不再叙述。下面直接给出我们对于创意产业的基本认识。

首先,自从文化产业、创意产业等概念出现在中国以后,人们围绕什么是文化产业、什么是创意产业、文化产业和创意产业的区别等争论了十多年了。我们认为,文化就是前人的创意。这些创意可能在当时成为了产业,但这些创意产业往往仅仅作为一种历史现象而存在,不一定会传承下来,比如宋代的"勾栏""瓦肆";有的在当时仅仅只是一种文化创造,不是一种产业,如唐诗宋词;有的在当时没有成为产业,在今天则成为了文化产业的一个重要组成部分,如古代字画、古玩、古钱币。而今人的创意同样是一种文化,它们也不一定都会成为产业或者传承下去。因此,文化就是创意、创意就是文化;没有创意的文化是不可能存在的,而没有文化的创意同样是无法理解的。所以,我们认为,为许多人争相区别的"文化产业""文化创意产业""创意产业"这些概念,它们的"所指"原本应该是同一的。

其次,我们将依据符号理论来理解文化产业。按照恩斯特·卡西尔关于人的定义,"人是符号的动物",亦即能运用符号去创造文化的动物。科学、艺术、语言、神话等所有活动的一个共同目标就是:创造人自己的历史,创造一个文化的世界;并最终把人塑造成为"文化的人",这是人的真正本质和唯一本性。当然,"我们寻求的不是结果的统一性而是活动的统一性,不是产品的统一性而是创造过程的统一性",正是以这种创造过程为中介、为媒介,人的本质和文化的本质才得以结合为一体,这

[①] 隋新、张永庆:《创意产业研究理论述评》,《经济问题探索》2008 年第 2 期。

种创造过程才是真正第一性的东西，才是人类生活的"原始现象"。而这种"原始现象"究竟是什么现象、什么活动呢？卡西尔说，这种现象就是"符号现象"，这种活动就是"符号活动"，亦即能自觉地创造各种"符号形式"的活动，因为"符号思维和符号活动是人类生活中最富有代表性的特征，并且人类文化的全部发展都依赖于这种条件"。"这种自觉性和创造性就是一切人类活动的核心所在，它是人的最高力量，同时也标志了我们人类世界与自然界的天然分界线。在语言、宗教、艺术、科学之中，人所能做的不过是建设他自己的宇宙——一个……符号的宇宙。"事实上，在卡西尔眼里，人就是符号，就是文化——作为活动的主体他就是"符号活动""符号功能"，作为这种活动的实现就是"文化""文化世界"；同样，文化无非是人的外化、对象化，无非是符号活动的现实化和具体化，而关键的关键、核心的核心，则是符号。① 简单地说，按照恩斯特·卡西尔的哲学理论，人类与动物界最根本的区别就是人能创造和使用符号，并在创造和使用符号的过程中创造文化，如果依此来理解创意产业，那么，也完全可以从符号理论的角度来理解文化产业。

国内学者李思屈就是直接把符号理论用于解释文化产业的。他认为，文化创意产业作为梦想产业的突出特征之一就是"情感的逻辑和自由的表达"。梦想的特点就是不受逻辑规范的情感性，是内心真实的自由表达，因而情感的逻辑和自由的表达也就成为梦想产业的重要特征。所谓情感逻辑，就是指创意行为往往不受理性的制约，不以逻辑推理的方式展开，而是遵从创意者的情感体验线索展开。而情感逻辑的基本特点之一则是有非常强烈的主观性，情感是一种主观体验，它受理性逻辑制约，也不能直接传达给其他人。情感的传达只能以某种情感符号，在其他人心中唤起相应的类似感受。因此，文化产业仅仅是制造和销售情感的符号，消费者通过对符号的消费，来唤起相应的情感享受。由此思路深入探索，我们就进入了"符号经济"的研究领域。②

基于符号理论，依据文化产品生产对符号的使用和创造方式的不同，

---

① ［德］恩斯特·卡西尔：《人论》，甘阳译，上海译文出版社1985年版，第172页。
② 李思屈：《审美经济与文化创意产业的本质特征》，《西南民族大学学报》（人文社科版）2007年第8期，第100—105页。

可以把文化产品生产的产业分为以下 10 类。

（1）符号的保护。就是对有一定价值的文化符号进行保护而形成的产业，如古建筑、古历史地段、工业遗迹。这些符号由于承载了特定的文化内涵、积淀了相当的历史记忆和人类共同经验而受到人们的喜爱，人们愿意花钱去游览、参观和欣赏，能够产生一定的经济利益，因此，在一定意义上，可以形成产业。如北京的故宫、安阳的殷商遗址、秘鲁的马丘比丘。

（2）符号的再现。就是把过去已经消失了的文化符号照原样重新再造出来，通过再现的符号来让人们联想已经过去的历史，形成文化的认同、集体记忆的强化等。如成都的"洛带"古镇、开封的"清明上河城"。

（3）符号的集中。就是把一些文化符号集中起来供人们参观。这些文化符号多分散在不同的空间，集中起来对人们更方便，如像深圳"世界之窗"等一些主题公园；有的可能很集中，但其存在状态不方便人们参观（如考古发掘出来的文物），通过一定的方式集中起来，可以让人们得到更加系统的印象，如一些博物馆。

（4）符号的重组。就是在原来符号的基础上把新的符号结合进去，形成新的符号系统，从而产生新的文化感觉，吸引人们前去消费而形成的产业，如北京的 798、上海的新天地等，前者把文化艺术产业组合进一个废弃的工厂内，后者把石库门改建成时尚消费区。又如"秀一个上海给世界看"就是把传统的杂技武术与原创音乐、歌舞表演结合，再采用世界顶级的声光电以及水幕多媒体设备创造出来的。

（5）符号的活化。有很多的古镇把活人雕塑化，让活人摆出各种造型，乍一看，还以为是真的塑像，注意观察，才知道是大活人，如成都的宽窄巷子；还有的地方让活人扮演过去时代的人，穿着、行为、言语等都模拟过去，如杭州宋城。这就是符号的活化。

（6）符号的赋予。就是给一些以自然状态呈现、没有人文符号的事物，如山水花树，或者给一些实用物品，如居家用品、服装鞋帽、汽车手机等，结合一些文化符号进去，让自然事物和人工制品因为文化符号的注入而获得或增加人文内涵，从而赋予自然事物和人工制品更多的韵味，让人们通过自然事物的体验和人工制品的使用，获得更多的人文享受和更加丰富的美感。比如一些风景区本来只有自然风光，但为了增加其文化含量，人们就根据山形水势，附会一些传说故事上去，给自然风光增加一种特别的意味，如四川雅安碧峰峡的五指峰，因山形如五指撑天，当地又有女娲补天的传说，所以这五座相连的山峰就成了五指山，说是女娲补天、至雅安力竭而尽，最后一块石头最终没有补上去，以致雅安成为雨城；但女娲惦念子民，依然五指向天，似乎在托举五彩石，想把最后的一处天漏补上。五指峰因此而成为我们发思古之幽情、缅怀先祖的壮美之峰。至于人工制品本身就包含了创意，如果能够渗透更多的创意，价值就更大。同样以猪肉为主要原料制作的"狮子头"肉丸子，如果在适合的环境中，介绍是当年张大千招待周恩来所制作的一道菜，价格同样会比其他的"狮子头"贵许多。

（7）符号的新用。宜家（IKEA）本来是出售家居用品的，但是，它不是定位为家居商，而是给顾客出售生活方式。这就把家居这个符号进行了新的诠释。当然，这个诠释不仅仅是一个概念，而是与宜家的一系列服务分不开的。又如，上海安福路而今成了一个"话剧专卖店"。以前的话剧往往一台要排练很长时间，然后又反复演出很多场次；演出时间也很不确定；一年两三台就很不错了。但安福路的话剧却是"天天有演出、周周有轮换、月月有新剧、年年有亮点"，只要不是星期一，到安福路就可以看到话剧，有时甚至是三个剧场同时都在上演。这就改变了符号过去的使用方式，进行了创新，所以称为"符号的新用"。

（8）符号的创造。就是依据现存的文化符号去创作新的文化符号，形成新的文化符号系统从而形成产业的行为。如艺术创作、创意设计、专利发明等。

（9）符号的衍生，就是把已经有一定影响的符号通过再创造，向其他领域延展和转化，从而形成新的符号价值，产生新的经济效益和社会效益。如米老鼠和唐老鸭作为一个动画片，而衍生为迪士尼这样的一个主题游乐园；米老鼠又作为一个品牌衍生到文具、服装、鞋帽等领域成为一个产业体系；等等。

（10）符号的变形。就是对原来的文化符号依据现时人们的审美观念和消费需求进行适当的改变，从而产生消费行为的产业。如美国拍摄的动画片《花木兰》，就把中国一个"代父从军"的古老传说改造成了一个宣传美国个人主义、英雄主义，实现个人价值的新的符号。

这 10 类产业中，第 1 类"符号的保护"，是对历史上已经出现的创意符号进行保护，并通过展示及相关产业开发获得收益，这类文化产业我们可以称为"原创意的文化产业"。而符号的再现、集中、重组、活化与新用也是对过去已经存在的创意符号的运用，它们有的需要我们提供新的创意，如集中、重组、新用等；有的则不需要我们添加多少新的创意，像符号的再现、活化，越符合原貌越令人遐想。而后面 4 类则都需要创意，而且创意越丰富、越独特就越好，特别是符号的创造如果缺乏丰富而又独特的创意就根本没有价值。可见，创意在文化产业中的表现形态并不都是一样的。

这样一来，文化创意产业就可以分为"新创意的文化产业""原创意和新创意混合的文化产业"和"原创意的文化产业"三个大类（见图1—2）。

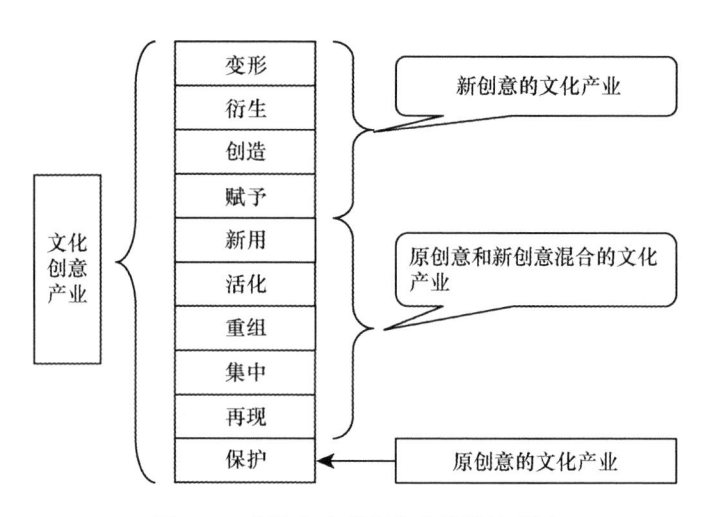

图1—2 创意与文化创意产业的关系图

从上面基于符号学理论所做的分析可以看出，文化产业必然有创意，无论是过去的创意还是今天的创意；创意产业也必然有文化，无论是历史文化还是当代文化。因此，文化产业和创意产业两者实质上是一而二、二而一的产业，称为"文化创意产业"可以，简称为"文化产业"或者"创意产业"同样讲得通。试图把两者进行分割，分别创立什么文化产业学、创意产业学，这显然就走远了。

还有一些似是而非的概念需要厘清。

一是内容产业。所谓内容产业是指将图像、文字、影像、语音等内容,通过数字化高新技术手段和信息技术进行整合而形成的产品或服务,与其他文化产业相比,其核心还是创意,仅仅只是手段不同、传播渠道不同而已,因此,应该属于文化创意产业的特殊表现形态,并不是跟文化创意产业并列的另一个什么产业。

二是"版权产业""信息产业""知识产业"等同样与文化创意产业并列的概念。这些概念的外延实质上与文化创意产业的外延都是相同的,只是概念描述的侧重点或者角度不同而已。如版权产业是根据符号创造的法律属性来定义创意产业的;信息产业是从符号使用的技术手段来定义创意产业的;知识产业则是从要素特征的角度来定义的,且同样包括了"基于新知识的产业"和"基于原有知识的产业",而这些知识也是人创造性劳动的结果。因此,上面所说的这些产业统统都可以归类、整合到文化创意产业中去。

三 创意产业的特征

明白了本书所要讨论的创意产业的"所指",就可以来讨论其特征了。

首先,创意产业具有意识形态特征(或者叫文化特征)。创意产业离不开文化,文化为创意产业提供所需的素材、灵感的源泉,是创意创生的平台与土壤。而文化自然都带有或强或弱的意识形态属性。另一方面,创意把文化转化为可以消费的产品,影响人们的思想和行为,包括价值观、生活方式等,而这些思想和行为同样要表达一种意识形态立场或者观念。正因为这样,所以创意产业具有意识形态特征。西方国家通过创意产品对别国输入文化其实就是输入价值观、输入意识形态,本质上是争夺意识形态主导权和领导权的战争。

其次,任何产业都需要一定的创造性,创意产业作为一种产业也不例外。但创意产业除了创造性以外,最本质的方面应该是,整个产业是以创意为核心生产要素和增长要素或者缺少了创意就无法持存的产业。比如动漫产业,创意就是它的核心增长要素,没有创意动漫产业就无法存在;又如影视产业,核心增长要素仍然是创意。正因为有了创意这一独特的生产要素,创意产业才作为一个独立的产业而存在。

再次,创意产业除了像其他产业一样需要将创意产品化、市场化、规模化以外,还有一个很重要的特性,那就是"衍渗性"。它包括两个方面的含义,一方面一个成功的创意产品往往会迅速地向其他领域、其他行业延伸,衍生出很多的相关产品。如,一部电影《泰坦尼克号》就衍生出文化衫、音乐作品、光碟、演艺产业、图书等多种产品;"超级女声"也衍生出音乐、演艺、光碟、图书、电信增值服务,甚至牛奶产品等。另一方面,创意对其他行业具有很强的渗透力,其他行业因为有了创意,附加价值会更高、竞争力更强。如,创意渗透到手机行业,苹果手机就凭借手机桌面菜单的变革性设计,很快赢得了全球市场,打败了一直高居手机市场榜首的诺基亚。广西师范大学出版社因为在图书版式方面的精心设计,出版了大量的畅销图书;即使别的出版社卖不动的产品,一旦经过他们的重新创意包装,就很快会产生大量的码洋。正因为如此,所以——

最后,爆炸式增长、非线性演化是创意产业经济效益增长的重要特征。一个"超级女声"的策划和实施,产生的经济效益竟然可以达到60多亿元。电影《泰囧》如果加上营销费用总投资6000万元,而其票房居然达到了12.6亿元。《战狼2》投资仅2亿多元,却以超过50亿元的收入,在相当高的点位上刷新了国产电影的票房。

总的来看,关于创意产业,人们还没有一个定于一尊的定义,对其外延和特征的规定也意见不一。但对于"'创意'是创意产业的核心要素","意识形态属性"和"经济属性"是创意产业的本质属性,以及高回报是成功的创意产品的基本特征等这些方面的认识,大家都是一致的。本书就是在这些基本认识的基础之上展开研究的。

四 CAS方法与创意产业研究的统一性

把CAS理论与方法运用到创意产业研究之中是否可能、如何可能;如可能,其优越性在哪里呢?

先说是否可能。

CAS理论作为一种具有普适性的理论,尽管还远未发展成熟,但目前建构起来的系列原理已经得到了实践的检验和证明,并且在自然科学和人文社会科学领域得到了广泛、有效的运用。创意产业作为经济学研究的对象属于人文社会科学(当然关于经济学的学科属性有很多争议)

的研究范畴，就人文社会科学领域与创意产业相关的研究来看，很多的学者运用复杂性理论研究了与创意产业最接近的产业"创新"问题。2000年荷兰学者Koen Frenken发表了关于创新网络方面的研究成果，他利用NK网络模型来分析创新网络，认为创新的成功依赖于生产者、用户和政府在网络中交互的能力。这个结论与我们后文建构的创意产业的有关模型（参见第二章第一节第四部分）是一致的。2001年哈佛大学的Lee Fleming和加利福尼亚大学的Olav Sorenson利用NK模型和CAS理论研究了技术的发明，通过专利数据的实证研究得出结论：个体间的相互依赖程度对技术发明的成功起决定作用。在前举英国学者约翰·霍金斯的理论中，专利本身就是作为创意产业的一个类型来认识的，用CAS理论研究专利问题就是研究创意产业问题。因此，可以认为，CAS理论完全适用于创意产业研究。

再说如何可能。

创意产业系统本身就是一个复杂适应系统。第一，创意产业系统是一个多主体系统。从一般的层面来看，它是由个人、群体、机构、社会和环境等要素构成的一个多主体系统；从产业层面看，它是由大量创意人员，创意转化人员、创意产品制造商、营销推广机构、渠道和渠道运营商、消费者、政府等行为主体及其相互作用构成的，每一个主体又构成创意产业系统的一个子系统，子系统各自具有不同的运动模式。第二，创意产业不仅是一个多主体系统，而且创意产业系统的主体是一类具有主动适应性的"活性"主体（Adaptive Agent），简称主体，其特点是能"学习"、会"成长"（它不同于早期的系统科学用的部分、元素、子系统等概念，完全是被动的，没有自身的目标或取向）。各个创意主体都具有独立的思想意识，可以根据其他主体的行动和环境的变化，适时修改自身的反应规则、调整适应度（Fitness），并在不断学习、相互适应的过程中共同演化和进化。第三，创意产业系统不仅是一个由具有"活性"的主体构成的系统，而且这些主体具有多样性特征，包括文化的多样性、思维的多样性、知识的多样性、专业的多样性、环境的多样性等，这种多样性，是创意诞生和创意产业化的基本条件。第四，由于创意产业主体的"活性"特征，加上创意本身具有很大的不确定性、创意产品市场也具有不确定性，因此，创意产业系统的运动不是线性的直线模型，而是非线性的网络模型。正是在非线性作用的引导之下，单个的创意主体结合成为主体区室，若干个主体区室又构成一个更复杂的多主体系统，才演化和涌现出了整个创意产业系统。国内学者把其中的个体演化称为"受限生成过程"（Constrained Generating Procedure，简称"CGP"。陈禹，2007），反映在一定环境约束条件下，主体发展和进化的一般规律。运筹学在一定约束条件下寻找最优解，只是一种静态条件下的算法，CGP展示的是一幅活生生的、变化中的、充满新奇和意外的进化过程。这种系统观与创意产业是一个活生生的、不断成长的系统的特征正相契合。第五，创意产业系统还具有多层次性。不同的创意活动可以在个人、企业、产业、国家、世界各个层次分别进行，创意也可以跨越若干层次，各个层次可有多种不同的组合，不同的组合可能产生完全不同的创意效果。

既然创意产业系统本身是一个复杂适应系统，因此，运用复杂适应理论来研究创意产业也就顺理成章了。

最后再看其优越性。

我们已经看到，创意产业系统是一个不断运动演化的"活"的系统，其运动演化既受制于系统内部主体特征和主体之间关系，也受到不断变化的环境的制约。系统内部主体之间、系统与环境之间的交互，使系统主体之间、主体与其所处的环境之间始终处于不断适应的非平衡状态之中。因此，传统的、以线性分析为主要手段的研究方法，已经无法适应研究对象的复杂性特征，我们已经无法给系统的收益和报酬赋予某个固定的值，或者预定一个可以随时纳入计算范围的函数。前举《泰囧》《战狼2》的例子已经很容易看出这一点。而其他复杂性理论虽然对这类复杂系统的研究也提供了许多有益的方法，但这些理论的一个共同缺陷就是其所研究的复杂系统的组分不是具有主动性的元素，这些组分没有自己的目标或者取向，即使环境变化，也只能按照固定的模式做出固定的反应；同时，这些系统把系统运动的一致性、无矛盾性作为基本要求，是机械、僵化的系统，而不是充满活力的、生生不息的系统。尽管CAS理论本身目前尚处于发展之中，但其业已克服了上述弊端，从目前发展出来的体系，已经可以为我们研究这类"活"系统提供一个有效的理论工具。因此，要对创意产业提供具有理论价值和实践价值的研究成果，非CAS的理论与方法莫属。

第四节　CAS 理论在创意产业研究中的运用概览

事实上,已经有很多人把 CAS 理论运用于创意产业研究。通过 CNKI,我们对国内 CAS 理论在创意产业领域里的应用研究进行了检索(截至 2012 年),发现有 10 多篇相关成果。主要是:

第一,集中于对创意产业集群的研究,这类研究占了大多数。2007 年北京交通大学任志鹏的硕士学位论文《基于涌现性的创意产业集群动力机制研究》,从涌现性角度研究了创意产业集群的动力机制。同年同校,万陶的硕士学位论文《基于复杂系统理论的创意产业集群动力机制研究》探讨了创意产业集群复杂性的起源,并基于 CAS 理论、自组织理论建立了创意产业集群系统的结构模型;同时以此研究了创意产业集群系统中主体间的相互作用和聚集的动力机制。还利用 SWARM 平台,对创意产业集群的形成过程进行了模拟研究。同年华东师范大学任勇辉《基于集群化的创意产业研究》从产业集群及通信网络的双重视角,对创意产业集群化发展的激励方式、演进机制进行了探讨,与本书所讨论的问题有一定关联。同年复旦大学邬亮硕士学位论文《数码创意产业的生态群落形成机理与演替模式研究》利用生态学理论和复杂适应系统理论,分析了数码创意产业的生态群落结构及生态群落形成机制,建立了群落演替模型,构建了产业的顶级群落结构,并运用元胞自动机原理对数码创意产业的演替模式进行了仿真和分析。2008 年吕挺琳运用自组织原理,研究了文化产业集群的演化方向问题。

把 CAS 理论用于创意产业集群研究,笔者认为可能主要是因为把集群理论用于其他产业集群研究的理论比较成熟,只要把相关理论做一些变更,就可以把 CAS 理论用到创意产业集群的研究上。

第二,是把复杂系统理论运用于创意产业中的创意实践研究。2007 年任柏林在《系统建模在设计创意中的应用研究》一文中运用复杂系统建模的理论与方法介绍了功能分解法、数据流程法在设计创意中的运用。但这方面的研究成果很少。

第三,是运用 CAS 的共同演化理论来研究创意产业主体的演化。这主要是2011年西北大学的一篇博士学位论文《创意产业主体的共同演化研究》，论文基于 CAS 理论的共同演化观，讨论了创意产业主体的共同演化问题。其对于如何打造区域性创意产业集聚区具有很高的参考价值。

从国外的相关研究来看，前举英国学者约翰·霍金斯在他于 2009 年出版的《创意生态》(*Crewtive Ecologies: Thinking is a Proper Job*) 一书中专辟了一章"适应性头脑"，来讨论创意产业与多样、改变、学习及适应等方面的关系，并专门讨论了适应的四种模式：模仿、社群、合作与竞争。虽然在意义上霍金斯所提出的适应性概念只是与 CAS 理论中适应性主体所具有的某些特征相似，霍金斯更多的是从生态学的角度、而不是从 CAS 理论出发来讨论的，但约翰·霍兰也是根据生物学的隐喻来建构起 CAS 理论的，两者的出发点是一致的，既然前者可以用来讨论创意产业，后者自然概莫能外。另外，美国加利福尼亚大学洛杉矶分校公共政策系教授艾伦·J. 斯科特 (Allen J. Scott) 在他的《城市文化经济学》(*The Cultural Economy of Cities*) 中也运用了复杂性理论中的混沌理论（蝴蝶效应）、分岔理论、突变理论和自适应理论等来描述创意产业的演化（原书第 21、27、36 页），虽然行文十分简略，总字数不超过 2000 字，但说明用 CAS 理论来研究创意产业，是一种很有效的理论工具。国外其他学者是否有类似的研究，笔者目前尚未检索到。

总的来看，从 CAS 理论出发来系统地研究创意产业、并且与本书所要研究的问题相关的文献十分稀少。这就使本书显得具有筚路蓝缕之价值和意义。

第五节　本书研究的主要内容、目标与方法

一　主要内容

前面介绍了霍兰 CAS 理论的核心组成，即，CAS 系统的特征、CAS 系统主体的性能以及 CAS 系统主体的交互方式和通过交互形成的系统演化规律（回声模型）。本书循着霍兰的这个理论思路，来顺次探讨创意产业系统的 CAS 特征以及作为 CAS 的创意产业系统主体的构成及其性能，并运用遗传算法建立创意产业系统演化的计算机仿真模型。最后探讨创意产业系统主体的交互方式及其回声模型，并引出结论，即，创意产业

系统的每一个构成主体必须与其他主体之间进行充分的交互,每一个主体、每一种交互都必须具有鲁棒性,创意产业才能发展壮大。

二 目标与方法

我们的目标是寻找创意产业不同于传统产业的主体特征、系统特征和演化规律;希望通过发现创意产业在这些方面的特殊矛盾性,为创意产业的理论建构和实践探索提供有益的指引。

方法主要有两种,一是文献研究,二是实地考察。为了基本弄清楚创意产业在前述方面的特殊性,我们阅读了超过 3000 万字的文献;多次往返北京、上海、深圳、厦门四地,考察当地的创意产业,获得了丰富的一手资料。最终,我们选择了以"北京 798 文化创意产业园区"为核心,适当选取其他地方的相关案例,来展开我们的研究。

三 研究思路和路线

研究思路和路线如图 1—3 所示:

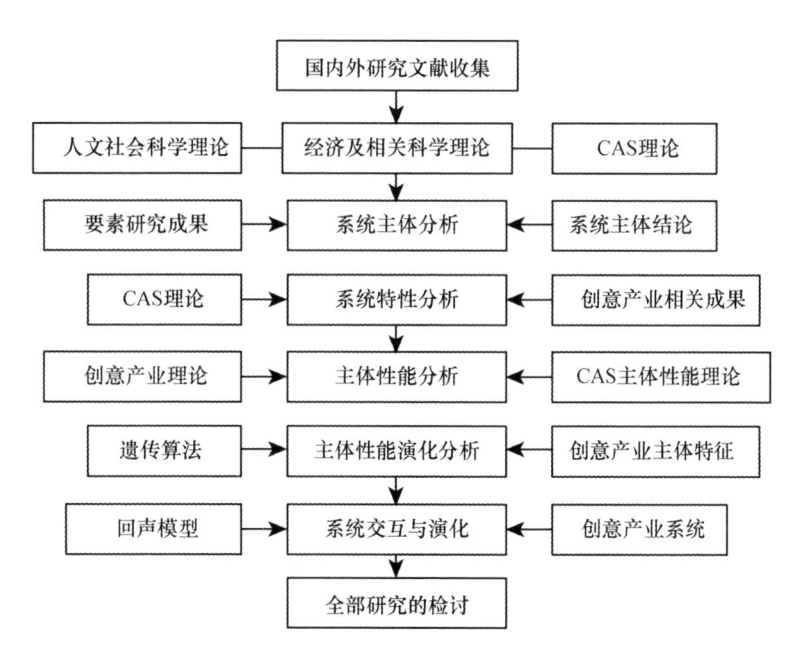

图 1—3 研究思路和路线图

第 二 章

创意产业系统的 CAS 原理分析

根据霍兰的观点，CAS 毫无例外的都是由大量具有主动性的元素组成的。这种主动性元素就是适应性主体，它们都具有学习和适应的能力。正是它们不断地学习和适应，才生成了 CAS 系统的复杂性。从本质上说，这种学习和适应过程，就是 CAS 系统的缺省层次不断演化发展的过程。缺省层次不断增加新的、比缺省规则更具体、更有用的规则；同时，在适应性主体内部标识又不断育出新的标识，产生新的相互作用和新的规则。这些规则又在相互之间的不断竞争之中，在一代一代的更替之中，优胜劣汰：获胜的高强度的规则留下来了；失败的低强度的规则被淘汰。这样，适应性主体就不断向前发展，整体的适应度越来越强。

那么，创意产业是否是 CAS 系统呢？从表面看，创意产业的主体首先是人，人当然是具有主动性的元素。但这只能说符合 CAS 系统的主体条件。霍兰已经指出，CAS 系统至少有 7 个基本点，符合这 7 个基本点的系统才是 CAS 系统，那么创意产业是否满足这些条件呢？本章我们就从讨论创意产业的构成主体开始，寻绎创意产业的 CAS 性质。

开始这个过程以前，有一点还需要给予特别的说明。在霍兰的著作中 7 个基本点并不叫作"CAS 原理"，而是称为"特性和机制"（回忆一下我们前面对 CAS 理论的简介）。但霍兰在阐述这 7 个基本点的时候，又并非按照特性和机制进行分组介绍，而是按照它们之间相互作用的过程来排列，实质上可以看作是霍兰是通过对 7 个基本点的分析，给出了 CAS 的形成过程和原理。因此，本章在标题上就直接叫作"创意产业系统的 CAS 原理分析"。这是首先需要予以明确的。

第一节 创意产业系统的主体构成

创意产业系统主体是构成创意产业系统的核心，如果从 CAS 理论的隐喻来说，这种主体就是创意产业系统的基因。创意产业系统的演化都跟这些基因的结构、功能等关系密切。因此找出这些主体及其所具有的特征，是本章的首要任务。

一 创意产业系统主体的研究现状

从适应性主体的角度来研究创意产业系统的主体，目前还没有人专门进行过这项工作，但是从资源链、产业链、资本要素和价值链的角度对创意产业相关问题所进行的研究，对于建构这个主体系统来说有一定的启发意义。

上海文化发展基金会的研究人员从资源链角度研究了创意产业的相关要素。在《C 产业：创意型经济的引擎》一书中，他们认为，创意产业资源链"主要指将原本分散的资金资源、物力资源、人力资源、信息资源等合理链接，形成资源上下游关系"。其中资金资源又包括非盈利资金、盈利资金；物力资源包括生产资料、实物设施、硬件设备、高端技术、产品品牌；而人力资源则包括咨询顾问、专家学者、文化工作者、设施运营商、消费人群等；信息资源是指宣传媒体、公共服务平台、行业信息、市场信息、网络信息、客户信息等,[①] 而这种资源链当然不是创意产业的孤立系统，而是和价值链、产业链相联系的。该书认为创意产业的价值链就是研发价值链、创造价值链、渠道价值链和买方价值链（只是这些价值链在创意产业中的内涵是什么，作者没有给予阐述）。与资源链和价值链相应的是产业链。他们认为创意产业的产业链就是"创作""生产和制作""流通""发送""消费"等。如果按照 CAS 理论【节点、连接者、资源】的模型，那么，节点就相当于这里的产业链的一个环节、连接者相当于价值链、而中间流动的就是资源链的各种资源。

[①] 上海文化发展基金会办公室课题组编著：《C 产业：创意型经济的引擎》，上海三联书店 2006 年版，第 12 页。

显然根据 CAS 理论，节点就是主体，五个节点也就是五个主体。

什么是产业链呢？根据经济学的标准定义，产业是指生产某种产品或服务的所有企业的集合，产业链就是指在一种最终产品的生产和加工过程中（从最初的原材料一直到最终产品到达消费者手中）所包含的、相互衔接的各个环节构成的纵向链条。

基于此，有的研究人员认为，"创意产业链强调以创意为龙头，以内容为核心，驱动产品的制造，拉动批发和营销，带动后续产品开发，形成上下联动、左右衔接、一次投入、多次产出的链条"。并把创意产业生产的节点概括为"内容""渠道""媒体""需求"等。[①] 同样按照 CAS 的"流"模型，这不同的节点应该是由不同的主体构成的，4 个节点自然应该不少于 4 个主体。分析这些主体明显可以看出，它们与上海文化基金会所认识的主体有着较大的差异。

还有的研究人员从产业链的角度把产业要素分为核心要素和辅助要素，核心要素包括"人才要素""信息与知识要素""资金要素"，辅助要素则包括"配套设施要素""市场要素""政府要素"和"社会环境要素"。[②] 我们认为这些要素除了人才、政府、市场可以作为主体来看待以外，"信息与知识""资金"以及"配套设施"都属于资源，而"社会环境"自然是创意产业系统的环境因素。显然"人才、政府、市场"这三个主体与前面的研究所列出的主体同样有较大的差异。

还有的人是从资本的角度来研究的，他们认为创意产业的生产要素主要包括人力资本、产业资本、文化资本和技术资本四个方面。[③] 2004 年香港大学文化政策研究中心受特区政府委托，为了显示香港经济日益依赖于"知识""信息"和"创意"的变化特征，设计了香港创意指数的"5C"模型，也是从资本的角度来看待创意产业要素的（见图 2—1）。[④]

显然，评价香港创意产业发展水平和潜力的指标是以 4 种资本为核

---

① 郭鸿雁：《创意产业链与创意产业集群》，《当代经济管理》2008 年第 7 期。
② 冯艳：《创意产业要素支撑体系研究》，《科技管理研究》2009 年第 7 期，第 37 页。
③ 肖骁：《创意产业价值链研究》，《中国集体经济》2008 年第 3 期，第 64 页。
④ 上海文化发展基金会办公室课题组编著：《C 产业：创意型经济的引擎》，上海三联书店 2006 年版，第 115 页。

心的。当然，这4种资本以及创意表现形式和成果等还有更详细的分指标。不过，从资本的角度所进行的研究，虽然也涉及了创意产业系统的主体问题，如人力资本涉及很多种类的人、结构/制度资本涉及政府等，但总的来说，主体的数量有限，无法构建起一个完整的创意产业主体系统，对于我们研究创意产业系统的主体构成意义十分有限。

香港创意指数的"5C"：创意效益+4种资本。

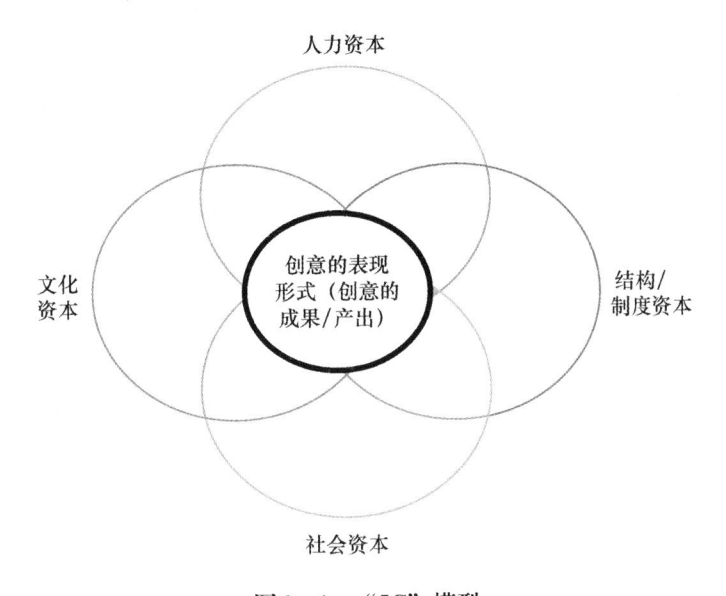

图2—1　"5C"模型

从价值链角度研究创意产业要素的有很多成果，代表人物是厉无畏先生：

从图2—2可以看出，厉无畏先生所列示的创意产业资本要素主要是人力资本、产业资本、文化资本和社会资本（与前面肖骁列示的差异不大，只是肖骁把社会资本换成了技术资本）；同时也指出了产业链和价值链的构成。从内涵来看，厉无畏的四种资本与香港大学所列示的四种资本差异不大。[①] 但厉无畏先生对于创意产业价值链（图2—2"构成1"）的研究显然可以启发我们更为准确全面地找出创意产业系统的构成主体。

---

① 厉无畏：《创意改变中国》，新华出版社2009年版，第147页。

与价值链的构成相应，我们可以认为厉氏理论中的创意产业系统应该是由内容创意主体、生产主体、推广主体、渠道主体、消费主体、衍生主体构成的，也就是说，有六大主体。比起前面的那些研究来，厉无畏先生的研究显然要全面得多。

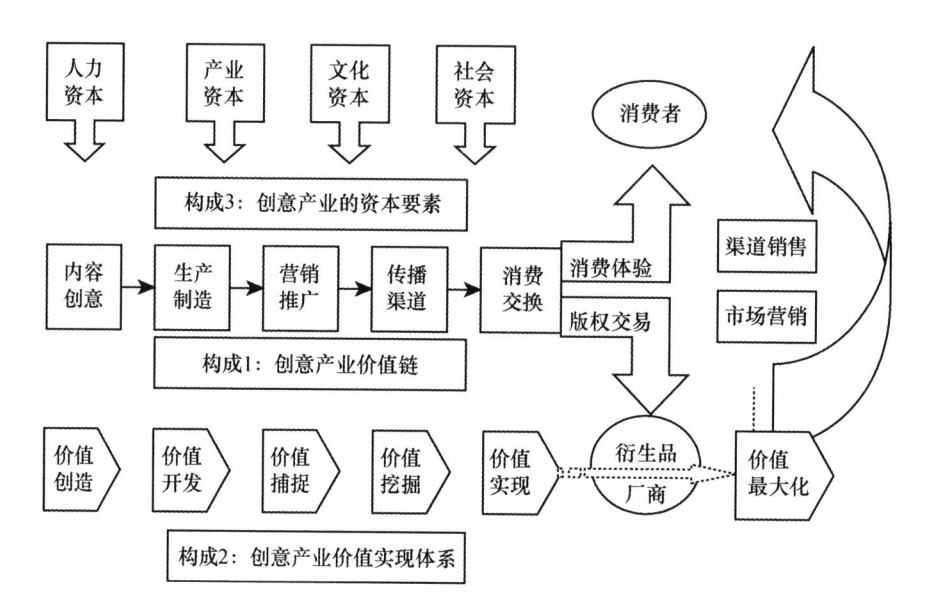

图2—2　创意产业全景价值链系统图

西方学者对于创意产业要素的研究成果同样很多，但他们更多的是从创意产业所需要的环境要素的角度、而不是从主体要素的角度来讨论的，西方专门研究创意产业系统主体构成的文献，笔者尚未见到。有关创意产业环境要素的研究，以美国学者弗罗里达的"3T"模型影响最大，即人才（Talent）、技术（Technology）和宽容（Tolerance）。他还据此提出了全球创意指数（GCI）。第一是人才，评价指标包括"人才指数""创意阶层""人力资本"和"科学人才"。第二是技术，包括"技术指数""研发指数""创新指数（专利）"。第三是宽容，包括"宽容度指数""价值观指数""自我表达指数"。利用这一套指标体系，他曾经对全球45个国家的创意指数进行了调查。当时的结果是，瑞典最高，为0.808分，其次依次是日本、芬兰、美国、瑞士、丹麦等国家，中国排名第36位，为0.230分。①

还有，荷兰特文特大学（The Twente University）的经济与战略助理教授格特罗·豪斯普斯（Gert—Jan Hospers）认为，集中性（Concentration）、多样性（Diversity）和非稳定状态（Instability）三个要素在创意产业的发展中占有重要地位。②

而英国学者查尔斯·兰德利则认为，经济活力、社会活力、环境活力以及文化活力四个方面是创意产业发展的关键因素。他认为一个城市要发展创意产业必须建立在个人品质、意志力与领导素质、人力的多样性与各种人才的发展机会、地方认同感、组织文化、都市空间与相关设施、网络与组合构架七大要素之上。③

当然，这个方面的研究国际上还有很多，如澳大利亚的学者提出了空气质量、就业状况、社会安定与凝聚力等要素；而新西兰学者则提出了文化参与度、文化多样性与统一性、社会凝聚力与经济发展等要素；英国学者还提出了参与度、多样性、文化研究、终身学习、文化经济、文化资源六要素；而美国学者则通过对硅谷的研究得出了文化杠杠作用、文化参与性、文化资产和文化结果等。

西方的这些研究成果，对于寻找创意产业的构成主体同样具有很大的启发意义。例如，兰德利的七大要素中就包括了个性主体、领导主体、多元主体等内涵。

当然，上述研究都主要不是为了研究创意产业系统的主体构成而得出的成果，而是依据其他研究目的而产生的。因此，我们不能从他们的成果中把创意产业系统的主体直接照搬过来。要确定创意产业系统的主体构成，还得循着这些研究成果给我们或明或暗指示的路标，来开始自己的探索之旅。

二　创意产业系统的主体构成

创意产业系统究竟是由哪些主体构成的呢？"第一章第三节第二部

---

① ［美］理查德·弗罗里达：《创意阶层的崛起》，司徒爱勤译，中信出版社2010年版，第407页。
② 陈旭、谭婧：《关于创意城市的研究综述》，《经济论坛》2009年第5期，第26—29页。
③ 同上。

分"已经讨论过创意产业的内涵问题,这里需要进一步明确的就是,与第一产业(农业)以土地要素为核心、第二产业(工业)以机器要素为核心、第三产业以服务为核心相比,文化创意产业的核心要素就是"创意"。离开了创意,文化是不可能变成产业的。因此,我们对于创意产业系统主体构成的讨论,就从"创意"这个逻辑起点开始。其次,始于这个逻辑起点所确定的创意产业主体应该是符合 CAS 要求的适应性主体,所谓适应性主体,简单地说,就是具有学习能力、能够调整自己以适应不断变化的环境的主体。

(一)创意主体

我们知道,作为创意产业核心要素的创意源于"个体创造力、技能和才华"[①]。换句话说就是,创意产业的初始条件就是个体的创意;没有个体的创意,创意产业就成了空穴来风,是不可能形成的。我们把这种具有创意能力的个体视为构成创意产业系统的第一大主体,就是"创意主体"。

当然,这里的"个体"不能等同于"个人",虽然在创意发生的原始意义上它首先指的是"个人",但一个好的创意往往需要很多人的力量才能丰满,并发展成为一个产业,因此,这里的个体更多的是指由许多"个人"所构成的团队。美国好莱坞喜剧电影的开创者麦克·塞纳特创造了一种制片制度,"其程序是先由'出主意者'(这个角色一般由塞纳特自己担任)提出一个基本意图,然后交给'剧本会议'设计出符合这个基本意图的人物和故事,等到基本情节确定之后,便由'噱头部'去添加滑稽场面和情境"[②]。在不同环节的共同努力之下,电影剧本才告完成。爱因斯坦在谈到美国的知识生产为什么比世界其他国家强大时指出:"我深深钦佩美国科学机构的研究工作的成果。要是把美国科学研究的日益增长的优势归功于美国大学实验室有较多的可供使用的资金这个唯一的因素,那就错了。在我取得权利生活在这个国家的这些年中,我终于认识到还有别的因素在起着决定性的作用:研究人员的专心致志,他们的

[①] 林拓、李惠斌、薛晓源主编:《世界文化产业发展前沿报告(2003—2004)》,社会科学文献出版社 2004 年版,第 9 页。

[②] 李怀亮、刘悦笛:《文化巨无霸》,广东人民出版社 2005 年版,第 74 页。

耐心，他们的同志精神和他们的合作本能。在美国，'我们'比'我'更受到强调。这就说明美国人所以能够比较轻而易举地创建起那些活动起来没有摩擦并且分工完善的机构——这不论是在大学实验室，在工厂里，还是在慈善事业领域里，都是如此。"[1] 英国著名物理学家卢瑟福在总结自己科学实践的经验时说道："科学家并非依赖于个人的思想，而是取决于综合数以千计的人们的智慧，所有的人想一个问题，并且每一个人做其中部分的工作，添增到正在建造的知识大厦中去。"[2] 卢瑟福的不少重大创造来源于学生的意外发现，来源于助手们自由的漫谈和聊天，并且通过学生和助手使之条理化、系统化，或者通过实验来验证。并在这个过程中，提高了学生和助手的科学素养、科研能力、创新能力，以致卢瑟福团队里面获得诺贝尔奖的科学家多达11人。

（二）创意转化主体

创意主体的创意往往不能直接成为产品，必须按照商品化的要求，进行重新设计和包装，然后才能进入生产、进而进入市场进行交换。比如，把思想转化为小说，把小说转化为电影，把故事转化为动漫……把某种创意转化为可以规模化生产的产品等。电影制片人、出版经纪人（又叫版权代理商）、与艺术家签约的企业投资人等都属于创意转化主体。有人可能认为画家把美术作品创作出来以后，顾客可以直接买走，看似好像不需要经过创意转化，事实上，画家的作品被买走，或多或少都经历了一个市场推广的过程，如，评论家的评论、策展人的选择、画廊的展出、画商的包装、圈内人的传播、社会的口碑等，没有这个过程，作品的艺术价值和艺术水平无人知晓，也没有人会来购买。

美国学者赫斯蒙德夫把创意产业人员分为，主创人员（如音乐家，导演）、技术人员（如录音师）、处于创意产业公司和创意人员之间的创意经理（如经纪人、制片人、策划编辑）、最终产品的所有者和执行者，其中的创意经理就是我们这里所说的创意转化人员："创意经理：所有者和执行者的主要兴趣在于利润（或者是声望）；而创意人员则希冀通过原创的、创新的和/或完美的作品来建立自己的声誉。创意经理是双方的经

---

[1] 刘勇：《感悟创造：复杂系统创造论》，科学出版社2008年版，第128页。
[2] 同上书，第146页。

纪人或中介的重要例子包括：唱片产业中的艺术家和保留剧目开发人员，图书产业中的策划编辑、杂志编辑，以及电影产业中的制片人。"他继续分析指出："从事创作与构思的项目团队被授予高度自主权。在文化产业获得发展的20世纪中早期，这种创意自主权在其他产业是很罕见的。因此，文化生产的专业复合体时代的独特之处就是这种非凡的自主权，这种自主权从文化生产的前两个时代延续至今，那时候艺术家、作家和作曲家就能够独立工作。但是请允许我重新强调一下，这绝不是完全的自主权：它是在创意经理的监督下进行的。"① 缺少创意经理，往往会导致创意产品没有市场或者无法实现其真正的价值。因此，创意转化人员就成为了创意产业系统的第二大主体："创意转化主体"。

有了创意转化主体，创意主体就可以潜心进行创意。按 CAS 理论来说，就形成了系统的分化和特化，从而增加了系统的鲁棒性；按照产业理论来说，就形成了分工和专业化，提高了系统的效能。后面的各个主体的形成都当作如是观。

（三）创意生产主体

创意转化主体并不能把所有创意都直接转化为产品，比如，小说改编成为电影以后，还需要电影制片厂进行拍摄制作，才能成为电影创意产品。按好莱坞的生产流程，电影跟其他产品一样是在一种"流水程序"的指导下进行生产的。一部电影除了编剧以外，整个摄制过程还包括导演、演员、摄影、录音、布景、道具、服装、灯光等部门和机构，而这些部门又有更细的划分。每一个部门和环节都有相当精通的专家，把影片尽量做得完美而精致。戏剧之类也一样，比如音乐剧，剧本创作出来以后，需要表演艺术家、音乐家、器乐演奏家、指挥家、剧院企业等多个方面的专业人士通力合作，经过若干次的演出排练，才能生产出来。这种主体就是创意产业的第三大主体："创意生产主体"。表面上看，绘画作品似乎画好了就可以直接卖出去，但从后文"第二章第一节第三部分"的例子可以看出，绘画作品如果有其他主体的参与，可以改善生产主体的鲁棒性，进一步增加和丰富绘画作品的价值，也就是说其他主体

---

① ［美］大卫·赫斯蒙德夫：《文化产业》，张菲娜译，中国人民大学出版社2007年版，第61—62、64页。

或其他环节的加入是绘画作品的一个价值增殖过程。

(四) 创意推广主体

创意生产主体把创意转化为产品以后，不可能被动等待消费者上门打听和购买，还需要主动把产品信息告知消费者，才能催生市场购买行为，这种告知行为就叫"推广"，亦即通过包装设计、媒体、公共关系和促销等工具把产品信息传递给消费者，促使消费者购买。产品包装就是让产品的利益点与消费者的需求点达成统一，这个过程又叫商业企划。经过企划的产品信息要有效到达消费者那里，还需要合理地选择媒体、组合媒体，达成有效集中的信息以对目标市场产生作用。公共关系和促销也是推广组合的基本工具，对于产品的市场效应产生影响。以画家为例，画商为了把画家的作品推向市场，必须借助媒体来宣传，这就是推广。当然，画商可以自己去进行推广（有些画商本身就是推广机构的负责人），但更多的时候，画商往往要依赖专业的推广机构来进行这项工作，因为这项工作本身也需要策划、需要创意，非专业人士难以胜任。这些机构包括咨询机构、广告公司、制作公司、公关公司，具体到画家还包括策展人、媒介机构、美术评论家等。于是，"创意推广主体"就成为了创意产业系统的第四大主体。

推广是一个系统工程，推广可以增加产品的价值，特别是推广中形成的品牌，由于能够极大地提升产品附加值，往往成为企业苦心孤诣的对象。人类社会自从有了交换就有了推广，但真正自觉的推广则是随着商品经济的发展而逐渐形成的。对于文化产品的推广也是在人们把文化作为产品来运作的时候开始的。好莱坞的电影直到 20 世纪 70 年代晚期才开始自觉运用系统的市场推广。这种行为为美国电影占领国际市场起到了很大的作用。尽管 WTO 有"文化例外"原则，由于美国电影营销和推广的科学性和系统性，在国际市场上几乎横扫千军。以欧盟为例，由于缺乏市场营销推广能力，欧洲电影在非本土市场的赢利能力极差。德国和西班牙电影在其他主要欧洲国家的票房收入还不到本国票房收入的 0.5%。[①] 这就是推广之所以成为创意产业系统中一个重要主体的原因。

[①] [美] 大卫·赫斯蒙德夫：《文化产业》，张菲娜译，中国人民大学出版社 2007 年版，第 222 页。

(五) 渠道主体

推广只是告知消费者某种创意产品的信息，引导或创造某种消费需求。但这种创意产品要到达最终消费者手中，还需要借助一定的渠道来传输。亦即渠道是产品从生产者转移到消费者手中的途径、或者说是把产品和市场连接起来的方式。如果产品是水，渠道就是水流向目的地的江河、水渠、管道。

渠道有什么重要，以致成为一个主体？首先，经典营销学的市场营销组合把营销变量分为：产品、价格、渠道和促销。在产品基本确定以后，价格、渠道和促销或者这三者的某种组合比例，就成为了企业差异化竞争的重要战略（而不是战术）。其次，领先的企业都知道，接触到消费者的方法越多越好，因为接触的方法越多，就会产生更多销售、带来更多价值。再次，不同的渠道所产生的价值是不一样的。网络销售渠道显然不同于传统的百货销售渠道，二者接触消费者的方便性、频率、规模以及对于商品价值的增加等差异都很大。通过大众消费渠道销售与通过高端消费渠道销售所带来的收益可能会有天壤之别。企业如何根据市场确定产品，根据产品确定消费者，再根据消费者的喜好、习惯、购买偏好等设计和制定渠道战略，就成为实现产品价值和企业价值的重要环节。从文化产品来说，电视剧以互联网为渠道，报纸以发行网络为渠道。就美术而言，渠道就是美术销售网络；就电影而言，渠道就是院线系统或互联网。而这些渠道显然都是由人掌握和控制的，因此，渠道运营商就构成了创意产业系统的第五大主体："渠道主体"。

(六) 终端主体

渠道主体只是将产品传输或分销到某个具体商店（不管这个商店是实体的还是虚拟的），商店还必须把产品陈列出来（在这里，店铺形象和环境需要创意，陈列也需要创意），供最终消费者选购。因此，所谓终端就是整个产品价值实现的末端，是产品到达消费者完成交易的最终端口，是产品展示并与消费者面对面交易的场所。又用水来比喻的话就是，自来水管是渠道，水龙头是终端，只有水管没有水龙头，这水就无法消费，有了水龙头，但水管里没有水也无法消费。所以，一个产品无论做得多么好、推广无论多么强大而有创意，但如果终端看不到你的产品，消费者就只能望梅止渴。电视剧上传到因特网，如果在优酷、爱奇艺、土豆或其他任何视频商店（终端）里根本就搜索不到你的产品，再精彩的剧情也白搭。报纸的终端就是报摊、读者的家或单位，如果没有大量的报摊，读者买不到报纸，或者没有大量的发行人员送报上门，读者就读不到报纸。就美术而言，这些渠道终端就是展览馆、美术馆、拍卖行、画廊等；就电影而言，就是某个具体的电影院。这样，终端销售商就成为创意产业系统的第六大主体："终端主体"。

终端是竞争最激烈的环节和场所。对产品价值的实现、实现的大小等都可能产生很大的影响。电影院线对一部电影的排片时段、排片频率等对电影收益的影响是一个很明显的例子。对于文化产品来说，有些产品的渠道和终端是合一的，如表演、体育运动等，有些产品的渠道和终端是分离的，如图书、绘画作品。而终端的类型也是各种各样的，如直接终端（自己控制的终端）、间接终端（别人控制的终端）和混合终端（上述两种的结合），还有什么核心终端、重要终端、普通终端、硬终端、软终端等，总之，无论什么终端，产品价值的实现都必须经过终端这座"独木桥"。

（七）消费主体

一个创意产品只有被消费者选购和消费，才最终实现了自己；没有消费者的消费，创意产品就不是一种产品，而只是一种概念。因此，"消费者"就是创意产业系统的第七大主体。就报纸而言，这些消费者是读者；就美术消费而言，这些消费者就是投资人、收藏家、鉴赏家、美术爱好者等；就电视剧和电影而言，这些消费者就是观众。

创意产业具有高风险性，这种高风险性很大程度上就是来自于消费者对于文化创意产品和服务的趣味具有高度不确定性和不可预测性。即使一个很成功的制片人，也无法预测一部畅销电影之后，是否可以接着拍出又一部畅销电影。因为即使投入再多的推广费用，某个当红的表演者可能突然过时、某个叙事模式可能突然让消费者厌倦。任何人想预测评论家、媒体、普通消费者对某部电影可能的评价都是很难的。纽曼指出了出版业的拇指法则，即80%的收益来源于20%的产品。而贝迪克在其研究中宣称，像美国这样的电影产业大国，每年拍摄的350部电影中，卖座的也只有10部左右。而卓沃尔和格里斯潘的研究报告表明，英国的杂志出版业，只有四分之一能够赢利。① 这些都说明消费主体的特征对文化创意产业本身的影响是很大的。正因为如此，所以，消费者在创意产业的所有主体中，是居于核心和决定地位的主体（详见本书"第二章第一节第六部分"）。

（八）衍生主体

创意产品往往还有一个重要的特性，那就是一旦这种产品被大众认可，演绎为潮流或时尚，这种产品就可能通过符号化的手段脱离原来的系统，进入其他生产领域，成为"衍生产品"。湖南三辰卡通所创造的动画片《蓝猫淘气3000问》，塑造了一个具有中国特点的卡通形象——蓝猫。之后，三辰公司与国内果汁饮料产品行业的"汇源"果汁合作，建立了北京蓝猫淘气饮料营销有限公司，推出"蓝猫咕噜噜"饮料，组建起与动画片相关的集儿童饮品研发、生产、销售于一体的综合性企业实体。公司还把"蓝猫"形象授权给文具、玩具、服装、食品、日用品等大批儿童消费领域，衍生出巨大商业价值。其他如电影《泰坦尼克号》《指环王》《黑客帝国》，电视剧《来自星星的你》，由手游改编的《愤怒的小鸟》《魔兽》等都衍生了大量的产品。我们把这种衍生产品的开发主体称为"衍生主体"，是为创意产业系统的第八大主体。

（九）政府主体

比起物质产品的生产来，创意产业具有或强或弱的意识形态属性，从产业来说，又具有高投入、高风险、高回报的特点，因此，发展创意产业需要政府部门构建相应的政策系统、法制系统和行为支持系统，如果政府主体缺位、错位或越位，创意产业都是不可能自生自发地形成的。

美国、欧盟、韩国等国家和组织创意产业的兴盛都得力于政府的大力支持。文化创意产业是以创意为核心的，只有保护创意，保护创意主体的积极性，才能产生更多的创意，一旦创意无法得到保护，就有可能从源头上扼杀创意产业。美国文化创意产业发展就特别重视知识产权的保护，政府为此制定了一系列法律法规并签订了一系列双边协议，他们

---

① ［美］大卫·赫斯蒙德夫：《文化产业》，张菲娜译，中国人民大学出版社2007年版，第21页。

把文化创意产业称为"版权产业",就是从法律角度来定义的。虽然美国政府对文化创意产业的直接支持要少于其他国家,但绝对数量还是不小。1997年美国文化艺术的经费总额为175.83亿美元,其中政府直接资助金额为20.96亿美元。欧盟国家对文化创意产业的扶持力度比美国还要大。法国政府对文化创意产业的支持有两种方式,一是直接给文化企业提供赞助、补助或奖金等。从事文化产品生产的组织和机构都可以直接向法国文化部申请财政支持。二是制定减税政策,鼓励企业为文化发展提供各类帮助。凡是提供帮助的企业都可以享受3%的税收优惠。德国政府认为,只有政府的资助,才能保障戏剧界艺术的自由。德国的剧院和乐团每年获得资助达43亿马克;同时德国对电影的发展也采取种种支持政策,专门创建了电影促进署,从电影制作到院线都给予全面支持。韩国政府在1998年提出了"文化立国"的方针,将文化创意产业作为21世纪国家战略性支柱产业,并制定了一系列从资金、人才到经营管理的支持政策,推动了韩国文化产业快速发展。

因此,政府是创意产业系统的第九大主体。

(十)地点主体

一旦这九大主体在一定的地理空间聚集,还会形成一个具有"活性"的主体。那就是"地点主体"。为什么地点也是一个主体呢?前面我们在讨论霍兰 CAS 理论、特别是回声模型的时候,提出了这个模型的两大缺陷,其中就包括对地点的形而上学理解;为了避免犯同样的错误,这里需要对地点主体进行一番必要的申说。首先需要明确的是,所有的主体都不是一夜之间从地下冒出来的,而是逐渐生成的。比如先有了需求,然后有了创意以及创意的转化和生产;也可能是先有了创意,然后逐渐产生了转化主体、生产主体等。而地点则是在上述主体逐渐发育完善的过程中最后一个出现的主体,或者用复杂性理论来说,地点主体是其他九大主体在充分交互过程中"涌现"出来的、属于某一个空间的地理特征。

其次,地点主体不是孤立的主体,而是一个复合性的主体。创意产业的有些地点原本是不存在的,比如作为创意城市的纽约至少在"一战"以前是不存在的,后来由于全球艺术家、文学家、音乐人、设计师、时尚人士的聚集,作为创意城市的纽约才诞生。那就是因为这些涌进纽约的主体逐渐形成了多种多样的聚集体，这些多主体进一步聚集，形成了各种介主体；介主体再聚集，又形成介介主体；这些介介主体又有各种各样的类型，其中有一类就是这些聚集体和所在的空间构成"人—地"介介主体。可以说，地点是创意城市或者说创意城市（产业）系统中最后一个突现的主体。但是，当地点主体作为一个创意空间"涌现"出来以后，就像一个有机的生命体一样和其他主体一起共同演化，从而作为一个主体而存在；并参与到与其他主体的互动中。

最后，如果按照 CAS 理论来说，地点主体也可以说是一个黏着标识，引导着其他创意主体的聚集，并以其特有的空间特征，成为创意产业聚集体的最外边界，成为该地点创意产业不断演化、具有持存性和协调性的深层机制。也可以说，地点主体是出现在规则条件部分的积木（回忆一下回声模型的标识段，包括进攻标识、防御标识和黏着标识），它为创意主体之间的相互作用提供指引，并为创意主体的筛选、特化与合作提供基础。因此，表面上，地点主体在十大主体中似乎是非人格化的主体，从本质上说，由于在空间上它是所有主体聚集体的最外边界，因此就是由所有主体聚集构成的最高层次的复合性主体，同样是具有适应性的、活的主体。

特别强调地点主体地位和价值的是美国学者艾伦·J. 斯科特（Allen J. Scott），他的《城市文化经济学》（*The Culture Economy of Cities*）的核心就是研究地点在文化创意产业中的力量。斯科特认为，地点、文化与经济之间彼此共生。一个地方所特有的文化属性和经济秩序越是浓缩于地理环境之中，根源于这种特有地方文化属性的产品就越享有地方垄断力量。这种垄断力量提升了城市及其文化产品的竞争优势，并使其文化产品能够挤入更广阔的国内和国际市场。莫罗奇指出，产品的形象与地点的积极联系产生了一种黏附于地点的垄断租金、标志以及附属于它们的品牌，并为来自竞争地点的产品创造了进入障碍。[①] 处在这种城市和文化环境中的社会成员，往往从事互补且在社会中相互配合的事业，而将这些成员凝固在一起的重要因素是传统和习俗，这种传统和习俗在任何

---

① Allen J. Scott, *The Culture Economy of Cities: Essays on Geography of Image Producing Industries*, London: Sage Publications of London, Thousand Oaks and New Delhy, 2000, p. 5.

已经存在了一定时期的地方性社会群体中必然存在。同时，这种已然存在的文化是人与人之间积累的文化储藏室，这种文化资本穿越了时间的界限，将一代代居民联系起来，并在文化产品生产和消费的日常接触中得以维护与更新，逐渐形成城市及其文化产品具有相应市场竞争力的重要因素。因此，当我们说地点也是一个"活的主体"或者适应性主体的时候，这种"活性"和适应性就来自地方所具有的文化，它作为一种传统、习俗或共同理念向所有聚集体主体发言，指导它们的行动和产业发展。这就可以解释为什么有些地方创意产业能够发展起来，而且可以长盛不衰；而有些地方却是昙花一现。

CAS 理论在为主体的交互建立回声模型时，就是以一定位置（地点）的资源为前提的，主体不仅在主体之间交互，而且也与位置（地点）进行交互。可见，地点虽然不具备人格特征，但也是作为一个整体与其他主体进行交互的。[①] 从 CAS 理论再做一点展开，那么可以说，地点是通过 CAS 主体之间交互而产生的 $1+1>2$ 的涌现现象；而基于创意主体之间的交互所涌现出来的地点，就是创意产业所研究的创意城市（参见本书第六章）。

总起来看就是，政府主体就是指制定国家创意产业发展规划、制定发展战略、制定相关产业政策、做出相关制度安排的主体；创意主体就是霍金斯所说的专门生产"新思想"的主体；转化主体是指把创意主体的创意转化为商品的个人或组织；生产主体就是根据转化主体的指令，对创意进行商品化生产的企业；推广主体是把创意产品的信息传播给消费者的机构；渠道主体是创意产品向消费者传递和运送的通道；终端主体则是让产品最终面对消费者的销售商；消费主体当然就是指消费者了，这里面既有个体的消费者，也有团体的消费者，政府本身也是一个消费者；衍生主体则是对创意产品进行衍生开发和生产的单位或组织；地点主体是创意产业地理空间内所有主体的复合而涌现出来的主体。

显然，对应于厉无畏先生的价值链构成，我们的主体多了 4 个；同时有的主体的概念有所变动。第一，增加了"政府主体"和"地点主

[①] [美] 约翰·H. 霍兰：《隐秩序——适应性造就复杂性》，周晓牧、韩晖译，上海科技教育出版社 2011 年版，第 97 页。

体"。第二，厉无畏先生的"内容创意"主体，这里分成了"创意主体"和"创意转化主体"，因为很多创意主体都不懂得企业化运营和市场运作，只有通过创意转化主体，创意才有可能变成商品。因此，创意转化主体是创意产业分工专业化的需要。第三，我们将厉无畏先生的"营销推广"和"传播渠道"分别变成了"推广主体"和"渠道主体"。这是因为，现代企业的生产都是以营销为中心，并不是产品生产出来以后才开始营销的，创意产业就更是如此。中国电视剧无法和韩国电视剧竞争的一个重要原因就是中国的电视剧是在拍摄完成、相关机构审看以后才开始营销；它们由编剧、编导、演员合作完成，能不能播出，要紧的是看符不符合相关机构的标准，至于符不符合观众的胃口、市场的标准，他们只能主观臆测，或者根本就不用管；而韩国电视剧在拍摄之前、之后、之中都要进行营销，他们要按照观众的口味、市场最大化的目标来进行摄制和推广。表面上看似只差一个环节或一种观念，但竞争力却不可同日而语。所以，单独在这个地方提出营销问题，值得推敲。另外，"传播主体"的说法也似是而非。厉无畏先生的本意可能是指销售渠道，但如果是信息产品（如电影、电视剧）可以说是传播，如果是实物产品，如光碟、图书就不好用传播渠道来定义。因此，我们改为"渠道主体"。第四，在渠道主体之后，我们还增加了一个"终端主体"，这是因为渠道毕竟只是 CAS 理论中【节点、连接者、资源】的连接者，终端才是节点；用神经网络的理论来说，渠道相当于神经元的轴突，而终端则相当于神经元的突触，没有突触，神经元就无法工作。还有一个方面，那就是作为销售终端的节点一般来说都具有很大的特殊性，不同的销售终端往往会面对不同的消费者，这就为创意产品在细分市场的销售提供了可能。所以，把终端主体从渠道中单列出来，作为创意产业资源流动的一个重要节点是很有意义的。第五，增加了地点主体，这是大多数文献均未涉及的问题。只有研究复杂系统涌现问题的理论与方法，才可能发现这个主体。

当然，根据创意产业不同的类型，这些主体可能是重合的，也可能是分离的。比如，创意主体本身可能兼具创意转化主体和创意生产主体的身份，电影编剧（创意主体）也可能就是电影制片人（转化主体和生产主体）。还有，电影院线既是渠道主体、也是终端主体；画家既是生产主体、也是创意主体；渠道主体、终端主体也可能是推广主体，如拍卖行和画廊是渠道主体和终端主体、但同时也可能作为推广主体。但无论是重合的还是分离的，这些主体对于创意产业来说都缺一不可，否则就会影响创意产业的形成。

上述讨论可以用数学方法来表达它们的意义。先用字母来表示各个主体的贡献，即：

创意主体——a、转化主体——b、生产主体——c、推广主体——d、渠道主体——e、终端主体——f、消费主体——g、衍生主体——h、政府主体——i、地点主体——j。

设文化创意产业为 f（x），则有：

$$f(x) = (abcdefghij)$$

因为每一个主体都参与了创意的价值创造，根据经济学的乘数效应原理，创意的价值就是每个主体贡献的乘积。魏鹏举先生在研究文化市场的机构时发现，内容创意与研发环节，市场价值占整个产业链的3%到15%。产品生产与服务提供环节，市场价值占整个产业链的25%到45%。渠道环节，批发商与零售商（主要是各类掌握频道资源的大型传媒公司或集团）占有的比重最大，达到50%—60%。[1] 表面上看，由于创意和研发是整个产业链价值形成的源头，似乎应该占比最大，实质上，孩子出生的成本和收益比起养育孩子的成本和收益来说，是很小的，因此，从创意和研发环节开始，后面各个环节对创意的价值创造是递增的，实现最终价值的渠道环节价值是最大的。孩子从出生到养育的各个阶段都会增加孩子的人生价值，这个过程不是一个"加和"的过程，而是一个不断由量变到质变的过程，所以，创意产业各个主体对于创意的价值贡献不用加法而需要用乘法来表示。

就衍生主体来说，并不是每一个创意产业的链条之中都必然存在这种产品。有时是前面的有关主体在创意期间和创意完成销售以后没有去开发，比如米老鼠最初就没有想到要去开发什么衍生产品，直到1929年系列动画《汽船威利号》获得成功以后，有人向沃克公司出价300美元将米老鼠的形象用在写字板上，米老鼠才出现了衍生产品。有时是创意

---

[1] 魏鹏举：《文化产业的市场结构及其全球市场趋势研究》，《思想战线》2010年第3期。

本身的品质不高，无法开发衍生产品，一个恶评如潮的电影是不可能开发什么衍生产品的。有的是创意产品的题材本身无法开发衍生产品，如电影《拯救大兵瑞恩》《伊丽莎白》。所以我们可以把这个主体暂时舍去。而创意地点一旦形成，通常是一个常量；政府的引导和扶持政策也通常会维持一个比较长的时间尺度，在这个时间尺度以内，同样是一个常量，所以 h、i、j 可以暂不放在函数之中。我们把除了 h、i、j 以外的创意产业主体称为"创意产业核心主体"（当然，当衍生产品存在的时候，不管这个衍生产品是否得到了开发，核心主体就包括了衍生主体）。

显然，除了 h、i、j 以外，其他 7 个主体只要有一个主体对创意的价值贡献为 0，则整个产业为 0。因此，发展创意产业必须在完善主体结构方面建设好每一个主体。

三 创意产业系统诸主体交互的基本模式

那么，在创意产业系统中，这些主体之间是怎样交互的呢？

先看一个例子。"国粹油画"是我国具有极高艺术天赋的画家刘令华经过若干年探索而创立的一种风格独特的油画品类。这种作品以纯熟的刘氏西洋油画技法，去描绘和表现中华本土文化的国粹要素——京剧人物，从而营造出了一个足以让中西受众都叫好的油画意境。尽管这种作品有相当高的艺术价值，但在 1999 年以前，除了艺术圈内人士以外，还不为大众所知。1999 年上海艺术博览会上，上海实业巨头——上海宽视公司相中了刘令华的作品。宽视与刘令华签约以后，进行了一系列转化工作。第一，在产品的创意和生产方面，宽视从艺术题材、艺术技法、艺术市场等方面给刘令华提出了一揽子意见，引导刘令华根据市场的潮流调整创作策略。第二，进行政府方面的公关，让刘令华把几十幅作品带进 APEC 论坛展出，令各国政要驻足流连。第三，渠道利用。刘令华在亚洲、欧美及京沪举办了好评如潮的个展；刘令华的作品陆续被各地知名美术馆收藏。第四，终端营销。刘令华的作品首次拍卖，单幅就超过了 100 万元。第五，策动媒体。刘令华的事迹、作品和新闻报道被世界各地数十家纸质媒体和网络大量报道；刘令华作品成为学术界、美术界研究和评价的对象。第六，市场培育方面。宽视前期投入 2000 多万元，除了画家的衣食住行以外，还有进军画坛、策动媒体、征战市场的费用，让消费者认识刘令华和他的作品，并认可、喜欢和追捧国粹油画。

从刘令华作品的知名度提升、价值提升和市场提升等可以看出，上海宽视就是创意转化主体，而它的成功显然既有与创意主体的互动（就艺术题材、艺术技法、艺术市场给刘令华提出的一揽子意见），也有与推广主体（媒体报道、学界研究等）、渠道主体（个展和美术馆收藏）、终端主体（拍卖）、消费主体（学界评价）以及政府主体（APEC论坛展出）等各个主体的充分互动；当然，不仅仅只是创意转化主体与其他所有主体互动，其他所有主体显然也会与其他所有主体产生互动。

再举一个例子。1996 年，英国姑娘 J. K. 罗琳还是一位穷困潦倒、一文不名的单身母亲，每星期仅仅靠 70 英镑救济金维持生活。但是由于她的小说《哈利·波特与魔法石》《哈利·波特与火焰杯》……一个个奇妙的创意，到 2005 年，J. K. 罗琳就变成了英国数一数二的富婆。哈利·波特从一个顽皮的文学人物，变成了一个风靡全世界的艺术偶像。2005 年《哈利波特与混血王子》一上市，就成为全球出版历史上最畅销的书，而将哈利·波特引入美国的思科莱斯克出版商也凭着这套书，从世界第六大儿童出版商一跃成为全球第一。

哈利·波特诞生以后很快由小说衍生出影视业、玩具业、文具业、网络游戏业、服装业，甚至是旅游业这条长长的产业链。哈利·波特是如何做到的呢？除了小说内容的广泛适应性以外，日本东京的一位经济学教授做了一个生动的概括。他认为，小说《哈利·波特》好比是一颗小沙砾，而英国和美国的产业机器好比是一扇大贝壳，"哈利·波特"现象就好比是一种贝壳效应——沙砾进入了贝壳，在贝壳内膜的层层磨合包裹中，终于孕育成为一颗价值连城的珍珠。这一颗文化的珍珠是经过许多天才的努力和许多产业机制的作用，配置了大量其他资源聚合而成的。没有 J. K. 罗琳和哈利·波特这颗沙砾，那么，只要贝壳还在，它还会吸引别的沙砾，而且终将孕育出一颗颗璀璨的珍珠。[①] 英国和美国的产业机器，实质上就是包含了上述各大主体的创意产业系统，既然是"机

---

① 花建：《创意产业规律的探索和应用》，《电影艺术》2006 年第 5 期。

器",当然各个部分都要相互匹配,协调互动,正因为如此,所以才衍生出了一个巨大的产业链。同时,这种产业链的形成也端赖英国这个世界创意产业提出最早、发展最快、发育最好的国度。2002年英国创意产业的增加值已经达到809亿英镑,到2012年英国整体经济增长了70%,而创意产业增长了93%。这正是《哈利·波特》发育出强大产业链的地点主体的功绩。

因此,我们认为,创意产业系统十大主体之间的关系应该是一个"球形的网络"关系(见图2—3),任何一个主体与其他所有主体都存在相互作用。我们同样也可以把这个相互作用的关系图当作一个"钻石模型",称为"创意产业主体交互钻石模型"。

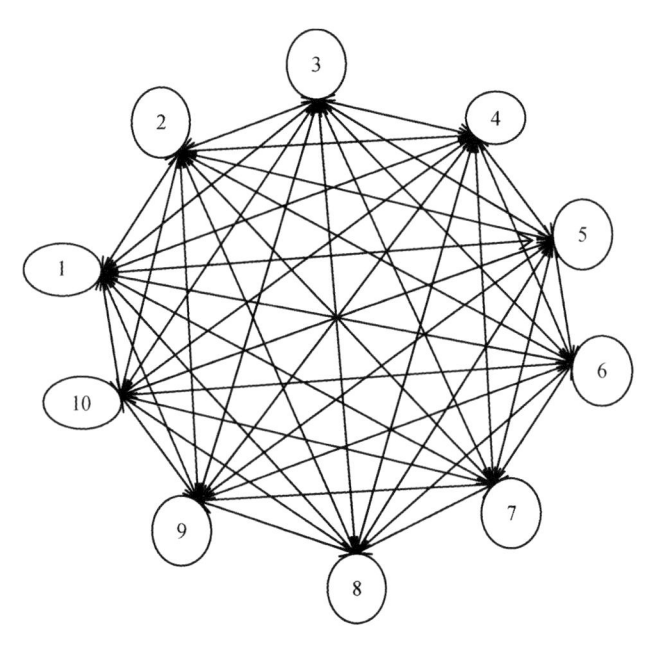

①创意主体 ②转化主体 ③生产主体 ④推广主体 ⑤渠道主体
⑥终端主体 ⑦消费主体 ⑧衍生主体 ⑨政府主体 ⑩地点主体

图2—3 创意产业主体交互的钻石模型

相关文献为系统主体的交互和功能变化创立了一个功能函数,它可以用来说明这种钻石模型的价值。即当系统主体聚集、产生了相互作用

时，系统功能变化的函数是：①

$$f(n) = n(n-1) \qquad (2-1)$$

其中 f (n) 表示系统功能，代表主体之间相互作用的量；n 表示系统主体的个数。根据式（2—1），不考虑相互作用的强弱，只考虑平均强度的交互。那么，创意产业系统主体之间的相互作用的功能值为：

$$f(n) = 10 \times (10-1) = 90$$

显然，根据系统 1+1>2 的特征：

$$n(n-1) > n \qquad (2-2)$$

这样，我们如果不是从链式的而是立体的来审视创意产业系统，就能够既定性又定量地考察创意产业问题。3 个主体、6 个主体的系统功能值当然小于 10 个主体的系统功能值。而且，如果系统主体缺失，系统功能就不完善。在理论探讨中，主体不足的研究结论必然有偏颇；在产业实践中，主体不足的系统必然缺乏活力。我国的一些创意产业之所以缺乏国际竞争力，在很大程度上都与主体不足或者主体发育不完善有关（详见后文）。

四 创意产业系统诸主体交互的价值模式

（一）创意产业的价值问题

图 2—3 只是创意产业系统诸主体交互的基本模式，但从创意产业价值创造的角度看，其内部的交互模式还有着更为复杂的结构。

工业经济的基础是理性主义。理性主义强调理性价值的中心地位。在经济学中，这种理性表现在价值上，就是指效用。在哲学上，就是指共相。在工业生产上，就是标准化、大规模的生产。表面上，西方文化传统似乎十分重视个人，但都是理性的个人。亚当·斯密说的自利利他，实际上是把社会性作为自利成立条件的；所谓合理的利己主义，首先是合乎理性。经济人理性所涉及的个人选择，也首先以是否得到社会（市场）承认为先决条件的。

与工业经济条件下，个人完全被社会化和理性化不同，后现代经济

---

① 张嗣瀛：《复杂系统的演化过程 n（n-1）自聚集》，《复杂系统与复杂性科学》2005 年第 1 期，第 71—83 页。

重视与共相相对的殊相，重视与效用相对的价值，并把异质性、不可通约性、精神性作为个体价值的真正所在，因此，后现代经济不再以标准化、规模化生产取胜，而是把个人价值摆在第一位，满足人的个性化需求，于是，小众化、定制等就成为后现代经济的一个重要特征。创意产业正是后现代经济的典型代表，价值，而不是品质成为衡量产品成败的核心指标，不过这里的价值是一种精神价值、体验价值、个性价值。

创意产业的这种价值与工业经济时代因为效用而产生的价值有何不同呢？诺贝尔经济学奖的获得者丹尼尔·卡尼曼认为，价值是快乐和痛苦本身（或者按照边沁1789年的观点，效用是指对于快乐和痛苦的体验），而效用是引起苦乐的原因。[①] 前者就是创意产业的价值，后者则是工业经济的价值。品质只是对通过效率方式引起的效用具有敏感性，而对价值并不敏感。当两种产品在质量之外的价值领域（或者叫偏爱领域）产生差异时，如果一个产品有创意、而另一个产品无创意，有创意的产品就会在更高的价值链层面上获得溢价。溢价对应偏爱，对应价值，而不对应品质。

当科技发展使物质生活空前丰富以后，人们有了更多余钱和空闲可以支配，就需要用这些余钱和空闲来换取更多的快乐（价值），后物质主义文化彼时成为主流，于是以效用为重心的经济就转向了以价值为重心的经济。这就是创意产业的本质所在。因此，考察创意产业诸主体交互模式，必然要探寻其价值创造模式。

价值链理论是由美国哈佛商学院迈克尔·波特教授提出来的。厉无畏先生的"创意产业全景价值链系统图"（见图2—2）就是依据波特的理论来建构的。尽管波特教授更多的是基于工业经济的语境来建构价值链理论的，但对于创意产业来说，同样存在一个类似的价值发生和创造过程。鉴于厉无畏先生的系统图与波特理论之间的关系，我们这里不再叙述波特的理论，而直接循着厉无畏系统图思路、并结合回声模型来演绎创意产业诸主体交互的价值模式。

（二）价值创造与"回声模型4"

根据CAS理论的回声模型，单个主体在收集了足够的资源、能够复

[①] 周子琰、姜奇平：《创意经济新论——中国蓝海风暴》，新星出版社2006年版，第59页。

制其染色体字符串的时候，就可以繁殖。而主体获取资源的方式有两种，既可以从所在位置获取资源，也可以在与其他主体的交互之中获取资源，或者兼而有之。在一个完美的创意产业系统中（如伦敦、纽约、东京），这两种资源获取方式都是存在的；而在不够完美的创意产业系统中，很可能由于地点主体尚未涌现出来，因而主体要从地点主体获得资源就非常困难、甚至根本就不可能。我们是基于图2—3的钻石模型来探讨创意产业系统主体交互的价值模型的，显然，在回声模型中，主体之间的条件交换、资源变换以及选择性交配都不能显示主体的聚集，没有聚集，照样可以进行条件交换、资源变换和选择性交配；而"条件复制"虽然可以说明主体的聚集，但它更多是为了说明主体的演化和系统的形态发生，所以这里我们以"回声模型4"——黏着来说明这种价值创造过程中各主体的地位及其交互模式。

我们需要先对"回声模型4"做一个详细的讨论，以便对霍兰复杂适应系统理论不怎么熟悉的读者也可以明白后面的内容。

"回声模型4"主要研究主体的聚集问题。主体可以有选择地相互黏着，并在这个过程中形成层次。相互黏着的主体能够作为一个整体运动，同时主体之间又进行不断的交互活动。整体（或聚集体）中单个的主体可以充分利用其他主体所提供的特定环境来发展自己。在这个过程中主体将不断产生分化和特化。分化就是聚集体中的主体不再是一个不知何为的、混沌的主体，而是选择了自己明确定位、使自己的活动专职化的主体。亦即霍兰所谓聚集体中某个主体可以专司进攻、某个主体可以专司防御、某个主体又可以专司资源获取等。用生物学的理论来说，分化就是染色体的某些基因通过开启、关闭或者阻抑与去阻抑朝着某个生物器官的方向演化。从文化创意产业来说就是，擅长广告的人专门去做推广、擅长艺术的人专门去做设计、擅长终端的人专门去做销售等。特化，是指主体分化以后，成为聚集体中某个具有特殊功能和价值的主体，比如一些基因变成了心脏、一些基因变成了大脑。"第二章第一节第三部分"有关刘令华和J. K. 罗琳的例子都可以看出这种分化和特化，比如刘令华只专注于画画、市场交给上海宽视来运营，J. K. 罗琳只管写小说、产业化交给英国和美国的产业机器来实现等。再举一个文化创意产业的例子。美国NBC电视台有一个脱口秀主持人名叫"梅根·穆拉里"，过去曾经在《威尔与格蕾丝》中扮演过角色，但在很多年里只是一个二流演员。梅根·穆拉里有一个特点就是胆子大、高嗓门，喜欢开粗鄙的玩笑，刻薄但很有趣，而且时常妙语惊人。某一天，NBC 的一位老总忽然灵光闪现：让梅根·穆拉里去做喜剧脱口秀节目，说不定会很成功。按照这个思路，NBC 对她进行了重新包装，并大规模进行宣传推广，量身定制娱乐作品等，梅根·穆拉里在舞台上活蹦乱跳、甚至在收场时还翻三个筋斗，这种不失女性之美、同时又活力四射的男性化主持风格，很快赢得了家庭主妇的青睐，已经 40 多岁的梅根·穆拉里一下子变成了炙手可热的明日之星。梅根·穆拉里从事演艺业只是聚集体的一种分化，而成为喜剧脱口秀节目的主持人则是一种特化。

主体相互黏着成为一个多主体（多区室主体）聚集体以后，都会有自己的边界，一个边界可以包含多个聚集体、也可能只有一个主体；边界可以是多层的，有多个边界，也可以是单层的，只有一个边界。比如一个鸡蛋有三层边界，蛋壳是外边界、蛋清是第一层内边界、蛋黄则是最里层的内边界；如果有两个蛋黄，则有两个并列的最内层边界。这种递进的包含关系可以用家谱树来表示（见图 2—4）：

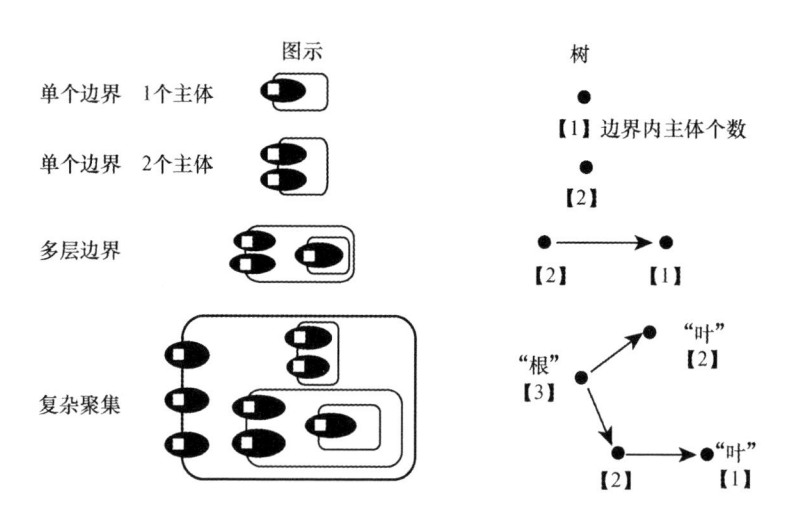

图 2—4 边界与边界的家谱树图示

主体聚集体的边界也可以发生变化（见图2—5）：

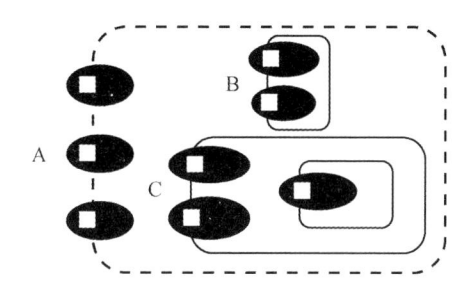

图2—5　聚集体边界变化图示

图2—5是图2—4"复杂聚集"的边界发生变化而形成的新的聚集体。原来的外边界发生变化：三个层次、8个主体的聚集体变成了三个独立的聚集体。"A"成为单层边界、3个主体的聚集体，"B"成为单层边界、2个主体的聚集体，"C"成为2层边界、3个主体的聚集体。而在原来的聚集体中，B、C只是多主体聚集体中的一个主体区室而已。现实生活中这种情况是经常出现的，比如一个城市的文创产业聚集区是一个由众多文创企业构成的多主体聚集体，当这个聚集体作为这个城市所有聚集体的一个组成部分的时候，这个文创产业聚集体就变成了这个城市聚集体的一个主体区室。企业的班组是一个聚集体，当作为整个企业不同主体聚集体的一个部分的时候，又变成了一个主体区室。反之亦然。当然，边界的变化不是随意的，多主体聚集体各主体区室的资源可以共享，才能成为一个多主体聚集体；如果不能共享，则不能成为多主体聚集体的一个区室。这样，我们就可以在更大范围的聚集体中，把相互关联的多主体聚集体区别出来。

多主体聚集体之间的交互方式是：第一，在多主体聚集体内部，各主体区室只能与同一条边界的主体区室交互或与相邻主体区室进行交互。蛋壳可以与蛋清交互，但不能与蛋黄交互；蛋清既可以与蛋壳交互，也可以与蛋黄交互。主体能够交互的所有主体的集合，称为该主体的交互域。第二，在多主体聚集体外部，多主体与多主体之间，交互发生在聚集体主体区室的"接触点"上，只要一个多主体处于活动状态的主体区室满足接触点上另一个多主体的复制条件，多主体就会像单个主体之间一样发生交互。第三，多主体在交互过程中，有些主体可能被逐出聚集体，或者主动离开聚集体，从而成为自由主体。自由主体又可以在随机交互的情况下，形成新的主体聚集。第四，位置，连同其可更新资源，可以看作处在该位置的所有主体的最外边界。

(三) 创意产业价值创造和实现过程

明白了"回声模型 4"的理论，我们沿着"创意产业全景价值链系统图"的思路，来分析一下创意产业的价值创造和实现过程。

1. 价值引导和催化

创意产业作为一种既具有商品属性、又具有意识形态属性的产业，其产品所蕴含的价值起码不能够违背一个民族的价值观、不违背一个国家的核心利益、不违背民族的文化精神，更不能与主流意识形态相冲突。同时，又必须承担起满足人民精神文化需要的责任，承担起传播主流意识形态、传播民族精神、传播国家利益、维护国家文化安全的责任。因此，发展文化创意产业首先需要进行价值引导。这种价值引导可以通过多种主体来实现，如学校、媒体、文化部门、宣传部门、公共管理部门等，但最核心的显然是政府。政府首先必须使用强制性政策工具、甚至法律工具，遏制消极的和负面的文化创意产业的产生和发展。其次，仅仅遏制消极的和负面的还不够，重要的是必须大力扶持积极的和正面的文化产业不断壮大，让正能量成为主流。为此，政府就必须制定系统的产业发展政策，鼓励优秀文化产品的生产。这就是价值催化。政府在文化创意产业价值生产系统中的这两大功能的实现是文化创意产业健康快速发展的基本前提。如果把文化创意产业价值生产系统当作一个多主体聚集体的话，政府就是这个多主体聚集体中的一个区室。

区室 1：政府（见图 2—6）

图 2—6 政府

2. 价值创造和转化

在政府区室发挥作用的条件下，价值生产体系开始进行价值创造。按照波特的理论，产业的每一个环节都存在价值创造。但是，创意产业的价值创造是一个非线性的过程，混沌及对初值条件的敏感依赖性，是创意产业的一个本质特征，就是说，初始的价值创造是决定后期各个环节价值创造成败的关键。如果初始创意没有价值或者价值不高，那么，后面所有环节都无法弥补其缺陷。所以，演艺经纪人宁愿高价请一流的演员来演出，也不会请二流的演员来担纲，哪怕二流演员的费用再低；同样，消费者也情愿高价消费一流人才，也不会廉价消费二流演员。这就是创意产业对初值条件的敏感依赖性。

当初始价值被创造出来以后，比如一幅画、一首歌、一部电影剧本等，一个有经验的经纪人很快会发现其市场价值，于是，会主动去联系相关的生产制造企业（不需要再生产的就直接联系渠道主体和终端主体），将作品转化为产品。从回声模型来说，这里的价值初创团队或价值初创人员、价值转化人员、价值生产机构等显然很容易黏着，成为一个整体，或者按回声模型的概念来说，成为一个主体区室，以一个整体与其他主体进行交互。

区室 2：价值创造和转化主体（见图 2—7）

图 2—7 价值创造和转化主体

3. 价值营销和输送

当产品生产出来以后，必然要通过市场交换实现价值补偿和价值增值，这就需要进行产品推广、产品传输、产品陈列和销售，以到达目标消费群。由于推广主体不仅仅要进行推广创意，而且这些创意要贯彻到整个渠道和终端（包括终端店堂布置方式、产品陈列方式、终端服务流程等），于是，推广主体、渠道主体和终端主体就很容易黏着，构成价值营销环节；并在这个环节中，通过每个主体相应的投入和创造性劳动（尤其是推广主体和终端主体），进一步增加创意产品的价值。这三个主体的黏着又构成了一个新的主体区室，与其他主体进行交互。

区室3：价值营销和输送主体（见图2—8）

图2—8 价值营销和输送主体

4. 价值实现和再生产

马克思说过，"产品在消费中才得到最后完成。一条铁路，如果没有通车、不被磨损、不被消费，它只是可能性的铁路，不是现实的铁路"。因此，"只是在消费中产品才成为现实的产品……消费是在把产品消灭的时候才使产品最后完成，因为产品之所以是产品，不是它作为物化了的活动，而只是作为活动着的主体的对象"。[①] 可见消费者是产品价值实现的最终环节，没有消费者的消费就没有创意产品的价值实现。

消费者不仅实现了创意产品的价值，而且也为价值的再生产创造了条件。一方面通过消费，消费者的素质进一步提高，为未来创意价值的消费再生产了自己的消费能力，正如马克思所说，"艺术对象创造出懂得艺术和能够欣赏美的大众"；另一方面，"消费创造出新的生产需要，因而创造出生产的观念上的内在动机，后者是生产的前提"。"就是说，每一方都为对方提供对象，生产为消费提供外在的对象，消费为生产提供想象的对象，两者的每一方不仅直接就是对象，不仅媒介着对方，而且两者的每一方当自己实现时也就创造对方，把自己当做对方创造出来。"[②] 因此，我们既把消费者作为价值实现的环节，也作为价值再生产的环节。

---

① 《马克思恩格斯选集》第2卷，人民出版社1972年版，第94页。
② 同上书，第95、96页。

区室 4：消费者主体（见图 2—9）

图 2—9　消费者主体

5. 价值扩散与渗透

当消费者完成了创意产品的消费以后，如果这个产品具有足够大的消费群体，并且能够引起消费者持续的消费兴趣，那么这个创意产品的价值还会向前运动，其形象和符号可能超越或者脱离原来的价值系统，扩散和渗透到其他领域形成衍生产品。衍生产品有两种形式，一是原创意产品以不同的表现形态呈现。如小说出版以后，又开发出同一主题和内容的电视剧、广播剧、动漫等，如《大长今》既是小说、又是电视连续剧；《三生三世十里桃花》既是电视连续剧、又是电影。一种是只利用电影中的某些代表性符号来开发衍生产品，如电影《晚秋》中汤唯的同款围巾，就销售了 50 万条。迪士尼把米老鼠的形象广泛使用在玩具、服装、箱包、饰品、手表等领域。这就是创意产业主体系统中衍生主体的价值创造功能。当然，前面说过，并不是每一个创意产业都可以产生衍生主体，所以，并不是每一个创意产业都能够在产业领域产生价值扩散和渗透（在文化领域或精神领域产生的扩散和渗透这里暂不讨论）。

区室 5：衍生主体（见图 2—10）

图 2—10　衍生主体

6. 价值溢出和外部效应

当创意产品在上述各个环节实现了自己的价值以后，其产地会因为受到整个产品生产系统的溢出影响，而带动更多的创意产业主体向产地所在的地理空间集聚；而这种集聚又会产生更多的溢出因素，影响更多创意产品的创意质量和生产质量，从而形成外部经济效应，推动这个地点成为高质量创意人才、高质量创意企业的聚集地。而这个地点也往往会成为高质量创意产品的代名词和地理标志，并演化成为地点主体。

当然，地点主体也可能通过某个种子企业的出现而逐渐形成。如美国的伯班克因为华纳兄弟娱乐公司的入驻，结果哥伦比亚公司、迪士尼公司、美国国家广播网络电视以及许多大型的国家文化传媒企业都纷纷把生产基地和总部落户伯班克，使这里很快成为一个创意产业集聚地。

区室6：地点主体（见图2—11）

图2—11 地点主体

不过，正如霍兰所言，"位置本身，连同它的可更新资源供给，可以被看做该位置所包含的所有主体的最外边界"。[①] 地点主体就是这里的"位置及位置所拥有的资源"，因此，地点主体一旦形成就会变成创意产业多主体聚集体的最外边界（见图2—12）。

这里讨论的创意产业价值运动过程与厉无畏先生的创意产业全景价值链系统图相比基本上是一致的，只是我们增加了"价值引导和催化""价值溢出和外部效应"等，并对某些方面的表述做了一些改变，这也许更契合创意产业的实际。

（四）创意产业主体交互及其价值模式的"群风车模型"

从上面可以看出，这六个价值创造和实现环节，有的是由三个主体构成的主体区室，有的是由一个主体构成的主体区室，处于同一个区室的主体之间的交互当然更多、更频繁，这是其一。

其二，所有这些区室，如果缺少了任何一个区室，那么就无法构建起一个完整的创意产业价值链，当然也就无法形成一个具有完整产业链的创意产业系统。

[①] ［美］约翰·H. 霍兰：《隐秩序——适应性造就复杂性》，周晓牧、韩晖译，上海科技教育出版社2011年版，第114页。

其三，这些主体尽管有不同的区室，但这些区室之间都必须进行交互，才能使整个产业系统充满活力，也就是说，每一个主体的交互域是其他所有主体。任何一个主体、任何一个区室缺乏鲁棒性，或者相互的交互缺乏鲁棒性，这个系统整体的运动和演化就会受到影响。

其四，这些主体都遵循回声模型的交互规则进行交互和演化，当一个主体与另一个主体相遇以后，只要其中一个主体满足交互条件，主体的交互就会发生，并进行相应的演化。即使多主体区室内部的交互更多，但只要其他区室满足其中任意一个主体的交互条件，多主体区室的相应主体就会与其他主体进行交互。

其五，政府主体显然与其他主体区室不处在同一个层次上。于是，创意产业系统诸主体的交互及其价值模式可以图示如下（见图2—12）：

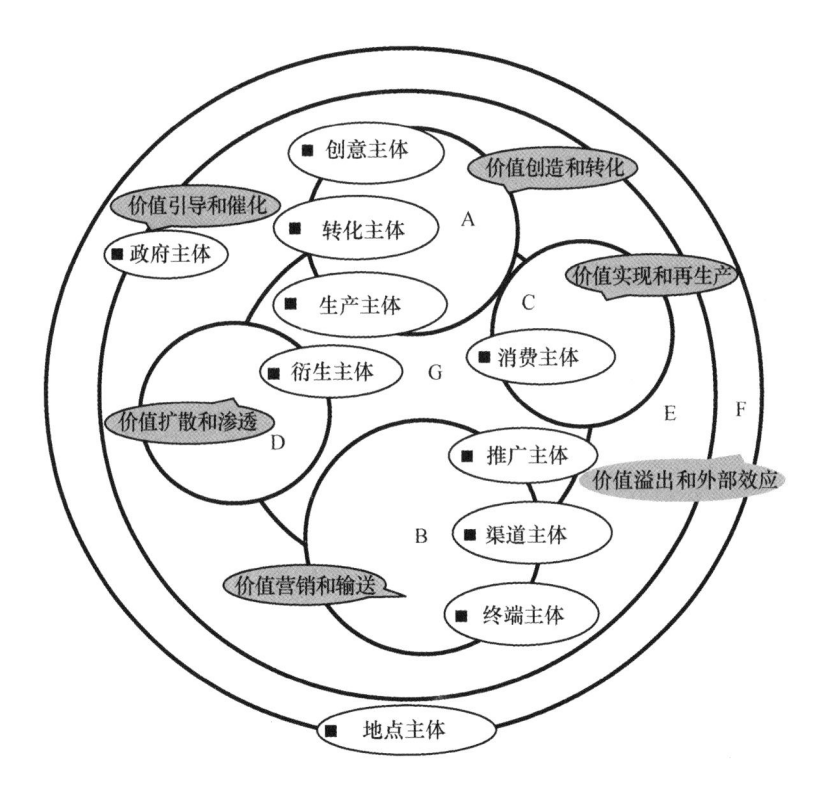

创意产业多主体的聚集层次和交互的价值模式

图2—12 创意产业系统"群风车模型"

注：图中 A、B、C、D、E、F、G 表示不同的主体区室

图2—12好像是由大大小小的风车组成的图形,所以我们给它取名为"群风车模型"。它实质上是创意产业诸主体的交互及其价值模式所构成的一个立体的球型空间。这个空间分为三个层次。第一个层次是作为位置的地点主体,占据F区室,这个区室包括了其他所有区室。它是整个创意产业各主体交互的空间。当然,如前所言,地点并不是一开始就适合创意产业的发展,往往是创意产业发展到一定程度以后,作为创意产业的地点主体才会形成。但是无论怎样,创意产业总得在一定的地点落地,地点就始终是创意产业诸主体交互的最外边界。只是地点随着创意产业自身在一定空间的演化而逐步由普通的地点变成了适应创意产业发展需要的地点主体。

第二个层次是政府主体,占据E区室,包括了除地点主体以外的其他所有区室。由于创意产业具有意识形态属性,政府对创意产业的态度决定创意产业的发展水平、发展程度、发展规模等。党的十六大以前,中国的创意产业在全民保障意识形态安全的情势下,发展很慢,在国民经济中的比重也无足轻重。从十六大提出发展文化产业以来,创意产业才步入发展的正轨。所以,政府主体处在第二个层次,是其他所有主体的边界,或者说创意产业核心主体的边界是意识形态安全这一个政治边界。

第三个层次是创意产业核心主体构成的聚集体。核心主体按其价值关系,分为四个区室,即"价值创造和转化区室"(A区室),由三个主体构成:创意主体、转化主体和生产主体;"价值营销和输送区室"(B区室),也由三个主体构成:推广主体、渠道主体、终端主体;"价值实现和再生产主体区室"(C区室),由消费者主体构成;"价值扩散和渗透区室"(D区室)由衍生主体构成。这四个区室又一起构成一个区室:"创意产业核心主体区室"(G区室)。

对于每一个聚集体的边界,霍兰都是处理成圆角方框形的,而我们这里处理成球形的。用球形,一是表明这些聚集体都是处于不断的运动之中,更能体现CAS中"活的主体"这一概念;二是这种运动有可能使每个聚集体的每个分主体都有与相邻聚集体的分主体交互的机会,或者说,每个分主体的交互域都是其他全部主体,从而避免了因为不在同一个层次或者因为不相邻而无法交互的情况,也避免因为交互的缺失和不充分，使整个聚集体的演化受到影响的情况。这样构建起来的系统模式显然极大地增加了系统的复杂性。

五 政府在创意产业中的地位和作用

政府在创意产业中有两大功能，就是引导和催化。从系统运动来看，根据西方国家成功的经验，政府在创意产业系统中如果要很好地实现自身的两大功能，所要采取的策略是"既要入于其中、又要出乎其外"。

美国创意产业是制度支撑下的资本主导模式，欧盟是政府支持下的资源依托型模式，韩国是产业政策推动模式等，这些模式的共同特点都是，政府一方面是创意产业自组织系统中的主体之一，另一方面又作为自组织系统的环境而存在。用贝纳德对流的实验来说，既是加热容器的外部之火，又是容器之中上下运动的六角形滚柱。日本创意城市名古屋的建设模式很能够说明政府在创意城市发展中这种亦里亦外的主体特征。名古屋专门成立了公司化营运机构负责设计之都建设的营运。机构由名古屋市的爱知县、名古屋市、日本政策投资银行和民间企业共同出资设立公私合营的国际设计中心股份有限公司，它的主要业务涵盖交流、咨询与培训、研究开发、企划制作服务等，使该中心成为兼具推进设计之都建设具体运作机构和公共服务平台两种功能的机构。名古屋有关设计之都建设的大部分措施、项目、活动都由国际设计中心负责或参与策划、运作、举办，并提供咨询、培训、孵化、数据库、专业人才派遣等服务。这种营运机构的模式既有利于协调、调动、利用政府和民间各方力量，又使政府通过参与投资能够控制营运机构的运作。这正是政府既是创意城市的外在催生因素，又是创意城市的自组织主体的具体表现。又如韩国，为了发展创意产业，出台了一系列产业扶持政策，建立起了"文化艺术和文化产业双赢"的人才培养机制，通过设立"专项资金"、运作"文化产业专门投资组合"，以及税收、信贷等优惠政策在资金上充分保证创意产业的发展，设立"影像制品出口支援中心"和政府"出口奖"，鼓励企业开拓国际市场。这就是把自己作为一个环境要素来体认，"出乎其外"。同时，政府又深入到创意产业的运营过程之中，在创意产业的组织管理、生产经营等机制建设方面，在创意产品的研发、制作实施等方面进行系统性帮助和扶持。这就是把自己作为自组织系统的主体之一，

"入于其中"。

又如欧盟文化产业重镇——德国北威州。政府考虑到很多艺术家缺乏市场运作的基本能力，就采取了各种措施，大力资助艺术家开办自己的企业。2000年北威州政府开展的"起动艺术"就取得了显著的成效。他们请艺术家拿出自己的创业方案来，好的方案可获得5000欧元的奖金和50000欧元的创业资助。对于开办企业的艺术家，政府知道他们企业管理和运营的经验都很缺乏，于是就组织专业的经济界人士与创办了企业的艺术家们面对面地商谈、讨论，帮助改进经营管理，在咨询、培训、技术甚至资金上给予持续不断的支持和帮助，同时随时向艺术家们提供各种实用的市场信息，让艺术家们了解市场动向，调整经营思路。此外，政府还创办各种创意产业中心，吸引各种创意人才入驻；举办各种各样的文化活动，如鲁尔文化节、北威州戏剧会演、奥伯豪森短片节等，还有由政府定期举办的各种创意产业论坛，如设计论坛、摄影论坛、戏剧论坛、图书出版论坛等。也就是说，政府既充当外部环境主体，又亲力亲为，充当创意产业系统的内部主体。

北京的798文化艺术创意产业园区也是这样，政府一方面大力支持798的成长和发展，另一方面又作为798园区的引导者和管理者为其发展提供服务。如果不是这样，798很可能早就成为中关村电子城了（详见后文）。

政府亦里亦外的角色，极大地推动了政府主体与创意产业的其他各个主体的充分互动。表面上，政府似乎与渠道主体、终端主体的关系要弱一些，但是，很多政府为了扶持创意产业的发展，都会为企业的产品销售出主意，甚至组织产品的国际交流活动，把产品推向市场。最后，从消费者来说，政府很多时候本身就是文化创意产品的消费主体。一方面他们可能购买创意产品作为公共物品来使用，另一方面，也可能购买服务作为文化事业建设的手段。通过这种方法来培养更多的消费者，累积更多的消费资本，从而进一步推动创意产业的发展。

六 申论：创意产业诸主体及其交互的鲁棒性

我们的基本观点是，创意产业要繁荣发展，除了每个构成主体都必须具有鲁棒性以外，还必须让"群风车模型"中的每一个主体都充分转动起来并进行积极的交互，实现交互的鲁棒性，才能推动创意产业向前演化。下面我们先简述一下鲁棒性问题，然后从创意产品的角度来考察一下这些主体之间所需要的互动，这个问题就会很清楚。

（一）关于鲁棒性

作为描述复杂系统重要特征的鲁棒性，已经提出很多年了，但目前还没有一个学界都认同的统一定义，圣菲研究所的研究人员收集的定义达17个之多；在生物学、物理学、生态学、社会学等不同学科的语境中，鲁棒性的含义都不完全相同。下面是几个对本书所研究的内容比较有价值的定义。

鲁棒性是一个系统，即使面临内部结构或外部环境的改变时，也能够维持其功能的能力。

鲁棒性是那些具有恢复、自我修复、自控制、自组装、自我复制能力的系统所具有的特征。

鲁棒性是一个系统或组件在出现不正确或矛盾的输入时，能够正确运行的程度。

鲁棒性是一个系统在遇到设计中没有考虑到的情况时，不受影响的程度。

仅仅看这些定义也许不能完全明白鲁棒性的内涵，我们需要进行一些比较，才能够懂得鲁棒性的个中三昧。

首先鲁棒性不是正确性。正确性描述的是系统在规约范围内的活动，而鲁棒性描述的是在系统规约范围之外的活动。在复杂的现实环境中，系统总是存在没有被规约所阐明的情形发生，鲁棒性要求当这种非规约情形发生时系统不会出现灾难性后果。飞机遇到大气扰动、金属疲劳、甚至在冰雹打碎机头的情况下依然可以平安着陆，这种飞机就具有鲁棒性。鲁棒性也不是稳定性。当人体系统遭遇常规病毒侵害的时候，免疫系统可以立即启动抗体响应，哪怕免疫系统紊乱，也能够消灭当前病毒，这样的人体系统是稳定的。而当被新的、免疫系统无法识别的病毒攻击时，人体系统依然可以恢复到健康状态，这种人体系统就是具有鲁棒性的。简单地说，鲁棒性就是对来自内部或者外部的扰动不具有敏感性。

鲁棒性的以下几个特点对于创意产业的研究和实践是具有重要价值的：

一个层次的鲁棒性并不能保证另一个层次也是鲁棒的；但一个层次

的鲁棒性却有造就另一个层次鲁棒性的可能,以致形成一个鲁棒的集合体。

鲁棒性不是系统中的孤立特征,必须结合系统其他方面的功能来认识鲁棒性,系统某个局部或层次的鲁棒性如果对整个系统而言没有价值,那么这种鲁棒性是没有意义的。

鲁棒性必须是系统的鲁棒性,一个系统任何一个组分缺乏鲁棒性就相当于整个系统缺乏鲁棒性。

鲁棒性是系统演化过程中系统可持续性的保证,如果系统缺乏鲁棒性,那么在结构和功能的演化过程中系统就可能有崩溃之虞。

关键组分或者关键交互的鲁棒性是决定系统鲁棒性的核心。

从鲁棒性的含义出发,可以定义创意产业诸主体的鲁棒性及主体之间交互的鲁棒性。所谓创意产业主体的鲁棒性,是指这些主体在关乎创意产业的能力方面具有很专业的品质,在系统出现扰动时,能够迅速识别这种扰动的性质,并及时调整自己的行为,以适应外界或者内部的变化。所谓交互的鲁棒性是指创意产业主体在交互过程中,创造性地应对来自内部或外部的扰动,使正常交互不受干扰的能力。

(二) 创意产业诸主体及其交互的鲁棒性

明白了创意产业诸主体及其交互鲁棒性的基本内含,下面我们分别对每一个主体进行讨论。

第一看创意主体。以大型舞蹈诗《云南映像》为例,当初,著名舞蹈艺术家杨丽萍(创意主体具有鲁棒性)想打造一个具有纯粹艺术品质和精神的民族舞蹈,要与那些太甜太涩、充满"病态粉饰"的舞蹈相对抗,还民族舞以人性的光辉,风格为原生态,就是最自然、最人性的一种表现形态。为此,杨丽萍深入云南民间采风,搜集了大量的素材,并进行了初步的创作。开始,杨丽萍把自己的创意与云南民族歌舞团合作,但以失败告终(所交互的主体缺乏鲁棒性、交互也缺乏鲁棒性)。2001年底与云南山林文化公司合作,山林文化公司策划过数十场高水平的音乐、舞蹈、戏剧演出,已经在云南发展了十多年,有着丰富的舞蹈生产资源和市场经验(所交互的主体具有鲁棒性),于是山林文化公司成为杨丽萍创意的转化主体。随后杨丽萍与山林文化公司合作成立了云南映像文化发展有限公司,作为创意的生产主体,经过两年的编排,《云南映像》脱颖而出。不仅如此，在整个推广和演出的过程中，都选择了国际和国内一流的企业加盟，而且杨丽萍自始至终参与了方案的制定和策划（推广、渠道和终端都具有鲁棒性）。后来，借着《云南映像》的成功，杨丽萍及其转化和生产团队还开发出了一系列衍生产品，将有关《云南映像》的经营范围涵盖到了演出策划、组织、广告发布制作、代理及《云南映像》配套商品的销售。2005年与昆明城建房地产公司合作成立了云南映像文化发展股份有限公司，作为《云南映像》的衍生主体，以"云南映像"命名的专业定点演出剧场、主题文化社区、旅游商品城、普洱茶等一系列文化产业项目相继推出（衍生主体及其交互具有鲁棒性）。可见，一个创意作品要转化为市场认可的产品，创意主体必须具有鲁棒性，而且要与所有的主体进行具有鲁棒性的交互，才能发展成为一个产业。

　　第二看创意转化主体。创意转化主体也不是孤立的，或者只与黏着的主体交互，而是要和其他所有的主体交互；并且这种交互必须是鲁棒的，才有价值。首先，创意转化人员跟市场接触得很多，更了解市场需要什么样的产品，而创意人员往往不懂得市场，因此，为了创意产品符合市场的需要，创意转化主体就必须跟创意人员交互，指导创意主体按照市场的实际进行创意，前举刘令华、杨丽萍的例子可以很清楚地看到这一点。刘令华国粹油画所体现的价值，显示出创意主体的鲁棒性，但当不存在交互的时候，这种价值无所增益。宽视的进入，创意主体和转化主体、推广主体、渠道主体、终端主体等就形成了一个创意产业系统。创意主体的鲁棒性表现在，它不再仅仅按照自己已有的艺术路线去进行创作，而是根据宽视的意见，调整自己的创作行为，适应各个主体艺术市场化的需要，这就进一步增加了创意主体的鲁棒性。而创意转化主体则很懂市场，给创意主体提供了一揽子面向市场的创作方案，这种方案和刘令华的艺术创作一起构成了新的生产方案，宽视和刘令华共同成为了国粹油画新的生产主体。某个主体既是创意主体，又是生产主体的重要构成，这是书画艺术中创意产业主体的一个重要特点。在其他创意产业领域，创意主体和创意生产主体可能是分离的，因此创意转化主体除了与创意人员进行交互以外，还必须与生产主体交互，目的是根据创意的特征，告诉它们一些生产的要领。以电影为例，制片人是转化主体，但同时也是生产主体的一部分，电影的导演、剪辑、后期制作等都是生产主体的构成部分，他们都需要按照制片人的意见来工作，这就是创意转化主体与生产主体之间的关系。《喜羊羊与灰太狼》最初只是一个创意，被慧眼独具的创意转化主体看中，才转化为一部有名的动画片。但如果没有生产主体、推广主体、渠道主体和终端主体等的配合，仅仅靠创意转化主体要成为一部名作肯定是不可能的。进一步地，转化主体也必须和推广人员沟通，让他们把握创意产品的实质，采用合适的媒介策略，运用适当的媒体技巧，进行有效的推广；至于渠道商和中间商，转化人员也要进行选择，并对终端陈列（如果需要陈列的话）提出要求。美国大片往往一上市，就在全美上万家影院上映，如果没有渠道商和终端商的支持肯定是不行的。而对于消费者来说，如果某种创意产品是新的，创意转化人员就必须从使用的简单方便等角度来进行创意的转化；如果新的创意产品不需要新的使用技巧，创意转化人员也要和消费者接触，以收集反馈信息，为下一次创意产品的推出积累创新的经验和指引。至于与政府之间，创意转化人员一方面要为国家和民族文化的发展服务，另一方面，政府很多时候本身也就是创意转化人员。前举韩国、北威州都可以看出政府主动地承担起了创意转化的工作。所以创意转化主体本身必须具备鲁棒性、其与其他主体的交互也必须具备鲁棒性，创意产业才能发展起来。

杨丽萍和刘令华的例子也可以看出，某个层次的鲁棒性可以造就整个系统的鲁棒性。从创意产业生产要素来说，《云南映像》的鲁棒性来自于创意主体杨丽萍及其创意的鲁棒性，缺乏这个前提，《云南映像》可能就不会具有鲁棒性。"国粹油画"的鲁棒性来自于刘令华的油画创意，这种绘画艺术引来了宽视资本及其所产生的一系列鲁棒性。无论是《云南映像》还是"国粹油画"，都因为创意主体及其创意的鲁棒性进而形成了鲁棒性的集合体。

第三看创意产品的生产和制作主体。创意产品的生产制作，既离不开创意主体、创意转化主体，而且很多时候还需要政府在金融、人才、公共服务平台方面提供支持。同时，它还依赖于推广主体的推广创意。当然，推广并不是在产品生产出来以后才开始的，在生产以前、生产过程中、产品交付以后都需要推广。韩国电视连续剧《大长今》是根据小说改编的，在没有拍摄以前生产主体就通过小说本身的发行做了推广；在拍摄过程中，又在线与观众充分交流，并根据观众的要求，对原著做了一些更改。比如，有一个角色在原著里面"死"得较早，但根据观众要求，导演把这个角色放到了后面去"死"。从鲁棒性来说，这种生产方式就是要充分获得市场信息，明确市场扰动之所在，并根据市场的情况做出明智的选择。如果加上韩国政府对这部电视剧的支持，那么《大长今》尚未出世以前，几乎就让创意、生产、推广、渠道（电视台等）、消费和政府等各个主体都互动起来了，形成交互的鲁棒性。但是在我国，像这样懂得创意产品生产奥妙和创意产品营销秘诀的企业和艺术家却十分稀少，这些主体之间缺乏互动（还不要说充分的互动）也就是必然的了。比如，同样根据原著改编的新版《红楼梦》电视连续剧，群风车模型所要求的主体之间的互动仅仅停留在创意人员、创意转化人员、创意生产人员之间，一拿出来就无法与市场对接，几乎可以称得上是"见光死"。创意主体（原著）是鲁棒的，导演和演员也许都是鲁棒的，但其他主体缺乏鲁棒性，按照鲁棒性的特点，系统任一组分缺乏鲁棒性，就相当于整个系统失去了鲁棒性，因此，新版《红楼梦》电视连续剧的结局也就是必然的。

  美国联美（United Artists）电影公司仅仅因为一部电影的各个主体之间缺乏充分的交互而折戟铩羽。1979年联美决定拍摄电影《天堂之门》，并聘请迈克尔·西米诺为导演。但是，这部电影的拍摄没有专门的制片人，也就是缺乏懂得市场的、能够把创意有效地转化为产品的核心人物。西米诺一人承担了导演和制片人的角色，但作为艺术家的他根本就不懂得电影的商业属性，缺少最基本的市场运作经验和能力（缺乏鲁棒性）。他拒绝与包括投资人兼发行商的联美高层交互，依靠通过协议掌握的拍摄财政权，疯狂地追求电影技术处理的完美性；还以忠于艺术为名，拒绝电影要经过观众的检验，认为观众的看法只不过是一种商业炒作而已，以致系统的各个主体之间完全没有互动。结果电影拍摄花费了近7000万美元，仅仅获得了130万美元的票房。理查德·凯夫斯认为，《天堂之门》的失败主要是因为联美不小心让西米诺掌握了财政大权，其实主要原因就是这个群风车模型缺乏创意产业所需要的完整的主体系统、而且没有起码的互动。① 在电影艺术方面，西米诺是鲁棒的，但从产业来说，某个组分的鲁棒性代替不了其余组分的鲁棒性，更不能完全决定系统的鲁棒性。所以，联美经此一役，落得被米高梅电影公司收购的结局。

2005年12月15日，耗时3年，投资近4亿元的国产电影《无极》在全球公演，结果累计票房仅1.753亿元。导演陈凯歌是全球影评人联盟评选的世界10名"21世纪导演"之一，电影推广是大手笔，渠道和终端亦绝佳，但是消费者却不买账。与《天堂之门》一样，不与消费者互动、不管市场的需求，只想"毕其功于一人"，再高明的导演、再炫的视觉效果，最终也是水中捞月。

第四看推广主体。推广主体不仅要推广创意产品，而且还负有培养消费者主体和创意主体的义务。推广主体的鲁棒性是创意产业系统鲁棒性的重要主体。美国一位负责电影市场推广的官员说，市场推广活动"就像策划一起军事进攻事件。如果你不清楚自己的力量和优势，你根本不可能指挥你的空军、炮兵或者步兵采取什么措施。所以只有在制定军事方案之前对各个部门的情况了如指掌之后，你才能有的放矢地实施你的行动纲领"②。日本的动漫之所以成功，推广主体起到了很大的作用。日本在动漫发展过程中，创办了许多动漫的专业杂志，这些杂志不仅刊登漫画作品，还刊登大量介绍和交流动漫技法的文章，以致后来日本的很多普通动漫作品消费者也能够很内行地谈论作品在技法上的创新或者失误，消费者的这种鲁棒性成为整个日本动漫产业系统鲁棒性的根基，但在其他国家，对动漫产业具有如此鲁棒性的消费者是不存在的。而且日本的漫画作品被广泛陈列到日本各地的大小书店、贷本屋，很多时候还放在超市，这既极大地起到了推广作用，同时又培育了渠道、终端商和更多的消费者。这样的市场格局又形成系统的正反馈，转而反向推动系统各个主体之间的交互，从而促进创意的发展和更多产品的生产。而政府则把动漫看成日本文化的重要资源。日本外相麻生太郎甚至提出了

---

① ［美］理查德·凯夫斯：《创意产业经济学·艺术的商业之道》，孙绯等译，新华出版社2004年版，第134—136页。

② ［美］珍妮特·瓦斯科：《浮华的盛宴——好莱坞电影产业揭秘》，毕香玲、迟志娟译，中信出版社2006年版，第180页。

进行动漫外交的文化战略，试图利用动漫的输出，影响别国（特别是中国）的下一代，以达到文化殖民的目的。

第五看渠道主体和终端主体。这两大主体自然是产品的经销渠道和经销商，很多时候这两大主体是合二为一的，特别是像戏剧、音乐剧、舞蹈等创意产品尤其如此，所以合并讨论。电影的渠道主体就是发行商，电视就是网络运营商，图书的渠道主体就是书籍批发商；而电影的终端主体就是放映商，电视的终端主体就是电视台，书籍的终端主体就是书店；等等。终端主体是最后直接与消费者打交道的主体，由于处在市场前沿，往往最懂得消费者的需求和兴趣。消费者作为消费主体是最终实现创意产品价值的主体。但是，如果根本就没有创意产品的生产和供给的话，这些主体也就都没有了价值，所以，渠道主体、终端主体也必须与其他各个环节充分互动，才能生存和发展；而其他主体也需要从渠道主体和终端主体获得有关市场的信息，以利创意和创意的转化及生产等更符合市场需要。当然，很多时候由于不同的渠道、不同的终端商会面对不同的消费者、不同的市场，因此，从创意到创意推广的各个环节都要根据产品的特性来确定渠道主体和终端主体的类型和选择，以实现产品价值的最大化。

第六看消费者主体。消费者主体当然需要获得高品质的创意产品，但高品质的创意产品需要消费者把自己的需求让前述的各个主体了解，创意主体需要按消费者需求来创意，转化主体和生产主体需要按消费者的需求来生产，推广主体需要按消费者需求和心理来制定推广方案和策略，渠道和终端主体需要按消费者的需求来选择和建设。因此，消费者主体必须与其他所有主体形成互动，其他所有主体之间的交互都必须把自己跟消费者的交互结果作为参照，与消费者的交互是所有主体交互中的核心。成功的好莱坞大片、风靡中国的韩国影视剧都无不是与消费者密切交互的结果。

第七看衍生主体。衍生主体有时候是独立的主体，有时候又是与创意主体、转化主体、生产主体等同一的主体。比如沃特·迪士尼拍摄的电影往往同时要开发相关的衍生产品，迪士尼采取两种方式来运作。一种是授权给合作伙伴，由合作伙伴设计、生产和销售，迪士尼在每一个环节按照迪士尼的品质要求和品牌形象，给予具体的指导和建议。最后迪士尼按照产品销售的一定比例提取权利金。在这种方式中，作为衍生主体的合作伙伴是独立的。另一种是迪士尼自己设计、打样、生产、包装、推广和销售，这种方式中，衍生主体与创意主体、转化主体、生产主体、推广主体等就是同一的了。衍生产品可以看作是一次新的创意的循环，它的产业化同样需要经历上面的各个环节，而且同样需要与各个环节的充分交互。

第八看地点主体。地点主体的鲁棒性显然来自于地点的传统与习俗的鲁棒性。传统与习俗就是文化对聚集于此地的创意产业主体发言，一个具有优良品质的文化产品可以引导主体的行为，激活主体的创造力。纽约是一座创意产业之都，它是多元文化的交汇地，"鼓励具有强烈反差的文化元素相互'交锋'，从而打造出新的时尚风格。开放的社会氛围为这些文化各自的发展提供了空间和机会。……在这里没有比标新立异更正常的事情了。正是这种多元、宽容、甚至有点玩世不恭的城市文化造就了纽约的生命力"①。可以说，"地理因素在其中也扮演了重要角色。所有这些现象都产生在有限的地理范围内：曼哈顿、布鲁克林区、昆斯区、布朗克斯区。不论是聚会，夜生活，还是风尚家、艺术家、时尚设计师和音乐人，抑或是博物馆、摇滚酒吧，它们都聚集在这25平方英里的弹丸之地"②。因此地点主体是所有创意主体交互鲁棒性所产生的结果，同时这种交互又会涌现出一种文化，进一步增强这种交互。

为什么会有这么多的主体呢，这也正是CAS演化的结果。CAS在演化过程中，必然会通过内部标识的作用，不断产生分化和特化。也就是，一些主体可能是通才，而另外一些主体则只会负责专门生产某种资源。不排除创意主体也同时兼有转化主体的能力，但是，如果创意主体专门生产创意、转化主体专门做转化，这样特化的主体显然会使各自的鲁棒性更强，从而增加创意产业系统本身的鲁棒性。比起前一种情形来，后面一种可能更有利于创意产业的发展和壮大。

（三）关键组分及其交互的鲁棒性与创意产业系统的鲁棒性

前面在讨论鲁棒性的特点时指出，关键组分或者关键交互的鲁棒性

---

① 卞向阳主编：《国际时尚中心城市案例》，上海人民出版社2010年版，第237页。
② [美] 伊丽莎白·科瑞德：《创意城市：百年纽约的时尚、艺术与音乐》，陆香、丁硕瑞译，中信出版社2010年版，第9页。

是决定系统鲁棒性的核心。当关键组分失去鲁棒性以后，其他组分再怎么鲁棒，也无法阻止系统的崩溃。如果发动机失灵，空中的飞机系统可能完全失去鲁棒性；如果免疫系统无法识别癌细胞，人体系统也就无鲁棒性可言。对于创意产业系统来说，关键组分就是消费者主体，离开了消费者主体的鲁棒性，创意产业系统就无法具备真正的鲁棒性。

创意产品要实现自身的价值，最终需要消费者埋单。如果产品卖不出去，无法实现价值增殖和价值补偿，那这种所谓的创意产品不过是理论上的产品。正如马克思所说，"生产媒介着消费，它创造出消费的材料，没有生产消费就没有对象。但是消费也媒介着生产，因为正是消费替产品创造了主体，产品对这个主体才是产品。产品在消费中才得到最后完成。一条铁路，如果没有通车、不被磨损、不被消费，它只是可能性的铁路，不是现实的铁路"。消费从两个方面生产着生产：第一，产品不同于单纯的自然对象，它在消费中才能证明自己是产品。在消费以后，产品才使自己最后完成。"因为产品之所以是产品，不是它作为物化了的活动，而只是作为活动着的主体的对象。"第二，"消费创造出新的生产的需要，因而创造出生产的观念上的内在动机，后者是生产的前提"。所谓"观念上的内在动机"是指，消费在观念上提出生产的对象、作为内心的意象、作为需要、作为动力和目的。"消费创造出还是在主观形式上的生产对象。没有需要就没有生产，而消费则把需要再生产出来。"①

可见，离开了消费者，生产是没有意义的。生产没有了意义，什么创意、转化、推广（严格说都属于生产的范畴）等都失去了价值。所以，消费者就成了创意产业系统鲁棒性的关键组分，包括消费者自身的鲁棒性、消费者与其他主体交互的鲁棒性。

从文化产品的特殊性来说，消费者自身的鲁棒性是一个现实的建构过程。创意产品消费具有边际报酬递增的特点。很多文化产品都不像物质产品那样，告诉了消费者怎么消费，消费者就会懂得怎么消费。文化产品的消费需要相应的文化知识和累积的消费经验，缺乏有关的文化知识和消费经验，就无法消费。比如，绘画作品，如果没有绘画艺术方面的知识和修养、没有足够的鉴赏经验，除了领略一点儿表面的美以外，

---

① 《马克思恩格斯选集》第 2 卷，人民出版社 1972 年版，第 94 页。

是无法真正消费的；又如交响乐，在没有接受专业的知识培训和丰富的欣赏实践的前提下，是无法真实消费的。其中，专业的知识和累积的消费经验都是必要条件，累积的消费经验比专业的知识还要重要；如果有专业的知识而缺乏累积的消费经验，要消费文化产品同样是困难的。"凡操千曲而后晓声，观千剑而后识器；故圆照之象，务先博观。"（刘勰《文心雕龙·知音》）中国古人早就看到了文化消费经验的重要性以及累积经验的方法。电视剧、电影、小说等文化产品的内容虽然大多与人们的日常生活经验同构，能够很轻松地消费，但显然，愈是有消费经验和相关专业知识，愈是能够体验这类文化产品的价值和效用。戴维·思罗斯比指出，一个人在音乐、文学、戏剧、视觉艺术等方面的喜好和由此形成的消费它们的支付意愿，与他关于这些艺术形式的知识和理解存在重要联系。这种文化能力是通过教育和经验获得的，因此受过良好教育的人和那些已经消费过艺术作品的人，可能对艺术作品表现出更加强烈的、更有鉴赏能力的偏好。[①] 用经济学的术语来说，这就叫"消费的边际报酬递增"。

也就是说，生产没有了消费者，生产就没有意义。而对于创意产业来说，即使有消费者，如果他们根本就没有这种消费能力（主要是心智的能力，当然也应该包括支付能力），创意产品同样无法实现自己。因此，创意产业系统要具有鲁棒性，消费者首先必须具备鲁棒性。

显然，消费者的鲁棒性并不是天然的，而是来自于交互的鲁棒性。"生产为消费创造的不只是对象。它也给予消费以消费的规定性、消费的性质，使消费得以完成。"因为消费"是必须用一定的而又是由生产本身所媒介的方式来消费的"。正如饥饿总是饥饿，"但是用刀叉吃熟肉来解除的饥饿不同于用手、指甲和牙齿啃生肉来解除的饥饿。因此，不仅消费的对象，而且消费的方式，不仅客体方面，而且主体方面，都是生产所生产的，所以生产创造消费者"。马克思的这段话道明了生产与消费的关系，那就是生产主体与消费主体必须具有交互的鲁棒性，消费主体才能够产生鲁棒性。同时"生产为消费提供外在的对象，消费为生产提供

[①] ［澳］戴维·思罗斯比：《经济学与文化》，王志标、张峥嵘译，中国人民大学出版社2011年版，第125页。

想象的对象""两者的每一方当自己实现时也就创造对方,把自己当做对方创造出来"。① 生产主体在创造消费主体的鲁棒性的时候,消费主体所提供的想象的对象又进一步把生产主体创造出来,促使生产主体具有更强的鲁棒性。

前举日本的普通动漫消费者不但能够欣赏动漫的故事,而且很多都能够谈论某某动漫作品在制作技术方面的技巧、方法、缺陷等,这是消费主体对生产主体产品消费的结果。而消费主体对动漫产品的评价水平又推动了动漫生产主体的创新,日本动漫就在这样一个交互的过程中不断壮大,以致独步天下。而韩国电视剧电影之所以大获成功,就是注意了整个生产过程与关键主体——消费者进行全面的、鲁棒的交互。《天堂之门》则由于生产主体只与自己交互、与自己内心对于艺术的追求交互,忘了消费者的重要性,结果一败涂地。中国的一些文化创意产品首先是与政府主管部门的人员进行交互,而且这种交互的结果往往不能根据生产主体与消费者交互的结果加以改变,于是这些主管部门的人员就成为了交互的关键组分,与创意产业系统鲁棒性的特征不相适应,对创意产业的发展产生了或多或少的影响。

总起来说就是,消费主体是创意产业系统鲁棒性的关键组分,消费主体的鲁棒性来自于消费过程、消费经验和消费能力;消费主体的这种鲁棒性又是借由生产主体生产出来的。而消费主体鲁棒性的形成又会进一步增加生产主体的鲁棒性。正是在消费主体和生产主体的鲁棒交互过程中,形成了创意产业系统的鲁棒性。这个结论与前面所说的某个组分的鲁棒性可以造就整个系统的鲁棒性并不矛盾,因为只有在某个组分的鲁棒性适应消费者的鲁棒性的时候,这种鲁棒性才可能造就整个系统的鲁棒性,否则,就是对系统没有任何意义的鲁棒性,《天堂之门》就是例证。

(四)创意产业主体交互的球型结构与非线性问题

创意产业系统的鲁棒性与创意产业主体的交互结构也有很大的关系,这就是图2—3的球型结构。前面已经说过,之所以是球型结构,主要是因为每个主体的交互域是其他所有主体。这里我们基于CAS理论做一个

---

① 《马克思恩格斯选集》第2卷,人民出版社1972年版,第95、96页。

进一步的阐述。

对于 CAS 系统来说，人们通常认为对 CAS 系统的层次研究很重要，有关这个方面的研究成果也不少。但是这些层次所构成的系统如果也用相空间图来表示的话，整体上应该是一个什么样子呢？当然，可能不同的 CAS 系统有不同的相空间图，但估计球型图应该占很大一个部分。霍兰在《隐秩序》中研究主体黏着边界时认为，"把边界设置得比简单的分层更为复杂些是很有用的"①。事实上，按照霍兰所讨论的边界问题，主体在交互之中很可能形成一种球状的形态（具体是怎样的，我们需要根据计算机模型来进行深入的研究）。霍兰是用生物学的比喻来建立 CAS 理论的，在讨论单个种子是如何逐渐演变成为一个有组织的、复杂的聚集体时，霍兰举了老虎从一个受精卵发育成为复杂的后生动物的例子，其中就谈到，发育过程开始于受精卵的分裂，但是分裂出来的细胞并不是四处游荡，而是附着在其亲代身上；演变到一定程度就形成一个拥有内层和外层的球状细胞群。从这个例子可以看出，层次有内外之分，但整个形状却是球状的。球状结构的主体之间的相互作用肯定与单纯的在一个金字塔式的分层系统的作用不一样。这很可能是霍兰认为把边界设置得比简单分层更复杂更为有用的原因。有的 CAS 理论研究者就认为，主体之间的作用主要是在所在层次的相互作用。事实上，霍兰设置的多主体交互已经说明了主体的交互不仅仅限于自身所在的层次，也与邻近层次的主体进行交互。也就是说，多主体的交互实际上就是层次之间的交互，而层次之间的交互首先是主体之间的交互。②

根据以上对 CAS 主体交互关系的分析，我们可以进一步认识到，创意产业的主体之间的关系不是线性的、链式的，而是一个如图 2—12 那样、由多主体聚集形成的"群风车模型"，同时这个模型各个主体之间的交互方式整体上又构成了一个如图 2—3 那样的球状系统。其次，我们可以看到，创意产业系统的每个主体之间只有不断的、充分的、没有缺省的交互，才能推动创意产业的系统发展。当然，主体之间的这种交互是

---

① ［美］约翰·H. 霍兰：《隐秩序——适应性造就复杂性》，周晓牧、韩晖译，上海科技教育出版社 2011 年版，第 113 页。

② 同上书，第 123 页。

需要条件的，一个不懂得绘画的人不可能与绘画艺术圈的其他主体交互，一个没有资金实力的人也无法成为艺术家的经纪人，一个不懂得意识形态演变规律的政府也无法引导和催化创意产业的价值生产，等等。因此，需要再次强调，创意产业要发展，那么群风车模型上的每一个主体都必须具有鲁棒性，才有可能实现交互的鲁棒性。如果某一个主体缺乏鲁棒性，就无法与其他主体实现充分的交互，或者无法进行高质量、高水平的交互，其所形成的负反馈将会迅速地传导至整个交互网络，阻抑和制约整个系统的演化，导致系统鲁棒性的缺失。中国的动漫产业之所以只能望美日之项背，起码一个原因就是因为文化的惯性思维，认为看动漫是不务正业，从而使消费主体的鲁棒性不及人家。而美日（特别是日本）的动漫产业之所以雄视全球，就是因为组成动漫创意产业的每一个主体都具有鲁棒性，而且它们彼此之间都有充分的交互（详见本书第四章第三节第三部分）。如果有时间再把二者在系统动力学上的区别进行一个比较，问题可能会看得更清楚。

第二节 作为CAS的创意产业系统的特性

任何CAS系统都有4个特性和3种机制。4个特性即聚集、非线性、流和多样性，我们先来看看创意产业是否具有这4个特性呢？

一 主体的聚集

根据CAS理论对聚集的定义，聚集至少有两种含义，一是聚类，就是同类的主体聚集到一起，形成一个更大的主体——介主体，比如对人而言，血液中的抗体1、抗体2、抗体3……构成免疫系统；而大脑中的神经元1、神经元2、神经元3……则构成神经系统。二是这种聚集是通过相互作用而形成的，是互动的聚集。聚集产生新主体（多主体聚集体），新主体又可以作为介主体通过相互作用的再聚集，成为介介主体。这样重复几次以后，系统就由小到大、由简单到复杂，生成具有典型的层次特征的CAS系统和相应的涌现现象。比如，由各个抗体组成的免疫系统最终涌现出来的是具有独特性的"个人身份特征"；由各个神经元组成的神经系统最终涌现出个人的意识和行为。

能够说明创意产业具有聚集特性的例子和理论都很多。最现成的理论起码就有产业集聚和产业集群理论；而且刚好几篇基于CAS理论的创意产业研究成果都集中在这个方面。但我们不想跟在别人后面去重复叙述这些理论，也不想再去引用有关产业集聚的各种优点的文献。我们只想基于CAS理论有关聚集的分析，来说明创意产业集聚现象及其涌现特征。

还有一点就是，在做这个研究的过程中，我们先后系统全面地研究过美国好莱坞的电影产业、日本的动漫产业、德国鲁尔区的文化产业。国内则研究了深圳大芬村文化产业区、北京圆明园画家村、北京宋庄画家村、北京798文化艺术创意产业园、北京市创意产业、上海市创意产业、杭州M50、厦门乌石浦、深圳市设计产业等十多个案例，还有"喜羊羊与灰太狼""国粹油画""印象云南""长恨歌"等近30个微观案例，涉猎的字数超过1000万。但是，为了我们论述更集中，我们除了"群风车模型"以外，拟以798为贯穿本书的核心案例，对其余案例根据需要偶尔涉及，不再做平行研究，以免行文枝蔓太多，徒然增加本书的字数。

那么创意产业系统究竟是如何聚集生成的呢？首先看北京798。

在靠近北京朝阳区使馆区的附近，有一个废弃的、面积达60多万平方米的旧厂，名叫798，它是北京七星华电集团下辖的797、718、798、707、706等几个工厂的厂区之一，以前这里更多地被称为"718联合厂"。这个厂区是新中国成立初期由原苏联援建、原民主德国负责设计施工的、具有包豪斯建筑风格的轻工业厂房。它曾经被称为"新中国电子工业的摇篮"，我国第一颗原子弹和第一颗人造卫星的许多关键元件、重要零部件就生产于此。20世纪80年代后期，如许多国营工厂一样，798没有逃脱衰落的命运。到了20世纪90年代，798的大多数厂房长期处于闲置状态，逐渐荒寂。

1995年，中央美术学院搬迁到798附近。雕塑系受委托创作卢沟桥抗日纪念群雕，由于需要雕塑场地，恰好798许多高大的厂房又空着，雕塑系就以每天每平方米3毛钱的低廉租金租用了798一个3000多平方米的仓库作为雕塑车间。到1998年工作完成，中央美院要搬进新校，由于房屋紧张，学校原则上取消所有老师原有的工作室。参与了这次大型雕塑创作的雕塑系教授隋建国于 2000 年与另一位同事于凡就在 798 共租了一个 80 平方米的厂房，作为工作室。随后，设计师林菁、出版人洪晃（章士钊的外孙女）也迁入 798。这就为 798 播下了艺术和发展的种子。2001 年先锋小说家、著名音乐人刘索拉也把自己和自己的音乐搬进了这家工厂。

根据 CAS 的聚集理论，创意产业的聚集就是形成群风车模型所具有的全部主体和交互关系。因此，按照 CAS 理论来说，集聚必然要产生创意系统的条件复制，必然要在相互作用过程中形成类似后生动物那样的细胞可塑性和发育机制，这就与 CAS 回声模型中的条件复制联系起来了。

条件复制需要什么条件？很简单，只要多主体中至少有一个活动主体区室拥有的进攻标识满足复制条件要求，这个复制条件就算被满足了。

798 最初的多主体聚集体，显然是由隋建国、于凡、林菁、刘索拉、洪晃等人构成的；每一个人都可以作为多主体区室的一个区室来看待；而且最初的这个多主体聚集体并没有与处于 798 外面的类似聚集体（艺术家聚集体）之间形成任何边界，因此主体之间的交互不限于 798 空间内部，而是主体区室所拥有的全部社会资本。

分析这些主体区室可以看出，刘索拉、洪晃、林菁显然都是处于"不活动状态"的区室，但这并不重要，重要的是隋建国和于凡处于活动状态（虽然只有这两个区室处于活动状态，但对于 CAS 的复制条件来说，已经足够了）。所以在他们的"复制条件"（邀请艺术圈内的人士进驻）被罗伯特所满足以后，他们就介绍罗伯特进入了 798。

美国人罗伯特是中国当代艺术的热心传播者，2002 年 2 月落户 798，创办了"东八时区艺术书店"。以此为标志，798 进入了由一家废弃工厂向一个创意产业中心转变的加速期：随着罗伯特的进驻，主体的交互发生在更大的范围内；也可以说，在 798 播下的艺术种子由于罗伯特的进入而开始发芽生长。罗伯特的书店是进入 798 的第一家艺术机构，他是 20 世纪 90 年代中国当代艺术的第二大收藏家（第一大是希克），而且创办过中国第一家"中国艺术英文网站"，所以和中国艺术家有着广泛的联系，于是他不断邀请艺术家前来考察、进驻。而且他的会计向小丽是画家苍鑫的太太，苍鑫每次来接向小丽都会带来很多艺术家，一起去吃吃喝喝。艺术家们看了这里的环境、了解了房租以后就一个一个搬了进来。

黄锐、徐勇、东成西就、洞咖啡厅、卢杰……都是根据罗伯特提供的信息住进来的。于是一个以艺术家为主体的聚集体开始形成，用 CAS 理论来说就是复制进入非线性裂变和增长期。

2002 年 3 月，在 20 世纪 70 年代末曾经影响中国画坛的星星画展的核心人物黄锐从日本回来，他震惊于这里的建筑与环境，第一个真正把家搬进了 798。他也是第一个被允许租用大车间的人，并第一个指出 798 的工业遗留为包豪斯建筑。

黄锐的进驻直接把 798 推向了突变阶段：如果说罗伯特的到来吸引了一些艺术家入驻，那么黄锐的到来则使聚集体开始"分化"，朝着群风车模型发展。黄锐与国际绘画艺术界有着广泛的联系，这为 798 多主体聚集体在更大范围内互动和复制提供了契机。2002 年 4 月，黄锐引介日本东京画廊进驻了 798。东京画廊是最早落户 798 的外资画廊，老板田畑幸人的父亲山本孝是 20 世纪上半叶亚洲艺术世界的顶级先锋，其东京画廊由于曾经推荐徐冰、蔡国强等现今依然享誉国际的明星级艺术家而声名赫赫。

随着 798 多主体聚集体的分主体越来越多，多主体聚集体内部也开始了交互；按照 CAS 理论，作为活动着的主体，如果仅仅只有聚集而没有交互，聚集体就可能没有活力。交互既是主体聚集必需的活动，又是主体聚集的标识。越是大尺度的交互，越能够增加标识的聚集作用，也就越能够加快主体的聚集。2002 年 10 月 12 日，黄锐策划、东京画廊推出了首展——"北京浮世绘"。作为一种标识和聚集活动，这次展览造成了更大范围内的主体互动。许多前来观展的艺术家都被这里的物理环境和精神气质所吸引，趋同效应进一步加大，一大批艺术家纷纷进驻 798，如李象群（广安邓小平塑像及现代文学馆巴金塑像的创造者、清华大学美术学院教授）、刘野、赵半狄、张海涛、付磊、毛栗子、马树青等画家；著名作曲家李宗盛以及崔健、刘元、唐朝乐队、窦唯、左小祖咒、黑豹乐队、麦田守望者、瘦人、莫奇葩、二手玫瑰、幸福大街等音乐人；华人第一时装品牌设计师张肇达等……到这年年底，艺术和商业机构就由少数几个猛增至 40 多个，艺术家工作室也迅速超过 30 个。

不断地聚集和复制，798 就像一个生命体一样不断地演化。到如今，798 除了中国（包括港台）以外，有近 400 家分别来自法国、意大利、比利时、英国、荷兰、日本、澳大利亚、德国、韩国的文化机构进驻。这些文化机构包括艺术家个人工作室、画廊、动漫、影视传播、出版、设计、咨询、瓷器、首饰、建筑、时尚，当然，也还有美食、咖啡、品牌服饰、旅游纪念品等。共有文化文艺服务类、影视传媒类、设计咨询类、文化休闲娱乐服务类、文化用品类、设备及相关文化产品的生产类六大类31个小类。它们共同构成了一个具有群风车模型的、完整的创意产业系统。

我们不是仅仅要介绍一个创意产业聚集区的形成，而是想从中分析这些聚集是在各种要素的相互作用之中逐渐演化的。首先是艺术家的聚集产生的趋同效应，隋建国、刘索拉、洪晃等，他们是这个系统的创意主体和生产主体，并成为进一步聚集的标识。接着就是艺术家借由标识而进行的条件复制，条件复制采取了使更多多主体聚集体的区室处于活动状态，或者说，把大多数区室激活的画展、艺术展、艺术活动等，如果用霍兰所采用的生物学隐喻来说，就是由系统产生的"酶"，来对系统进行催化（详见第四章第三节第二部分）。这样，多主体聚集体的各个主体之间、各个主体的各个区室之间就不断产生互动、不断产生复制，从而产生了更多的创意主体和生产主体。同时书店、画廊、展览、设计、策展人等也不断向这里聚集，这些主体是系统的转化主体、推广主体、渠道主体和终端主体。接着，他们同样进行条件复制，产生更高质量的多主体聚集体。

当大量的多主体聚集体基本上形成以后，更多的艺术家和关联机构进驻798，系统在更高层次上演化。于是，艺术家形成一个整体的多主体聚集体——介主体，画廊形成一个整体的多主体聚集体——介主体，展览人形成一个整体的多主体聚集体——介主体……这些介主体又相互作用，形成介介主体，并进一步复制，最后，演化和涌现出了这里的创意产业集群。

除了内部的、同类主体（包括与艺术相关的画廊、画材销售、咖啡店、书店等等）之间的互动和聚集以外，主体还与相关的、甚至是异质的主体之间产生了互动，才有了今天的798，这其中就包括了政府主体。

事实上，最初进入798的主体在签租房合同时就被告知：租期最长3年。2005年底前要全部搬走。如何让这个业已生长出来的艺术聚集区保存下来，聚集体开始了与环境的互动，尽管黄锐觉得保留下来的可能性只有1%。

2003年建筑师王辉在媒体上评论798的包豪斯气质，798的建筑价值开始被关注；同年4月，黄锐、徐勇等发起"再造798"艺术活动。作为798业主单位的七星集团面对艺术家越来越大的话语权，于6月冻结了厂房的租赁，并宣布这里已经被规划为"中关村电子城"，2005年底完成拆迁。主体与主体之间产生矛盾。但是，作为文化艺术聚集体生存空间的798并没有停止活动，而是通过与更广范围内的主体之间的互动来推动798的生存与发展——

9月18日，"左手与右手——中德国际艺术展"开幕，第一届北京双年展——798外围展在12个空间内举办。

12月20日，欧盟文教大臣维雅娜·雷丁女士访问798，发表了支持并保护798艺术区的意见。

年底，美国《时代》周刊把798艺术区评为全球最有文化标志性的22个城市艺术中心之一。

2004年，李象群向北京市人民代表大会递交《关于原718联合厂地区建筑及文化产业保护议案》，建议暂停对798的拆迁行为。

同年12月6日，德国总理施罗德为798德国"空白空间"画廊"中德当代艺术展"开幕式剪彩……

2006年北京市政府正式把798定位为"文化艺术创意产业园区"，让798最终获得了合法化的地位。

从798的聚集演化可以看出，初始主体往往是较少的。随着主体之间的互动，主体聚集越来越多，形成更多的多主体聚集，于是条件复制开始产生。同时这些主体不仅仅是单一的主体，而是具有多样性的主体。就艺术而言，画家、音乐家、文学家、建筑师、设计师等个别的文化艺术人才都向798聚集。这些聚集就形成了一个个的多主体聚集体（介主体），如由画家的聚集组成的画家多主体聚集体、音乐家聚集组成的音乐家多主体聚集体……画廊经营者组成的画廊多主体聚集体（798画廊超过120个）、画材经营者组成的画材多主体聚集体，还有设计咨询聚集体、休闲娱乐聚集体以及以世纪光年传媒集团、中国互动传媒集团、天津原创网络科技公司、天地啄石影视公司等为主体的影视传媒聚集体……这些多主体聚集体使系统由小到大、由简单到复杂、由混沌到新生,彻底改变了798原有的工厂性质,涌现出798艺术区,进而形成更高层次的"涌现"——成为北京市"文化艺术创意产业园区";更有一个意外的涌现——成为北京市重要的旅游吸引物和旅游目的地,并与故宫、长城并列成为北京市三大名片。

我们这里对798的分析,主要是为了说明创意产业具有CAS所具有的聚集特性;而且这种聚集是系统形成各种层次、不断演化的重要的动力机制。在下文我们将看到,聚集就是主体之间的黏着方式,这种黏着同时又是主体之间的一种功能耦合,那么具体是怎么聚集黏着的呢?进一步的讨论我们将在第三章第一节中进行。

二 主体的非线性交互

非线性是指适应性主体的相互作用以及它们的特性变化不是人们用求和或求平均的方法可以预期的,而是完全遵循非线性关系,线性分析方法很难预测这些相互作用之间的结果。

798的诞生已经能够说明这一点——

最初,1995年到2000年这5年间,这里只有美术学院几个教授的工作室,2000—2001年从美院之外进入了几个文化艺术工作者。在这六七年时间里,文化艺术工作者的进入都很缓慢,主要原因是主体没有与环境进行交互;如果从社会网络理论来说,是主体之间的网络缺少"结构洞"(另文分析)。

到了2002年,随着罗伯特的到来、东京画廊的入驻,当年底这里的艺术及商业机构在不到一年的时间里就猛增至40多个,艺术家工作室超过30个。罗伯特、黄锐、东京画廊可以视为影响系统的扰动因素,他们的到来造成了系统的巨涨落。

2006年798被北京市政府定位为"文化艺术创意产业园区",到2007年8月,这里的文化艺术类机构已经达到300多家,9月底达到354家。

这种增长就很显著地表现为非线性特征。但是,由于国内的创意产业目前总体上还处于发展阶段,很多数据无法获致,因此,以上这种有关非线性问题的说明呈现为一种经验形态。

为了更准确地说明创意产业的非线性演化特征,我们这里以美国学者斯科特对美国唱片业的考察来说明这个问题。

根据斯科特的研究,在其他复杂变量不变的情况下,任何音乐产业集聚范围与它持续生产能吸引消费者的唱片的能力之间存在一种非线性关系。

斯科特使用了来自"Hot100"单曲排行榜1995年、1996年和1997年的数据。每一年出现于单曲榜的唱片总数分别是348张、342张和474张。1995年这些唱片的55.7%是大公司及其附属公司生产的,其余是独立公司生产的;1996年大公司生产的比例是58.2%;到1997年变成了54.0%。

所谓独立公司需要简略解释几句,它们是指那些规模比较小的公司,这种公司数量较大,从创意产业来说,这类公司的聚集,正是简·雅各布斯所称许的创意城市的一个重要特征。

撇开大公司的生产不谈,因为它们的成功很可能跟它们的生产规模有关。通过关注独立唱片公司的绩效,我们很容易论证这个非线性关系(见表2—1)。

表2—1　　　　独立唱片公司:按区位计算的Hot100上榜单曲的
绝对和相对发生率

年份	独立公司制作的Hot100上榜单曲数量				独立公司数量			Hot100单曲排行榜的表现指数		
	洛杉矶	纽约	其他地区	未知区域	洛杉矶	纽约	其他地区	洛杉矶	纽约	其他地区
1995	58	48	31	16	198	148	295	1.37	1.53	0.49
1996	59	48	28	8	195	141	277	1.37	1.55	0.46
1997	57	106	40	16	51	44	140	1.29	2.79	0.33

表2—1表明:

(1)洛杉矶、纽约和美国其他地区独立公司以及其余类别公司——不能查出其区位的或外商独资的公司所制作的Hot100单曲排行榜上榜曲目的数量。

(2)表明了位于洛杉矶、纽约和美国其他地区独立公司的数量。

(3)一系列相对应的Hot100单曲排行榜的表现指数。这个指数在任

一既定条件下,指数定义可以被界定为:

$$\frac{P_{it}}{P_{it}^*} \quad (2—3)$$

其中 P_{it} 是指独立公司 t 年在区位 i 制作的 Hot100 单曲排行榜上榜曲目的比率;P_{it}^* 是指 t 年区位 i 独立公司的比率。指数值大于 1 表示与公司总数相关的上榜曲目超出比例,小于 1 表示相反。

从上表中很明显可以看出,洛杉矶和纽约表现指数很高,而美国其他地区的表现指数则异常的低。洛杉矶和纽约的指数始终比美国其他地区高出三四倍。1997 年纽约的指数竟然比美国其他地区高出了 8 倍多。而其他地区独立公司的数量则大大超过了纽约和洛杉矶。以洛杉矶为例,1995 年这里独立公司的数量为 198 家,而其他地区则有 295 家,洛杉矶上榜指数为 1.37,而其他地区上榜指数仅为 0.49;1996 年洛杉矶独立公司为 195 家,其他地区为 277 家,洛杉矶上榜指数为 1.37,其他地区仅为 0.46;1997 年洛杉矶 51 家,其他地区 140 家,洛杉矶上榜指数为 1.29,其他地区仅为 0.33。[①]

再举一个简单的非线性的例子。前述刘令华的画作,在没有市场知名度前,价格低至几千元、几万元;上海宽视公司介入运作以后,价格一下子提高到均价逾百万元,这无疑是非线性的;而宽视公司前期投资 2000 多万元,在刘令华的作品每幅均价逾 100 万元以后,如果每年出售三四十幅,十年累积三四百幅,则预期平均总市值将达数亿元左右,这种投入产出比同样是非线性的。因此,我们可以充分证明,创意产业具有非线性的特征。

三 主体之间的资源流动

流是适应性主体之间相互作用的方式。可以解释流的现成理论也很多,比如 Hakansson 就认为,任何一个网络都包含三个基本变量:行为主体、资源以及活动发生,这与 CAS 理论所指出的【节点、连接者、资源】基本是一致的。"流"在霍兰的 CAS 理论中阐述得比较简单,尽管霍兰最

[①] Allen J. Scott, *The Culture Economy of Cities: Essays on Geography of Image Producing Industries*, London: Sage Publications of London, Thousand Oaks and New Delhy, 2000, p.127.

后在讨论双层理论时采用的是"流网络"模型，但除了可以用洛特卡—沃尔泰拉方程来解决底层的"快动态"以外，对于上层的"慢动态"如何用数学方法来解决，霍兰并没有给出答案。

首先，就【节点、连接者、资源】而言，这三个方面在创意产业系统的不同层次上所指代的对象是不一样的。以798为例，在画家这个层面上，节点就是画家、画家工作室，连接者可以是拍卖行、画廊、展览馆、美术馆、咖啡馆、餐馆或者道路，资源则是彼此之间的艺术知识、艺术修养、艺术追求，还有作品等。而在画家与市场组成的系统中，节点就是画家本人和画商、艺术爱好者、收藏家、拍卖者，资源就是作品和金钱，连接者就是画廊、拍卖行等。如果从整个创意产业看（见图2—3），每个主体就是一个节点，节点之间有不同的连接者，例如，推广与市场之间的连接者是媒体、渠道主体与消费主体之间的连接者是终端、终端与消费主体之间的连接者是产品售卖人或者产品播放人等，每个节点与其他所有节点之间都存在资源的流动。

如果没有这种资源流动（我们姑且叫"零交互"）或者哪些环节之间的资源流动不够充分（我们姑且叫"弱交互"），那么创意产业系统的整体发展就会受到影响。例如，中国的动漫产业为什么就赶不上日本的呢？就是因为我们在有些环节上，存在零交互或者弱交互。比如，就消费主体而言，我们一方面没有多少供成人消费的动漫作品，而给青少年看的作品在成人眼中又是"不务正业"。结果，动漫作品所面对的市场就很小。特别是我们把漫画、动画当作"小人书""儿童节目"的文化传统，形成了动漫产业的负反馈，就使其他主体之间的资源流动成为"弱交互"甚至"零交互"。推广难以做好，产品的生产也跟不上，像"喜羊羊与灰太狼"这样有创意的作品纯属凤毛麟角。而日本则不一样，不仅青少年看动漫，成人也看动漫。成年人不仅不阻止孩子看动漫，还给孩子提供购买动漫图书的零花钱。刊物和出版社出版动漫、电视台和电影院播放动漫；贷本屋（日本一种出租图书的商店）提供动漫图书出租，超市出售动漫作品；列车上有人看动漫图书、公交车上也有人在看。不仅看动漫，而且他们之间还要互动——动漫作品的故事经常是大街小巷人们津津乐道的话题，如果有一个人居然对某部热门动漫一无所知，不能参与大家的讨论，那就会显得很不时尚。所以，大家都会去看动漫作品，生怕被人目为落伍。这样一来，消费主体之间的资源流动、消费主体之间的互动和偏好扩散，就形成正反馈，大大促进了其他主体之间的资源流动，结果一代一代的动漫大师在日本脱颖而出，一部又一部优秀的动漫作品纷纷问世。

表面上看，节点、资源、连接者好像只有三个要素，实际上，由于节点众多、资源类型多样、连接者也各不相同，流实质上形成了一个网络。在这个网络中，节点和连接者会随着主体的适应或不适应而出现或消失。比如，中国动漫产业，由于消费主体的发育不够健全，很多动漫从业者转行。又如798，随着798的发展，这里的商业氛围越来越浓，过去的艺术气质被淹没了，包括隋建国、黄锐在内的很多艺术家就从这里搬走了，尽管还有很多艺术家偏偏喜欢这种变化。

总之，"流"是CAS系统重要的动力学特征之一，霍兰在建立CAS理论的双层模型时，主要就是以流网络为核心。其中底层的快动态，霍兰采用著名的洛特卡—沃尔泰拉方程来描述，至于上层的慢动态，或者说上层的演化目前还没有找到合适的数学工具。但总的来看，正因为有了主体之间的资源交换和转换，主体才会不断与上层实现功能耦合，从而推动主体的演化（盖尔曼在《夸克与美洲豹》一书中对此也有很多论述，鉴于我们已经表述清楚了，这里就不再展开），可以说没有"流"，CAS系统就难以具有生生不息的活力。而北京798的演化也给我们证明了，创意产业是具有"流"的特性的。

四 创意产业系统的多样性特征

多样性对于创意产业来说，更是它的一个十分鲜明的特征。以798为例，这里最初的艺术家就是雕塑家，接着来了出版人（洪晃）、小说家和音乐家（刘索拉），接下来，书店、画廊进驻，影视传媒、设计咨询、文化用品、文化设备、陶瓷、时尚以及餐饮娱乐、旅游纪念品等都进来了，很快就形成了丰富的、具有多样性的文化场域，发展成为集画廊、艺术中心、艺术工作室、影视传媒、设计公司、时尚店铺、餐饮酒吧等各种业态于一体的多元文化空间。

创意产业的多样性首先表现为人的多样性。人的多样性带来了文化的多样性。这种多样性的集聚可以增强艺术家之间的相互交流和碰撞，从而产生更多创意,促进创意产业的不断更新,创意产业系统的不断升级。从 CAS 理论来说,多样性形成的机制就是因为适应性主体的蔓延为新主体的诞生开辟了新的生态位,产生了可以被其他主体通过调整加以利用的新的相互作用的机会,主体的主动适应自然就会产生多样性。例如,画家们朝这里自动聚集,就会为其他艺术门类创造生态位,于是音乐、影视、传媒和设计等就被吸引进来了。这些原创艺术家来到这里,又必然为关联产业创造生态位,具有产业生态关系或者说文化生态关系的画廊老板、经纪人、策展人、艺术爱好者就进来了……这些人聚集在这里需要吃喝拉撒睡,于是又为相应的物质条件的形成创造了生态位,餐饮娱乐、休闲购物等就接踵而至了,相应的画材商店、音乐商店、书店,甚至宾馆等也就出现了。而且即使到了今天,798 艺术区与宋庄画家村一样,没有形成画派,而是各种风格和流派的艺术家都有,是一个丰富性和多样性的窗口和平台,也是一个自由创造的平台。正是这种丰富性和多样性,使得 798 艺术区更加富有魅力,不断创造出新的视觉盛宴。

当然,对于创意产业的多样性问题,我们还得倒过来说,那就是,首先不是创意产业产生了多样性,而是多样性催生了创意产业。如果仅仅只有画家、雕塑家、音乐家,没有多样性的文化艺术人才的集聚,798 最多也就是另一个画家村,而不可能成为一个文化艺术创意产业园区。而宋庄如果也只有画家、雕塑家同样不能成为一个画家村,必须有画材商店、画廊、美术馆、美术评论家,再加上餐饮、娱乐、休闲等辅助要素;而且即使画家,也是具有不同风格、不同流派、不同画种、不同年龄等多种多样的画家,才能形成一个具有稳定性的画家村。因此,可以说,正是 798 艺术家的集聚开辟了新的生态位,并且被相应的主体所占据,798 才成为一个创意产业园区。

此外,创意产业多样性的形成客观上依赖一种宏观环境的文化多样性。正如 Florida R. 所言,容纳多样的理念和因素不是政治问题,而是经济发展的必要条件。研究发现,一个地区对于移民、艺术家、同性恋、波西米亚以及社会经济和种族融合的开放程度与其经济发展的质量高低有着密切的关系。这样的地区能够激发更多人的创意能力,获得更多的资本流动。① 加拿大就制定了宽容和包罗一切的新型社会组织原则——马赛克社会。这种思想不是按照特定的文化标准来同化人才，而是欢迎任何种族或者国籍的人才，只要能为社会的多样性贡献自己的能力即可。

还是以798为例，它之所以成为一个创意产业聚集区，是因为北京本身有丰富多样的文化人才。不仅在798，在宋庄、百工坊、琉璃厂、环铁、草场地、什刹海、上苑画家村、酒厂艺术园、观音堂文化大道等都有很多来自全国各地乃至全世界各地的文化艺术人才。更重要的是，北京是一个很包容的城市，不仅文化艺术方面，即使在其他许多方面都表现出了多样性，这正是798生长的重要环境。没有这样的环境，可以说就没有798。在798从事创作的邱志杰说："从来，北京就是一个总容易让外地人待下来的地方，藏污纳垢；上海比较滴水不漏，一个外地人想要潜入上海并且扎根下来的难度要超过在北京。"② 在昆明创库、重庆坦克库等地方，正是由于所在环境无法满足多样性的要求，要达到798这样的层次和高度就比较困难。同样，在成都，为什么创意产业发展较快，这与这个城市的包容性以及移民城市所形成的文化多样性不无关系。可以说，只有环境的多样性、主体的多样性以及它们之间的相互作用，才能产生创意产业，才会有创意产业的繁荣。

进一步地，798的魅力不仅仅只是业种、业态、艺种、艺态的多样性，最重要的是思想的多元化和多样性。798艺术区的发展，是因为经常有新的艺术思想浇灌，经常有怀抱艺术梦想的源源不断的艺术新生力量的加入，没有艺术思想和艺术群体的丰富多样，798就不会有充满活力的、持久的发展。798地处首都北京，作为国家的政治、文化中心，怀抱梦想从全国和世界各地聚集过来的艺术家，正是大国首都的功能地位所带来的聚纳能力的显现。参与798艺术区发展的艺术家中，有旅居海外生活经历的艺术家，他们带来新的艺术观念与艺术品推广销售的渠道；有从全国各地到北京谋求发展的艺术家，他们带来新的艺术作品和自力更生、艰苦创业的"北漂"精神；有从北京农村地区转移到城区的艺术

---

① ［美］理查德·弗罗里达：《创意阶层的崛起》，司徒爱勤译，中信出版社2010年版，第260页。

② 孔立雯：《骤变798》，湖南美术出版社2011年版，第76页。

家，他们需要接近城市以更加接近于获得事业上的成功所必需的交流与展示的空间；有源源不断地从全国艺术院校毕业的学生，他们的加入使得艺术群体更加年轻、时尚化，提供了艺术产业所需要的各种人才，是推动、辅助艺术产业兴起的基干力量。这些多样化、多元化的艺术（家）群体共同推动了798艺术区的形成和演化。①

我们讨论了798形成的4个共同特征，其实创意产业群风车模型也同样具有这些特征，只是从宏观层面上我们讨论起来相关的数据和实例都还不够，而以798作为创意产业宏观特性的微观证明，这就显得更为鲜活和生动。事实上，创意产业的"风车"就是由许许多多个798构成的，798就是群风车模型的一个实例，群风车模型这个一般的系统就是源于对798们的概括和提炼；许多个像798这样具备群风车模型特征的创意产业园区构成了一个地方或者国家的创意产业系统。因此，创业产业在整体上无疑也具有这4个特性。

我们讨论了798具有CAS的聚集、非线性、流、多样性4个共同特征，那么，它的机制是否与CAS相契合呢？下一节我们来讨论这个问题。

第三节 作为CAS的创意产业系统的机制

除了4个特性以外，CAS系统还有3种机制，即标识、内部模型和积木。事实上，这也正是创意产业所具有的机制。

一 标识 创意产业系统形成的动力机制

标识是帮助主体进行选择性相互作用的要素。有了标识，CAS系统就可能出现对称性破缺。所谓对称性破缺，就是当一个系统的结构存在不止一种可能性时，某一种可能性的存在概率增大，这就是对称性破缺。同样，当很多主体没有可以被识别、从而可以聚集的标识时，主体处于"不作为"的存在状态，也就是处于对称状态。一旦主体发现某个标识，并向标识聚集，主体就开始变化了，这样对称性就被打破。所以CAS理论认为，CAS系统是利用标识来操纵对称性。可以说，在CAS系统中设

---

① 孔建华：《北京798艺术区发展研究》，《新视野》2009年第1期，第47页。

置良好的、基于标识的相互作用，为筛选、特化与合作提供了合理的基础，这就是介主体和组织结构得以涌现的条件；因为有了标识，即使 CAS 的各个部分处于不断的变化之中，系统依然能够维持其相互作用。标识在 CAS 中的意义就在于，它是主体为了聚集和边界生成而普遍存在的一个机制。

不过，对于 CAS 系统而言，标识并不是只有一个，而是有多个。特别是，CAS 系统不同的层次就有不同的标识，或者说，不同的聚集就有不同的标识。因为一个 CAS 系统具有组分的多样性，往往都具有多样聚集、多重聚集，因而也就具有多样层次、多种层次，从而也就具有多种标识或多重标识。

还需要说明的是，标识不仅仅是用于聚集，它还用于繁殖。如果在一个早期系统里面，标识与某个具有繁殖优势的主体的任何偶然联系，都会在后来的演化中增加繁殖的速率，并在系统中迅速传播开来；演化过程会不断改进基于这些标识的选择性交配，不断提高适应度。

创意产业当然有标识。比如深圳成为世界"设计之都"，这就成为一个吸引设计人员（创意主体）向深圳汇聚的标识。国内外著名广告公司在北京上海和广州入驻的数量很大，这就成为很多推广主体聚集的标识。杭州的动漫产业发展居全国前列，于是就成为动漫创作、生产和营销的主体聚集的标识，等等。当然，它们也是主体不断繁殖的标识。

还是以 798 为例。这里的标识首先应该就是这里具有包豪斯风格的建筑空间。作为一种物理性标识，这种挑高在 9—12 米的空间，为文化艺术人才的创作提供了一个很好的、任想象力驰骋的场所，可以让他们在这里过上 loft 式的生活，所以很容易吸引文化艺术人才向这里聚集。全世界类似的空间很多，如在巴黎由工业空间改建的蓬皮杜艺术中心，在伦敦由电站改建的泰特当代美术馆……它们都成了艺术和创意空间的典范。当然，还有美国纽约曼哈顿的苏荷地区，德国北威州对鲁尔矿区工业遗迹的改造利用等。

2002 年，在 798 的第一场展览"北京浮世绘"开幕前夕，前来"东京艺术工程"（东京画廊在北京叫东京艺术工程）现场的著名美术评论家巫鸿看了 798 说："如果中国政府可以把这个改造成一个现代美术馆就太好了。特别大，结构特别好，这种结构国际上比较时髦。"① 这让策展人冯博一觉得十分震惊。而 2001 年至 2002 年之间涌现出来的昆明创库、上海莫干山路 50 号、杭州 LOFT49 都是类似工业遗迹成为创意产业场所的成功案例，因此，798 成为文化艺术家们聚集的标识是很自然的事情。

为什么工业遗迹会成为创意产业生长的重要场所呢？人们对此多有讨论。查尔斯·兰德利在对创意情境的研究中指出，建筑群等硬件环境（也包括软件环境）是激发创意阶层灵感的重要因素，物质因素可以启迪创意者从而使他们产生出新的思想或创造。而西方社会学家米歇尔·福柯、弗列德里克·詹姆逊、亨利·列斐伏尔以及马克·高特第纳等人有关空间的研究都是解读工业遗迹成为文化创意空间的重要理论根据。我们认为，工业遗迹之所以成为创意产业空间，是因为工业遗迹本身曾经是人类活动的场所，保存了一个阶段的历史记忆，是一个工业博物馆、一部工业发展史；这个场所的每一种什物都有自己的故事，每一寸空间都包含了文化。在这样的场所进行文化和艺术创作，我们本身就会因为场所的历史性，而感到亲近、没有距离感。可以说，这是类似 798 这样的空间吸引艺术家的精神性标识。尽管有的艺术家说，自己进入 798 主要不是因为这里是工业遗迹，而是因为这里的空间高大、租金便宜，但潜意识里，这种精神性标识是不可否认的。

如果用 CAS 的回声模型来看这个问题就更加清楚。

在回声模型中，霍兰给多主体聚集体添加了一种标识叫作"黏着标识"。黏着标识既是主体之间黏着的机制，也是父主体与子主体之间的黏着机制，所以实际上也就是聚集标识。但黏着标识由于增加了主体之间功能耦合的内涵，所以，比起聚集来就更加深刻（见图 2—13）。

根据图 2—13，主体之间的黏着聚集的规则是——

如果两个主体的匹配分数都很低，那么，主体之间就不会发生黏着。

如果父主体属于某个聚集体，那么子主体就将被从这个聚集体中排斥出去，变成一个有新边界的、单个主体的聚集体。

如果两个主体的匹配分数比较接近，而且不接近于 0，子主体就将被放到所选主体的边界内。

---

① 叶滢：《窑变798》，新星出版社 2010 年版，第 172 页。

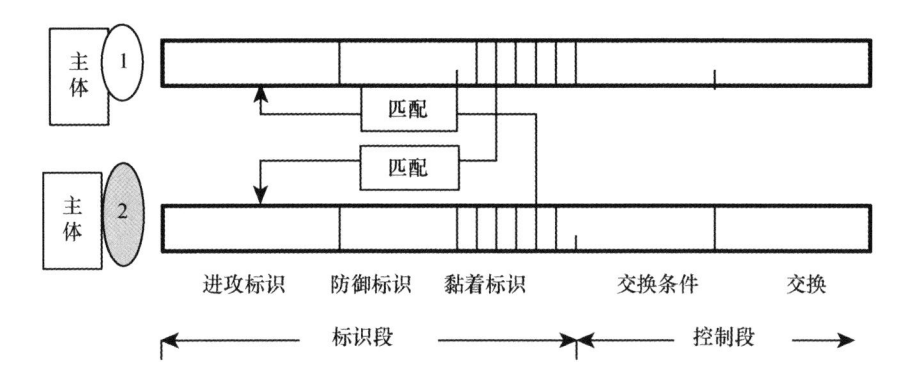

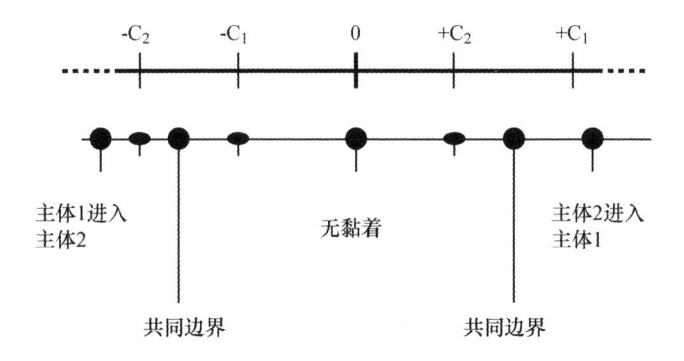

图 2—13 添加了黏着标识的主体染色体

如果所选主体的匹配分数远远高于子主体的匹配分数，那么子主体就会被放置到紧挨所选主体边界的边界内。

如果净分数是负值，并且绝对值较大，那么结果就相反：父主体将被迫进入它所占据的边界内部。

从图 2—13 也可以看出，两个主体相遇时黏着的机制是，一个主体（可能是父主体）的黏着标识检查另一个主体的进攻标识；如果两者的匹配分数有一个不接近于 0，就会发生黏着。

根据 CAS 理论对黏着标识的讨论，我们可以把 798 当作父主体，而把艺术家当作子主体；同时设置 798、艺术家各自的黏着标识和进攻标识。

我们把 a 当作 798 的厂房资源、b 当作 798 业主需要的租金，其他的都用不在乎符号"#"代替，它们的组合显然是 798 的黏着标识；而 798 的拒租、拆迁、转向以及作为业主的财产处置权，则是 798 的进攻标识，分别用 c（拒租、拆迁、转向）、j（财产处置权）表示。

而艺术家对厂房空间的需求与 798 厂房属于同一资源，所以 a、艺术家提供的租金与 798 需要的租金同样是同一资源，所以都是 b，其他资源同样用不在乎符号"#"代替，它们的组合显然是艺术家的进攻标识；而艺术家对包豪斯工业遗产的保护（建筑价值、历史价值、艺术价值）可以用 d 表示，798 的经济价值可以用 e 表示（李象群就保护 798 提交给北京市人大议案的内容，声言 798 如果能够得到政府的支持，从其现状和未来发展潜力来看，可以成为一个新的文化经济区），奥运价值（李象群议案内容，"新北京、新奥运"，现代艺术区是新文化的象征，它体现了一个国家的艺术水平和精神状态）、创意产品可以用 f 表示，还有旅游价值、提升文化软实力的价值、推动创意产业发展的价值，可以分别用 g、h、i 来表示。

于是，图 2—13 就具体化为图 2—14：

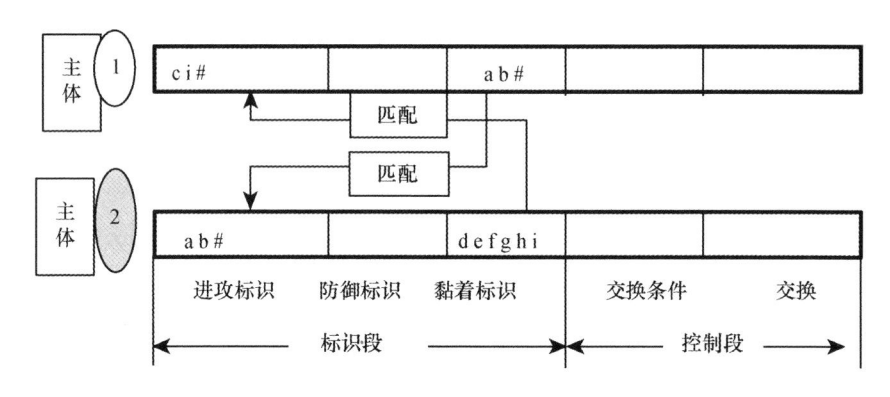

图 2—14　798 与艺术家黏着的可能模式示意图

图 2—14 中 798 为主体 1、艺术家群体为主体 2。那么 798 的黏着标识和艺术家群体的进攻标识匹配得如何呢？

霍兰给我们的匹配方法是，把两个主体的标识字符串左端对齐，对应放好。相同的字符相遇得 +2 分，不相同的字符相遇得 -2 分，没有可以配对的字母得 -1 分。

我们看到，当 798 的黏着标识与艺术家的进攻标识相匹配时，得分为 4 分。可见两者匹配得很好，所以，艺术家前期进驻 798 是很顺利的（见

图2—15)。

也就是说，通过 CAS 的标识机制，798 被朝着往艺术区方向发展的道路引导。标识成为 798 艺术区发展的动力机制。

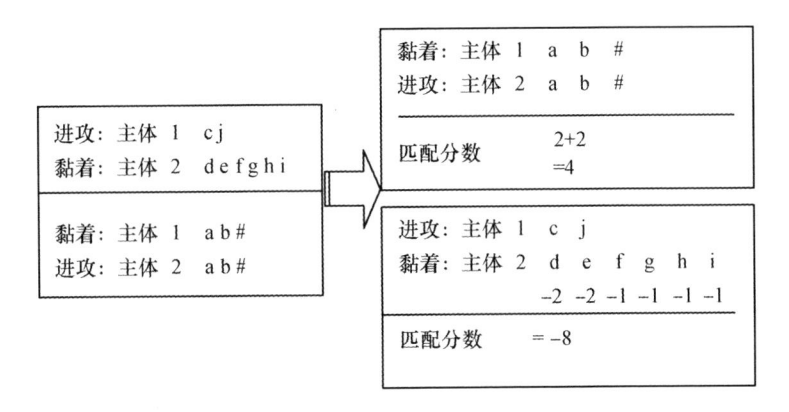

```
进攻: 主体 1  cj           黏着: 主体 1  a b  #
黏着: 主体 2  defghi       进攻: 主体 2  a b  #
                          ─────────────────────
                          匹配分数     2+2
黏着: 主体 1  ab#                      =4
进攻: 主体 2  ab#
                          进攻: 主体 1  c j
                          黏着: 主体 2  d e f g h i
                                      -2 -2 -1 -1 -1 -1
                          匹配分数   = -8
```

图 2—15　798 与艺术家黏着匹配情况得分表

前面说过，标识同时也是形成 CAS 具有层次特征的背后机制，事实上，这正是与标识的繁殖功能相对应的。当大批文化艺术人才来到 798 以后，上一层次的标识又育出了新的标识，主体朝着新的标识聚集，就构成了新的层次。东京画廊的到来成为一个标识，带动了国际国内更多的画廊入驻，意大利常青画廊，意中工作室，新加坡北京季节画廊，德国空白空间，中国艺术画廊，荷兰动态城市基金会，意大利玛蕊乐画廊，法国程昕东当代艺术空间等，形成了画廊集群。而以"实验音乐"为核心的"仁俱乐部"的创建和入驻，则成为音乐人聚集的标识，很快形成了音乐人这个聚集体和相应的系统层次……许许多多这样的标识就形成了 798 的层次结构和 CAS 系统。

从整个创意产业群风车模型来说，每一个主体就是一个标识，当众多主体向这些主体聚集时，每一个主体才成为多主体聚集体；这样，标识又成为引导资源流动的机制，有了标识"流"就有了方向、有了规律，否则"流"就会漫无边际、毫无目的地"乱流"。正是在这些机制的共同作用下，创意产业才会朝着群风车模型进化。

二 内部模型 创意产业系统生存和发展的核心机制

内部模型，是指 CAS 系统内部实现预知和预测的内部机制。主体必须在它所收到的大量涌入的输入中挑选模式，并将其转化成内部结构的变化，最终结构的变化，即模型，必须使主体能够预知，即认识该模式（或类似模式）再次遇到时，随之发生的后果是什么。一个有效的内部模型不仅能推断出主体的环境，也能主动地确定主体的行为，并能根据这个行为对未来结果进行有效的预知；否则即是无效的内部模型。

当然，和标识一样，内部模型也因我们对主体的不同的确认而异。就是说，我们从单个主体来看内部模型、与从单个主体组成的介主体来看内部模型是各不一样的；而从介主体看，内部模型肯定和介介主体又不一样。

创意产业的主体同样存在内部模型。例如，消费主体的内部模型可能是——

> 这是一部著名导演拍摄的电影，应该好看；
> 票房价值高的电影肯定是好看的；
> 作为一部奇幻小说，《哈利·波特》畅销全球，因此由同名小说改编的电影应该是好看的。

又如，对于政府来说，它们使用的内部模型可能是——

> 把土地承包给农民，农民并不会在上面种罂粟；把文化市场放开，企业也不会专门生产与主流意识形态作对的产品。
> 意识形态的多元化并不会造成主流意识形态的消弭；因此应该给那些与主流意识形态相向而行的各种意识形态产品以发展的机会。
> 引导意识形态的重要方法是生产负载了主流意识形态的创意产品去占领市场。

可以说，正是这些不同的内部模型之间的交互，才形成了群风车模型的不同主体及其不同的功能，推动群风车模型的演化。

还是来看看798，我们选择798艺术家、798业主（七星集团）和政府这一个作用系统为例，来说明创意产业主体之间在交互过程中所使用的内部模型。

我们把图2—12做一个变动，将七星集团加进来，即图2—16。

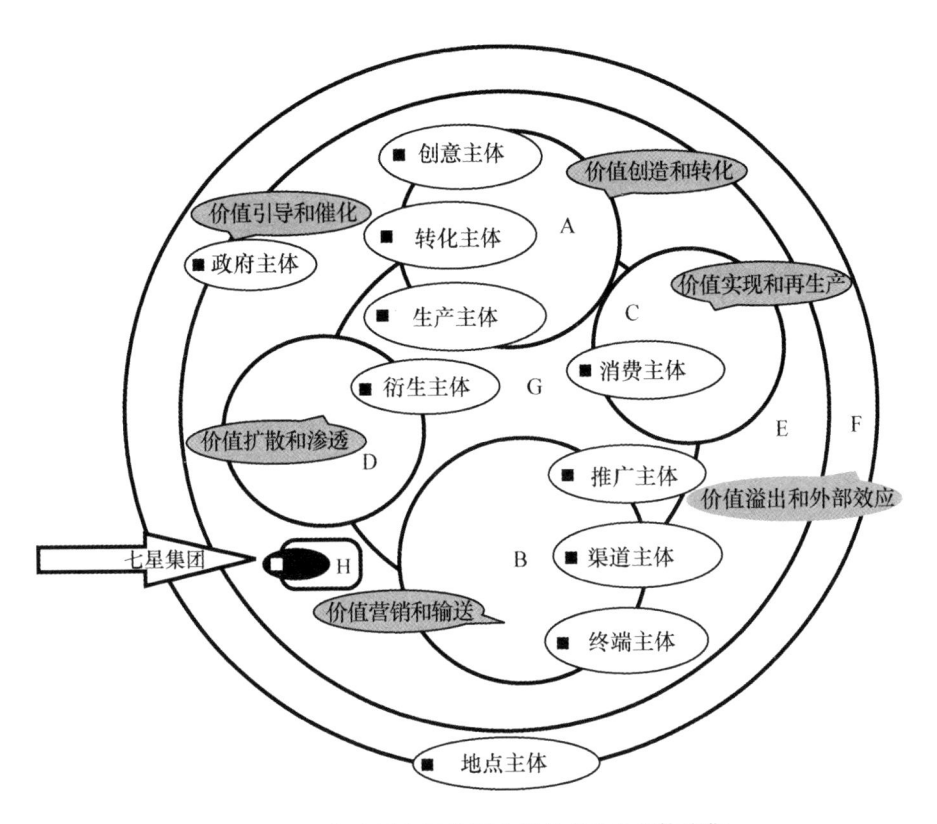

图2—16 加入了七星集团的创意产业多主体聚集

七星集团跟入驻798的艺术家聚集体属于同一地点、同一政府领导下的聚集体，它与艺术家聚集体不处在同一区室，而是在地点和政府区室之内、与798艺术家聚集体并列的区室。798艺术家聚集体属于上图中"G"区室（由于只是初步的聚集体，主体尚不完整，只能是相当于"G"区室），而七星集团则属于"H"区室。

我们把其中的区室简化，让交互主体分离出来。因为地点主体其时还没有形成，所以暂时不纳入简化图之中（见图2—17）：

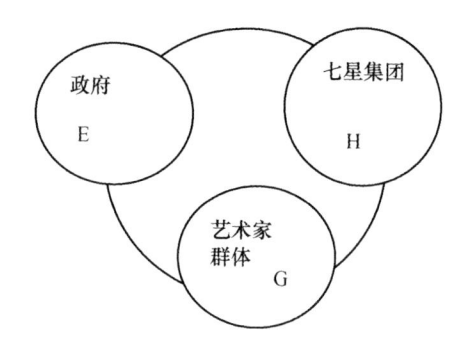

图2—17　创意产业主体内部模型分析片段示意图

在图2—17这个系统里面，以七星集团和艺术家为例，主体所使用的内部模型起码有这样几组。

对文化艺术队伍而言，根据美国苏荷地区、上海莫干山路等的情况看，工业遗迹作为艺术家聚集地是很有利的。采用CAS理论的规则描述就是：

（1）IF工业遗迹具有文化价值，就可以作为艺术工场，798是具有包豪斯风格的、有价值的工业遗迹，THEN，798是可以作为艺术工场来使用的。

如果我们用C/M语法进行编码，用"0"代表工业遗迹、"1"代表"有价值的"、"#"代表"包豪斯"或者其他可以"不在乎"的条件，"0000"代表"可以作为艺术工场来使用"，则上面的叙述可以表达为：

$$IF\ (01\#\#)\ THEN\ (0000)$$

（2）IF是工业遗迹，它们往往都是废弃的厂房，租金低，与自由艺术工作者所需要的场所特征相契合；798是废弃厂房，不可能用作他用，以低廉的租金租给艺术家是最佳选择。THEN，798是可以被艺术家租下来的。

（3）根据世界上其他国家成功的经验，工业遗迹作为艺术区是政府应该支持的，当798成为一个重要的、具有价值的艺术区以后，政府是应该保护并鼓励发展的。

以上三条是最初进入798的文化艺术工作者所采用的内部模型。而七星集团采用的内部模型则是：

废弃厂房面积达60万平方米，厂房的设计不符合大型企业建产品生产基地；厂区及周边道路较窄，也不适合建大型物流基地；地方偏僻、冷清。出租的可能性小，而且租金低。THEN，如果文化艺术工作者喜欢这里的环境，租给他们就可以盘活798的这些旧厂房。

企业资金压力、养活798下岗职工的压力都很大（2001年）。THEN，成规模地将闲置厂房租给艺术家和艺术机构，可以缓解这些压力。

租给文化艺术工作者，不仅获得了不菲的租金收入，还增加了工厂的人气与活力，THEN，继续租给这个群体。

然而，当主体发生演变，艺术方面的力量越来越强大，以致798工厂演变成798艺术区（见图2—18）以后，七星集团开始有了鸠占鹊巢之虞。特别是2003年黄锐发起"再造798"活动之后，七星集团感觉大事不妙，6月，冻结了厂房租赁计划，宣布798将于2005年底完成拆迁，798片区将成为"中关村电子城"用地。

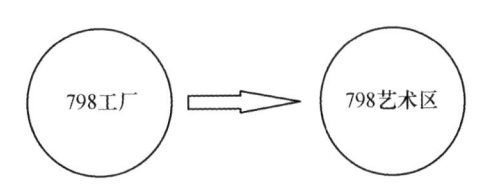

图2—18　798的演化结果图

这时，系统进一步演变。双方所采取的内部模型亦发生改变——
七星集团采用的内部模型是：

798产权是属于七星集团的，七星集团有权冻结798厂房的对外租赁，这样可以避免鸠占鹊巢的事情发生。

798的名字也是属于七星集团的，禁止使用798作为艺术展览的名字，否则视为侵权，这可以遏制艺术区的进一步发展。

宣布用地性质改变，以绝艺术区继续发展的非分之想。

艺术区采取的内部模型则是：

舆论是影响事物发展方向的重要力量，因此继续进行艺术活动，借助舆论扩大798的影响，通过社会力量保住798艺术区。

名称并不能影响艺术展览，把798艺术展改为"大山子艺术展"，名称不一样，内容实质不变，同时可以继续保持艺术区的创意活力。

人大是保护文化的重要力量，因此，向北京市人大提交保护798的议案，有助于798包豪斯工业遗迹以及798艺术区的生存与发展。

这些内部模型正是当时的798艺术区主体明确采取的。黄锐说，为了保护艺术区，"我们已经找到了一些怎么能伸张自己、保护自己的方式和方法了，就是不断找一些媒体卖点让公众注意这个798艺术区"。"2003年9月，在咖啡馆楼上，大概50多人吧，商量怎么办，怎么能把这个地方包下来，是搬走、妥协，还是对抗。后来提到做艺术节，等于是声东击西，是个最好的战术，我们不说拆的事，但要表现反对拆的决心。""那个时候只能做艺术节，没有别的可以选择。只有做艺术节，才能使这里的单位、机构、艺术家形成合力。艺术家都特别配合，第二年也是，这边就变成了一块真正的艺术区了……一个小的艺术区，话语能力特别强烈、特别整体，跟潘家园、秀水市场完全不一样，是有组织、有准备、有计划、有策略的，最重要的是和国际挂钩，刚好有2008年奥运会做背景，2005年底创意产业的概念已经明确。"[①]

总之，作为一个CAS系统，798艺术区有着自己的内部模型。同时，不同层次还有着不同的内部模型。如画廊系统有自己的内部模型、艺术家系统有自己的内部模型……后面，我们在讨论缺省层次时还将回到这个论题上来，所以暂且不在这里继续讨论这个问题。

---

① 叶滢：《窑变798》，新星出版社2010年版，第116页。

三 积木 推动创意产业系统发展的关键机制

积木,就是指内部模型的生成机制和基本构件。CAS所使用的积木,通常是适应性主体在过去经验的基础上,通过无数次的适应而产生的。使用积木生成内部模型是CAS系统应付恒新环境的一个普遍特征。

比如黄锐说,为了保住798艺术区,他们当时筹备出一本书,这就像当年毛泽东占领一个城市,要做好理论工作、宣传工作一样。[①] 后来,他们真的出了这样一本书,专门送给了北京市政府、朝阳区政府和朝阳区酒仙桥街道办事处,起到了很好的宣传效果。这无疑是利用了积木原理。尽管这个积木是对别人过去经验的借鉴,但总是被实践证明了的、有用的经验。

又比如,"通过向人大提交议案来解决798工业遗迹以及798艺术区的存留",这就是一个积木。这个积木是人大代表通过向人大建议、并把议案提交给政府决策,以便使某项工作得以进行、某个系统得以保护的最正式、最好的途径。

还有,"通过舆论动员社会力量来保护798工业遗迹以及798艺术区",这同样是一个积木。因为无数事实证明,代表公众意见的舆论是具有强大的力量的,它可以引起权力部门的重视、影响决策。

再如,798艺术区试图建立的艺术发展机制"艺术家—策展人、评论家—媒体—画廊—拍卖行—收藏家—美术馆",同样是一个艺术产业链和生态链的积木组合。

通过上面两节的论述,显然可以看到,创意产业系统就是典型的CAS系统,具有CAS的所有重要特征。

如果我们采用霍兰更为简洁的概括,从"第二章第一节"到"第二章第三节"的论述可以更为简单。霍兰认为CAS区别于其他各种系统最显著的特征,一是组成CAS系统的主体的多样性。另一个明显的区别是CAS中主体之间的交互活动受制于从学习与长时间适应中产生的期望;在特定的复杂适应系统中,有些期望为大多数主体所共有,另一些期望则因主体而异。798主体的多样性我们已经看得很清楚。从主体期望来

[①] 叶滢:《窑变798》,新星出版社2010年版,第115页。

说，798的大多数主体前期显然都有让798成为一个艺术区的愿望，而随着798的发展，主体的增加，包括政府都作为一个主体加入了798系统，并成为798创意产业系统的主体之一，798就不再是一个单纯的艺术区概念，而成为了一个文化艺术创意产业园区，后来增加了"旅游区"的概念，但是，艺术在798依然是占据主流的主体系统。由此，我们也可以进一步看到，主体在适应中会产生期望，同时这种期望又是发展的，其中在某个方面占有一定优势的主体的期望，可能会最终在与其他主体的适应之中，通过妥协和整合，主导系统朝着某一个方向发展。这对于CAS理论研究也许具有一定的启示意义。

前面我们在讨论黏着标识时还留下一个问题就是，当798业主的进攻标识与艺术家的黏着标识匹配时，匹配分数为-8分（见图2—15），这意味着什么呢？

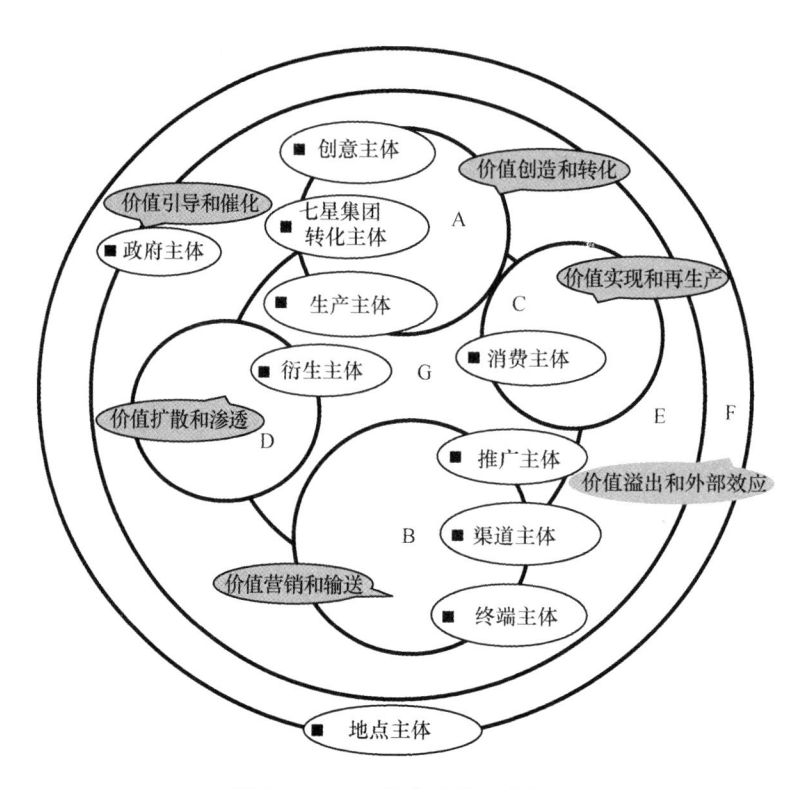

图2—19　798演化后的层次变化

按照黏着规则，当黏着分数是负值，而且绝对值较大时，那么，父主体将被迫进入它所占据的主体内部。798 正是这样，作为业主（父主体）的 798 经过一番博弈以后，由于其黏着分数为 -8，所以被迫进入自己的边界内部，成为创意产业系统的主体之一。于是图 2—16 变成为图 2—19，这正是主体运用积木原理和内部模型原理，对 798 成功转型的结果。

第四节　本章小结

按照霍兰在《隐秩序》中的论述顺序，我们可以把这上面讨论的创意产业的特性和机制进行统一的表述。那就是，创意产业的适应性主体之间通过相同的或不同的标识进行聚集，这种聚集将会产生非线性作用，使创意产业系统发生飞跃性的质变。非线性作用的动力来自各适应性主体之间通过标识建立起来的网络，通过这个网络各个主体之间进行物质、信息和能量的交换（流）。在这个过程中，有些主体可能不能适应彼此的相互作用，从而被系统改变，或者离开系统，系统的结构也可能在这个过程中改变。与此同时，在非线性和流的作用下，主体越来越多，进而形成主体的多样性，但这种多样性并不是静止的，多样性的主体又要根据自己的内部模型来对环境做出反应。由于环境的恒新性，这种内部模型必须根据过去经验，利用已经存在的积木来进行修正，生成新的内部模型，以应对环境的变化。在这个过程中，主体通过选择、学习或不断适应，改变自己的性能参数，同时也改变自己的功能属性，从而导致整个系统的功能结构也不断发生变化。这种变化规律是，适应性主体从所得到的正反馈中加强了自身的存在，同时也给其延续带来了机会；它可以从一种多样性演化为另一种多样性，并推动整个系统向更高的层次演化。可以说，这正是创意产业演进的基本规律。

本章根据霍兰对 CAS 具有 7 个基本点（我们认为是 9 个基本点）的论述，以北京 798 文化艺术创意产业园区的发展为例，对创意产业的 CAS 特性进行了充分的讨论。通过讨论，我们认为，创意产业具备霍兰所说的 CAS 的所有典型特性，因此创意产业系统就是复杂适应系统，它的发展和演化都遵循 CAS 的演化规律。

第三章

创意产业主体的性能分析

前面的讨论，已经认定了创意产业系统就是 CAS 系统。按照霍兰的理论，在 CAS 系统中，任何主体在适应上所做的努力，就是要去适应别的适应性主体；而且在这个适应过程中，并没有一个中央指挥系统，来指引适应性主体的行为。如果假定一个中央指挥系统，由于 CAS 充满了非线性相互作用，也完全没有办法来指挥。因此，一切都取决于适应性主体自身的适应能力，这种适应能力是主体在适应过程中培育和发展起来的。是怎么发展起来的呢？CAS 理论认为是通过主体执行系统、信用分派和规则发现逐渐形成的，这三个方面就是适应性主体的性能。本章我们就根据 CAS 理论对 CAS 适应性主体性能的研究，来讨论创意产业主体在执行系统、信用分派和规则发现三个方面的性能。

第一节 创意产业主体的执行系统

CAS 理论把适应性主体定义为"一组消息处理规则"，同样，我们也可以把创意产业的主体当作一组消息处理规则：

IF（满足 C 的条件）THEN（从 M 发送消息）

C (1, 0, #) 有可能是来源于探测器的消息，或者说是来源于环境的消息，并由所探测到的环境特性赋值。这类消息由于是适应性主体在长期的进化和适应过程中，对环境体认的结果，有些甚至是通过遗传得来的对环境的条件反射，相关的行为已经内化成为主体的结构，所以具有内置的意义。

C (1, 0, #) 也可能来源于其他规则发出的消息，或者说来源于 M

(1,0)，这类消息没有赋值的意义。只有当它被用于激活效应器时，才可以根据效应器的反应情况赋值。当它被用于激活其他规则时，才获得意义。

由于起源于规则的消息没有内置的意义，所以，这些消息同时出现时，不会引起矛盾。反过来说，正因为不会引起矛盾，所以主体可以有同时活动的多条规则。事实上，这种同时活动的规则越多越好，因为活动的规则越多，消息就越多。而适应性主体倾向于可以利用更多消息的规则，这样，主体就可以充分利用消息作为积木，来建立内部模型，描述新的情况，更有效地学习，或者更有效地应对环境。

一 创意产业执行系统的规则

那么，遵循 CAS 理论有关执行系统的结论，创意产业执行系统是如何运行的、它有什么特点呢？

总体上看，创意产业的执行系统也遵循【探测器 消息 效应器】的执行模式。只是不同的创意产业这个模式的内容不相同而已。

还是以 798 为例。

(1) 对于先期来到 798 的人来说，起源于环境的消息主要是——

工业遗迹具有文化开发和利用价值；
798 是具有包豪斯风格的、具有建筑艺术和文化价值的工业遗迹；
798 可以进行文化开发和利用。

相应地，激发的效应器行动是——

进驻 798

(2) 对于后期进入 798 的人来说，起源于环境的消息是——

很多艺术家和画廊进入了 798；
798 成功举办了很多艺术活动；
进入 798，艺术品可以直接与国际市场接轨；

相应地，激发的效应器行动是——

进驻798

(3) 当798艺术区进入是拆还是留的关头，人们利用了起源于规则的消息——

作为具有工业历史价值的798，应该受到保护；
作为世界上存留不多的包豪斯建筑，798应该得到保护；
不要因为七星集团声言要拆迁就离开798，根据经验，过去北京曾经决定拆除什刹海的胡同，结果由于其历史文化价值，得到了完整的保留；因此，七星集团要拆掉798，可能也实现不了。
而各个适应性主体采取的效应器规则就是——
呼吁保护具有建筑价值的北京798（王辉在媒体上发表评论）
对社会和媒体采取开放的态度，让社会了解798艺术区（黄锐等）
寻求国外资源，让外国人认可和参与798艺术区的保护（黄锐等）
向人大递交保护798的议案（清华大学美术学院教授、雕塑家、北京市人大代表李象群）
根据什刹海的保护经验，相信七星集团拆不了798。因此，继续留在798静观其变（798时态空间创办人徐勇）

(4) 当然，除了单个主体所采用的规则以外，由这些主体组成的介主体（艺术家群体、画廊、艺术机构等）也采用了合适的规则。起源于介主体探测器的消息——

2000年10月，"文化产业"第一次出现在党和国家政策文件中；
北京市正在进行创意产业发展规划；
加入WTO以后，中国需要和世界进行文化交流。

介主体相应的效应器行为是——

宣示798的创意产业属性；
展示798的创意产业实力；
显示798对提升国家文化软实力的价值；
开展创意产业大型活动（大山子艺术节、中德当代艺术展等）。

(5) 起于规则的消息是——

根据经验，社会舆论可以改变事物发展的方向；
根据曾经的圆明园画家村的经验，聚集可以成为一种象征。单个的艺术家追求自由，并不能成为一种意识形态，众多的追求自由的艺术家聚在一起，就成了一种社会现象，一种象征——追求个体自由；曾经的圆明园画家村就是这样一种象征，如今已经轮到798来重塑这种象征了。

相应的介主体（艺术家群体、画廊、艺术机构等）的效应器规则是——

个别意见转化为社会舆论（798的建筑价值传播出去以后，国内外建筑界名人张永和、安德鲁、德穆隆、扎哈·哈迪德、库哈斯等先后参观798；2004年第9届威尼斯双年展，美国建筑师罗纳德·屈米所做的798规划模型和方案在"超级方案"中鹤立鸡群，成为中国12个优秀建筑展之一）；
更多的画家、画廊、工作室及音乐家、收藏家、设计师、咨询师、传媒人等进驻798。

事实上，正如黄锐所言："第一个提出798工厂区是包豪斯，第一个发起。这也是一种艺术策略，或者说是个人的一种政治手段，发起艺术节，来挑起媒体对于798历史本身的注意，也等于对798艺术空间和工厂建筑同时的关注。这多少都有点作用。"[①] 这就是身在798的适应性主体

[①] 孔立雯：《骤变798》，湖南美术出版社2011年版，第58页。

所采取的规则。

当然，不仅仅只有这些规则和积木，798还有很多适应性的规则。从整个创意产业来说，不同的层次和不同的主体都会有自己的适应规则。从群风车模型来看，既有每个主体都使用的共同规则，也有每个主体所采用的特殊规则。

从特殊规则看，比如，政府一方面要按照产业发展的要求来制定创意产业的发展战略；另一方面还要从意识形态、国家文化安全等方面来考虑产业导向，甚至是把社会效益放在第一位。而企业往往把经济效益放在第一位、把利润最大化放在第一位。又如，创意产品的转化主体与生产主体也可能采取不同的规则。创意转化主体由于更多地作为多主体聚集体的外部主体，很多时候充当了"群风车模型"的"突触"，专门感知市场的变化，为生产主体提供准确的产品生产指导。因此，其规则往往更多地直接来自与消费主体的交互。而创意产品生产主体的规则除了来自与其他主体的互动以外，还来自于自身的生产经验积累，包括技术、人才、隐性知识等。

从共同规则来看，这些主体都会把"最终消费者"的反应规则作为检验自己规则强度的规则（这一点，我们将在下一节来讨论）。因为只有最终的消费主体才能增强或者减弱我们的规则。当创意产品获得了很好的经济效益和社会效益时，每个主体的规则都会增强，反之亦然。但是，从群风车模型这个整体来说，只有当创意产品通过市场最终满足了所有主体的需求时，每个主体的规则才会增强。例如，如果创意产品的生产者挣到了钱，但产品的社会效益却不佳，甚至是负面的，那么，由于政府规则没有被满足，政府的规则减弱，其所形成的负反馈，会迅速传导至整个群风车模型的所有主体，从而使所有主体的规则减弱。同样，如果消费主体的需求没有得到满足，其所形成的负反馈也会传导到整个模型网络；以此类推。这是因为我们在前面所谈到的规则：群风车模型的任意一个主体都会与其他每个主体发生交互。

总的来说，创意产业主体根据环境信息做出反应，并根据环境的变化调整自己的行为；同时，根据已有的规则和积木来适应环境。并在相互作用中推动系统不断向更高的层次演化。

二 创意产业执行系统的特点

从整个创意产业系统来说,创意产业与传统产业相比,其执行系统有什么特点呢?

一切产业所要解决的核心问题就是生产和消费,无论是生产生产资料的产业,还是生产生活资料的产业;也无论是生产物质产品的产业,还是生产精神产品的产业。因此从系统理论来说,生产与消费这两个组分所组成的系统,是任何产业最基础的系统;产业的其他系统都是从这个基础系统中衍生出来的;弄清楚了不同产业生产与消费的特殊矛盾性,就抓住了这些产业不同的生产和消费规律。至于经由生产和消费衍生出来的其他中间环节,它们也都是随着生产和消费的特殊规律而改变的。生产盐巴跟生产图书肯定不一样,卖钢铁和卖电影也有不同的方式,欣赏动漫与吃顿牛肉也具有不同的感受和体验,等等。

那么,创意产业在生产和消费方面的特殊性究竟在哪里呢?这种特殊性也就应该是创意产业执行系统的特殊性。我们以艺术的生产和消费为例,对此问题做一个简要的说明。

先看艺术需求和消费。

在经济理论中,需求来自消费者的品位和偏好。在创意产品(比如艺术品)的消费中,偏好与艺术品消费有着更为特殊和重要的相关性。这主要是因为艺术品作为一种具有审美价值的产品,存在审美趣味的保守性这样一个很私人的问题。六朝时期的葛洪说"观听殊好,爱憎难同",拉丁谚语"趣味无可争辩"即此之谓。

与对物质产品的消费偏好不同,对艺术品的这种消费偏好不是一次消费实践或者说欣赏实践就可以完成的,而是多次消费累积的结果,亦即对艺术品消费的偏爱具有累积性的特点。或者说,艺术品消费既有助于满足现状,也有助于积累更多的、可以引导未来消费的知识和经验。一个人在音乐、美术、戏剧、视觉艺术和文学等方面的喜好以及由此而形成的支付意愿,都与他对这些艺术形式的知识和理解存在重要联系。只有通过教育和大量的实践才能获得这种能力。马克思说:"只是由于人的本质的客观地展开的丰富性,主体的、人的感性的丰富性,如有音乐感的耳朵、能感受形式美的眼睛,总之,那些能成为人的享受的感觉,即确证自己是人的本质力量的感觉,才一部分发展起来,一部分产生出来。因为,不仅五官感觉,而且所谓精神感觉、实践感觉(意志、爱等),一句话,人的感觉、感觉的人性,都只是由于它的对象的存在,由于人化的自然界,才产生出来的,五官感觉的形成是以往全部世界历史的产物。"① 这段话很清楚地表明,人的精神生活的形成必须依赖于人的精神生活实践,丰富的精神生活实践,才能产生丰富精神生活形态。相反,没有精神生活的实践,也就没有精神生活的能力。"对于没有音乐感的耳朵来说,最美的音乐也毫无意义。"② 阿尔弗雷德·马歇尔说:"一个人欣赏的美妙音乐越多,他对于美妙音乐的偏好就可能越强烈,因此(边际效用递减)法则要排除这些例外情况。"③

偏好会内化到鉴赏者的文化心理结构之中,并成为一种更加强烈的、更具有偏爱价值的创意产品消费结构,一旦类似的创意产品出现就会形成条件反射式的消费规则和消费冲动。这种消费冲动往往会形成作品较高的价格弹性。我们经常看到拍卖品价格奇高,就是因为有了这种类型的消费者。这就是偏爱价值在艺术品消费中的价值,通俗地说,这就叫"货卖爱家"。正因为如此,所以在供给方面,文化商品市场不一定具备竞争市场中价格形成的标准条件,特别是,文化产品的生产者(尤其是从事创意活动的艺术家)可能更看重商品的文化价值,不一定追求经济价值、追求利润的最大化。因此,在市场结果中,价格仅仅只是衡量私人文化商品经济价值的一个存在缺陷的指标。本来,利用价格来测度其他物质产品的价值就存在不足之处,何况是对于精神性很强的、很难量化的文化产品和文化服务呢?

正因为如此,所以艺术需求的收入弹性(指在价格不变的条件下,产品需求的增加幅度与人均收入增加幅度之比。如果收入弹性较高,那么随着收入的提高,对该产品需求的增加幅度就超过了收入增加的幅度)比很多其他产品要相对高一些,这既因为一些艺术消费属于奢侈性消费,

---

① 马克思:《1844 年经济学哲学手稿》,人民出版社 1985 年版,第 83 页。
② 同上书,第 82 页。
③ [澳] 戴维·思罗斯比:《经济学与文化》,王志标、张峥嵘译,中国人民大学出版社 2011 年版,第 125—126 页。

并且需要不少闲暇时间，也因为偏好的高低与受教育程度相关，并且由此（间接）与收入相关。①

不仅个体的消费者对于创意产品的消费具有这种偏好，群体同样有这样的偏好。例如，很多国外的电影都进入不了美国市场，以致"美国（的电影）发行人很少为艺术坊联盟（art–house circuit）之外的国外电影做营销宣传工作，国外电影所占比例不足美国市场的3%。这意味着，好莱坞制片厂统治着美国巨大的国内市场。美国对'观众不喜欢外国电影'的假设并非自然现象，而是特殊社会文化和经济环境的产物，包括深深根植于人们心中的美国大众文化优于其他文化的信仰。自然，好莱坞有兴趣培养这种信仰"②。

这是从一个国家、一个民族来说的偏好，在一个国家的主流文化之外，还有很多的亚文化，这各不相同的亚文化，同样有着自己的偏好。进一步地，即使在各种亚文化内部，也还存在亚亚文化……然后才是每一个不同的个体。

当然，我们也不能把偏好强调过了头，偏好也并非铁板一块。随着消费者消费实践的不断发展，这种偏好也在不断演变。这个演变过程就是皮亚杰的发生认识论原理所揭示的"同化"和"顺应"过程。当所消费的对象与自己的偏好相似时，则同化这种对象。当这种消费对象与自己的消费偏好不同、甚至迥异时，则顺应消费对象，然后通过再同化，把它整合到自己的文化心理结构之中，这样就会不断获得新的消费能力，形成新的消费偏好，改变偏好的数量和质量。

再看艺术生产和供给。

先说明一点，我们这里所谓的"艺术生产"是广义的，包括了"创意""转化""生产""推广""渠道""终端""政府"等所有环节，甚至包括了"消费"。

美国学者 David Hesmondhalgh 根据米亚基和加纳姆等学者的研究，指

---

① ［澳］戴维·思罗斯比：《经济学与文化》，王志标、张峥嵘译，中国人民大学出版社2011年版，第126页。
② ［美］大卫·赫斯蒙德夫：《文化产业》，张菲娜译，中国人民大学出版社2007年版，第226页。

出了创意产业的重要特征（见表3—1）。前三项是创意产业面临的特殊问题；后五项是创意产业公司所采取的尝试性解决方案（2002）：

表3—1　　　　　　　　　文化产业的特征概要

问题	高风险产业
	高风险成本和低复制成本
	准公共物品：制造稀缺的需求
回应	生产大量作品以平衡失败作品与畅销作品
	集中、整合与知名度宣传
	人为制造稀缺
	格式化：明星体制、类型化、系列作品
	对符号创作者进行从宽控制；对发行与市场营销进行从严控制

高风险性来自受众对文化商品的使用方式具有高度的不稳定性和不可预测性。Betting 1996年在其研究中宣称，美国每年大约制作350部电影，但是只有10部左右卖座。Driver and Gillespie 1993年的报告表明，英国杂志中只有1/4能够赢利，等等。①

大部分文化商品都具有高固定成本和低可变成本的特点。唱片制作需要在作曲、录音、混音、编辑等程序上耗费大量时间和精力。但一旦母带制作成功，复制的价格就极低。

文化商品不会因为一个人的消费而剥夺另一个人的消费，所以文化创意产品具有准公共物品性质。正因为复制成本很低，所以文化公司不得不通过人为手段来限制其他人进入文化市场和文化服务领域，以此创造商品的稀缺性，使物品增值。这些人为手段包括：通过纵向一体化掌握和控制发行和零售渠道，以控制发行进度，确保消费者可以随时获得商品；通过广告限制文化商品的销售利润；通过版权保护防止文本的自由复制；通过限制他者进入复制渠道的机会，使复制无法轻易达到。

至于集中、整合与知名度宣传所采取的因应策略主要是——

---

① ［美］大卫·赫斯蒙德夫：《文化产业》，张菲娜译，中国人民大学出版社2007年版，第20页。

横向一体化，买断同一产业部门的其他公司，从而减少其他公司对受众及其时间的争夺。

纵向一体化，买断位于生产流通产业链上不同环节的其他公司。减少竞争。

国际化，通过收购或者参股海外公司，可以大量销售某种已经付出巨额制作成本的产品。

多部门多媒体整合，收购与文化产业生产相关的其他领域，确保交叉宣传。

通过交往、发行礼物及新闻稿等方式，"收编"评论家，DJ 以及各种各样负责为文本做宣传的人，扩大产品知名度和销售率。

文化产业公司若不能成功扩张整合，其后果远比其他产业惨烈。小型文化公司不能够借由制作大型目录来规避风险，所以，失败率屡创新高。

文化创意产品在生产和供给方面的这些特点，其实与前述文化创意产品的消费偏好有很大的关系。正因为消费偏好属于很私人的性质，而且这种偏好又在不断的发展和演变之中，而文化创意产品的生产又需要规模化的消费者才能形成市场、才能实现利润的最大化，所以，如何抓住大多数消费者的消费偏好，集纳成为一个可以产生利润的市场，这对于文化创意产品的生产者来说，一直是一个不好解决的问题。以致很多企业在无法把握市场需求的情况下，只好去翻拍过去证明了有市场的作品。而美国好莱坞也只有根据过去的经验，把观众喜欢的要素组合起来进行"配方式"生产；或者寻找对于人类社会来说具有普世价值的内容来进行创意。

这些特点都是我们在运用 CAS 理论来研究创意产业主体的适应性之前，首先必须明白的。

三　创意产业生产和消费的关系

在创意产业中，生产和消费之间是一种什么关系呢？

其实，对于生产和消费之间的关系，马克思说得很清楚，"生产直接是消费，消费直接是生产。每一方直接是它的对方。可是同时在两者之间存在着一种媒介运动。生产媒介着消费，它创造出消费的材料，没有生产，消费就没有对象。但是消费也媒介着生产，因为正是消费替产品创造了主体，产品对这个主体才是产品。产品在消费中才得到最后完成"。"消费创造出新的生产的需要，因而创造出生产的观念上的内在动机，后者是生产的前提。消费创造出生产的动力；它也创造出在生产中作为决定目的的东西而发生作用的对象。如果说，生产在外部提供消费的对象是显而易见的，那么，同样显而易见的是，消费在观念上提出生产的对象，作为内心的意象，作为需要，作为动力和目的。消费创造出还是在主观形式上的生产对象。没有需要就没有生产。而消费则把需要再生产出来。"他还说，"生产生产着消费：（1）是由于生产为消费创造材料，（2）是由于生产决定消费的方式，（3）是由于生产靠它起初当做对象生产出来的产品在消费者身上引起需要。因而，它生产出消费的对象，消费的方式和消费的动力。同样，消费生产出生产者的素质，因为它在生产者身上引起追求一定目的的需要"①。

可见，生产和消费之间，生产生产着消费，并创造消费，包括生产和创造消费的方式和消费的动力；反过来，消费也创造生产的动力和目的，创造出生产在观念上的对象，并推动生产的发展等。

创意产业也不例外，特别是，创意产业是对精神产品的生产和消费，这种关系就尤其紧密。可以说，没有消费经验的累积，对很多创意产品就没有消费的能力；同样，没有对消费者消费能力的生产，同样无法生产出让消费者消费的创意产品。只有消费能力、消费方式、消费的规定性被生产者创造出来以后，消费者对创意产品的消费才能持续增加，这又反过来才能进一步推动着生产向更高的层次发展。而只有消费者能够累积更强的消费能力、更多样化的消费经验的时候，创意产业才有扩大生产、发展壮大的条件。

这，就是创意产业系统中，生产主体和消费主体的关系。

第二节　创意产业主体的信用分派

执行系统考察创意产业主体在某个固定的时点应对环境的能力。但

---

① 《马克思恩格斯选集》第2卷，人民出版社1972年版，第93—95页。

这还不是主体的主要的适应能力，主体主要的适应能力是一种更为长期的、持续的能力，它是主体在获得经验时改变系统行为的方式。

按照 CAS 的理论，创意产业主体的规则本质上也是正在检验和确证的假设，这些假设不是避免矛盾，而是寻找矛盾。也就是说，一组规则可以提供可能的、相互竞争的假设。当一个假设失败了，与之竞争的规则就等在旁边准备尝试。

那么，规则赢得竞争的基础是什么呢？那就是该规则必须建立在过去对系统的有用性上。对规则的有用性分配一个强度，在经验的基础上，修改强度的过程，就叫作信用分派。

我们前面在介绍 CAS 理论的时候，根据对规则赋信的时间尺度，把霍兰的信用分派分为"直接赋信""延宕赋信"和"链式赋信"。受制于创意产业的特殊性，这几种赋信方式在创意产业中是如何实现的呢？

一 创意产业主体对规则的直接赋信

直接赋信对于创意产业主体来说，就是说该规则的强度可以直接确定。比如，从创意产业生产主体来说——

> 入驻 798 可以直接获得艺术品销售市场，与国际艺术品市场对接；
> 入驻 798 可以获得丰富的艺术知识，提升艺术创作能力和水平；
> 入驻 798 可以直接与大师频繁交流，获得良好的艺术滋养；
> ……

这些规则都可以直接获得较高的强度。

而对于创意产业的消费主体来说——

> 到 798 可以买到心仪的艺术品；
> 到 798 可以与心仪的艺术家交流；
> 到 798 可以感受艺术创作的氛围；
> ……

这些规则同样可以直接获得较高的强度。

但是，由于创意产业生产和消费的特殊性，很多规则是无法直接赋信的，而必须延宕赋信。

二　创意产业主体对规则的延宕赋信

我们已经知道，对创意产品的消费往往依赖于消费主体累积的消费资本，因此，对于创意产业的很多规则来说，其效用往往就需要较长时间才能显示出来，那么这就需要延宕赋信。

比如，对艺术品价值的考量，需要有相当高的艺术专业知识和艺术鉴赏能力。往往一次艺术鉴赏实践很难看出鉴赏的效用。因此，像"如果看一幅山水画，就能够鉴赏更多的山水画，从而确定其他山水画的价值"这样的规则其执行结果显现出来，往往要经过很长一段时间，所以很难直接赋信。

我们暂时撇开形形色色的创意产业类型，单单以艺术品为例来说明创意产业中规则强度的生成和赋值问题，讨论创意产业规则生成和强度赋值的特性。

按照戴维·思罗斯比（David Throsby）的观点，艺术作为一种文化产品，其基本的文化价值包括6个方面，即审美价值、精神价值、社会价值、历史价值、象征价值、真实价值。对于如何评估艺术作品在这几个方面的价值，思罗斯比又提出了映射法、深度描述法、态度分析法、内容分析法、专家评估法等测量和评估方法。[①] 因此，试图通过一次或者少数几次的消费培养起对艺术作品的鉴赏和价值判断能力是很难的，也许少数天才可以例外。

物质产品的生产需要个人的、集体的知识和智慧的投入，但是物质产品一旦生产出来，其消费就不需要个人化的智慧的投入了，只要按照操作规范去做就行了。

而精神产品无论是生产还是消费都需要个人的、知识和智慧的投入，否则就无法生产或者无法消费。

---

① ［澳］戴维·思罗斯比：《经济学与文化》，王志标、张峥嵘译，中国人民大学出版社2011年版，第32页。

更进一步地，从马斯洛的需求理论来说，物质产品的生产主要是满足消费者生理的需求和安全的需求。要么给消费者提供维持其生命存在的物质产品（吃的、穿的），要么给消费者提供各种能够延伸人的物理器官、具有实用功能的物质产品。这些产品基本上都是摸得着、看得见的，而且对有些产品的消费很多都是本能的、先天的、条件反射式的。而精神产品则不一样，它是人在满足基本的生存需求以后，更高的生活追求，包括归属和爱的需求、尊重的需求、求知和审美的需求、自我实现的需求等，这些需求的种类、大小、规模、形态等都难以度量，而且如果没有后天的训练根本就无法消费；同时这些需求还处于不断的变化之中；不同地域、不同民族、不同国度的不同阶层、不同群体、不同个体的需要往往都有着很大的差异。因此精神需求的弹性极大。如何去把握这些需求，并满足这些需求，自然难以有大量的普适规则。

厉无畏把对物质产品的生产称为传统产业，对传统产业和创意产业之间，他做了如下的区分（见表3—2）：

表3—2　　　　　传统产业发展逻辑与创意产业发展
逻辑的比较（厉无畏，2009）

	传统产业	创意产业
产业驱动	硬性资本（土地、金融资本等）	软性资本（知识、文化等）
产业资源	一次使用	反复使用
产业链	单向生产链	环状价值链
产业组织	垂直化	扁平化
产业导向	产品价值	顾客价值
产业效益	边际成本递增，边际效益递减	边际成本递减，边际效益递增
产业目标	经济	经济、社会和人

可以说，创意产业的这些特征使主体的很多规则都无法直接赋信，只有"延宕"。

三　创意产业主体对规则的链式赋信

（一）链式赋信的实质

对于运用CAS传递水桶算法进行的链式赋信来说，创意产业就显得更加困难。比如说,对于很多购买艺术作品的人来说,他们很可能是出于炫耀性消费,或者出于消费偏爱而购买艺术产品,对艺术作品的价格本身并不敏感。即使被做局,也依然不会改变他们的行为。

我们已经知道,任何适应性主体都需要依靠探测器来获取环境信息。显而易见,如果探测器的组成个数越多,则探测器使用的信息将会越多,而适应性主体本来就倾向于根据环境情况采用能够使用更多信息的规则;相反,如果探测器较少,而且对于信息识别的能力较差,探测器组合的质量就较差,那么,就无法使用好的规则。对于创意产业主体来说,这些探测器显然来源于实践,实践越是丰富,探测器就可能越多,识别信息并加以利用的能力也就越强。如果是相反,那么对于创意产品的生产、购买和使用来说,都会受到很大的影响。

例如,对于一件国画山水画的购买者来说,他需要的探测器组至少应该包括——

(1) 山水画的基本知识;
(2) 中国不同历史年代不同的画风(山水画当然是魏晋以来);
(3) 不同画家的艺术成就和艺术风格;
(4) 历代画材的变化和特定时代、特定画家所使用的画材;
(5) 山水画艺术水平及艺术价值的评价;
(6) C^{14}历史年代测定知识。

假设采用二进制探测器,那么一个购买者必须能够对2^6等于64种信息进行编码,具备这组探测器的购买者才能更准确地确定是否购买某幅作品。如果一个山水画购买者不具备这样一组完整的探测器,或者缺失某一个方面的探测器,那么他的购买行为就将面临极大的风险。相反,如果具备完整的探测器组,那么,他就能利用更多的信息,从而让效应器发出正确的行为。

但是,要能够对64种相关艺术信息进行编码,需要一个漫长的学习和实践过程。没有学习和实践,任何直接赋信和延宕赋信都无法代替,对于那些刚刚进入创意产业领域的主体就尤其如此。而这种学习和实践除了单独的训练以外,很多时候是必须要通过链式赋信来进行的。

先看CAS理论是如何定义链式赋信的。

霍兰认为,在市场上,通过大量的买进卖出来帮助适应性主体解决其信用分配问题的是最终消费者（买者）。只有最终消费者才是主体从环境获得明显好处时非常活跃的规则，这种直接起作用的规则其强度会自动增强。比如：

最终消费者规则是——

如果购买某个产品，物有所值或者物超所值，那么就购买某个产品，甚至多支付一点费用也没有关系。

而与这条规则相应的产品供应商的规则是——

如果物超所值，消费者将购买某个商品，甚至出较高的价格购买，那么就向消费者提供这一产品。

如果这两条规则都通过交易直接起了作用，那么这两条规则都会自动增强。不仅如此，除了供应商的规则强度增强以外，如果供应商的供应商为他的下一级供应商创造了条件的话，他所使用的规则强度也会增加。事实上，在提供产品的每一个环节上，都可以进行这个论证。结果是在这个链条上的所有规则都因为最终消费者强度的增强而自身所使用的规则也得到了增强。

相反，如果供应商发出消息，激活了消费者相应的规则，但最终没有创造条件让最终消费者获利，甚至进行了欺骗会怎样呢？结果当然是消费者在付了钱却没有得到合理的报偿以后，相应规则的强度会自动减弱。结果是，当下一轮，供应商再使用这条规则时，由于消费者规则减弱，那些没有创造条件或者进行了欺骗的供应商，将从消费者那里得到很少的报偿，甚至是负的报偿。因为在强度变化过程中，供应商始终处在消费者之前，所以它的强度会骤然下降，甚至亏本。

这就是传递水桶算法或者说链式赋信的实质。它会加强那些最终会得到好处的行为的规则。霍兰认为这种传递赋信方法，在规范的环境中都行得通，特别是与规则发现组合起来的时候。

（二）链式赋信的困难——链式累积赋信

但是对于创意产业这种精神性消费来说，传递水桶算法并不是屡试不爽的。

艺术品市场的天价做局就是一个例子。

首先,一些艺术品投机商会找到有一定知名度并且市场价格在10万元左右的画家跟他签一个两年协议。画家每年给投机商40张画,两年就是80张,每张以30万元左右的价格收购。一年后就开始在拍卖会上炒作所收购的画,拍卖价一般都会标到100万元以上,两年后再标到500万元甚至800万元。如果没有人买,投机商就安排"自己人"和一群真买家坐在一起假装举牌竞拍,制造一种"很多人抢着买"的假象,这就是艺术拍卖会的"天价做局"。

"天价做局"可能诱导的购买者规则显然是:

> 如果某个画家的作品,100万元以上都有人购买,那么,这个画家的作品值得购买;如果某个画家的作品有人竞相购买,那么,这个画家的作品值得购买。

在第一年,在拍卖会上以高价卖掉四分之一的作品,投机商就将成本全部收回。剩下的画在拍卖会上慢慢用天价游戏"钓鱼",卖出一张就是暴利。在第一轮拍卖游戏收回成本之后,投机商就跟拍卖公司谈好一个协议,每次送拍把每张以30万元买来的画价格标到300万元以上,如果没有买家接手,就由混在竞拍人群中的自己人举牌"假拍",假装这张画有人买下了。投机商会事先跟拍卖公司秘密谈好一个固定佣金,比如假拍的价格不管多高,都只付20万元佣金。

这样做,一是因为有广告效应。即使拍卖不掉,"藏品"相当于在拍卖会上露脸做了广告。佣金就相当于广告费。二是"钓鱼"。拍卖会上往往会有很多"菜鸟"。比如那些刚刚开始爱好艺术但又不懂艺术、容易冲动的新贵阶层。他们就是"大鱼":也许是新上市公司年轻的亿万富翁,也许是山西煤老板的后代,也许是没有多少文化、但需要来点风雅的暴发户,也许是富豪家族的新贵……拍卖会上一激动就乐颠颠地把天价作品买走了。除了新收藏家以外,这些作品也卖给刚入场的艺术品投机商。前者是想收藏艺术作品,后者是把艺术品拍卖会当作股票市场来投机一把。而且由于很多炒家使用的还是股市、地产的游戏手法,对艺术品知之甚少，所以"上钓"也就很难免了。

那些被"天价油画""宰"了的人，有朝一日明白过来，他们又会如法炮制，借这个局将手中的"烫手山芋"扔给下一个更"瓜"（四川方言，糊涂、白痴、懵懂无知之类的意思）的买家。新"被害人"再制造下一个新新"被害人"来替自己垫背。像股票市场一样，股票狂跌的最终受害者总是最后一轮接盘的人。

由此看来，天价做局是加强了投机商（供应商）的规则，但对于前述两条购买者规则而言，不能说就减弱了。因为价格能够卖到10万元的画家，其作品的艺术价值还是到了相当的水准。起码，消费者购买了这幅作品，可以累积消费经验。如果一个消费者，一定要在艺术品收藏领域做下去，那么，即使明白了这次付出的代价与所得商品并不匹配，但重复这样的行为，不断学习，就会进化。因为学习和适应的过程，就会增加消费者的探测器，提高探测器接收信息的数量和质量，适应度就会越来越高。因此，对于创意产业而言，链式赋信行为不能从某一次或几次去计算，而要通过累积的方法去建立相应的模型。我们把这种赋信叫作"链式累积赋信"。

按照CAS主体的"共同进化"原理，在链式累积赋信的情况下，消费者规则不断增强，投机商可能因为没有了投机可能，退出市场。事实上，2005年至2008年，中国艺术市场异常火爆。据英国《星期》周刊估算，仅2005年到2006年中国当代艺术品的升幅即达983%，其中的泡沫相当大。但进入2009年，一方面因为2008年金融危机的影响，另一方面，中国当代艺术品市场的创作者、投资者、收藏家等经过三年的互动、学习和适应，都共同进化了，所以复归于理性。艺术品市场在这一年骤然降温。[①]

（三）非敏感赋信与共同进化

对于CAS中完美的行为来说，都依赖于对"预知"和"创造条件"赋予信用。对于创意产业来说，还有一种规则赋信方式，我们把它叫作"非敏感赋信"。

所谓非敏感赋信是指某些规则一旦形成，根据环境情况，主体规则

---

① 西沐：《中国艺术品市场概论》（上卷），中国书店2010年版，第51—52页。

即使没有得到应有的报偿,甚至是惩罚性的,但主体规则的强度在暂时减弱以后,又会很快恢复到原来的强度。就是说,主体规则的强度不因过去的"无用性"而"死亡",因为对于创意产业的某些领域来说,主体规则的有用性并不是屡试不爽的。

比如古董收藏就是如此。即使最老练的古董收藏家,也难免收到赝品,也就是说,主体无法对自己所使用的规则"预知",而且售假的人会"创造条件"让收藏家觉得不是赝品。但收到赝品,并不就使收藏家所使用的规则减弱。即使某一个阶段可能减弱,但他们还是依然会继续寻找藏品,哪怕再被赝品所骗,其规则的强度随后总会恢复到原有的强度值上。因为毕竟过去使用同样的规则获得过成功;不成功只是偶然现象。而且在这个领域,很多时候,供应商不是创造条件让最终消费者受益,而是千方百计制造假古董,让最终消费者受害。只是在收藏这个行业内,还有一条规则,就是某个人收藏到了赝品,并不会去找卖家退货。这就使供应商创造条件制造赝品,蒙骗收藏家成为了行业的强势规则。

当然,古董收藏可能是极端的情况,事实上,并不是古董收藏才有这样的困境,即使创意产品的日常消费也存在同样的现象。比如,看一部电影,看完以后我们马上就可以赋予规则一个强度值。但是,"IF 是看电影 THEN 就能够带来极大的快乐"这条有用的规则,并不能保证下一次看电影也能获得同样的报偿。我们完全有可能看了一部让人昏昏欲睡的影片。同样,如果有此经历,并不就马上降低了这条规则的强度,相反,这条规则的强度可能保持不变。

不过,供应商一方蒙骗消费者的情况并不总是得手,如果供应商老是占上风,消费者老是受骗,这个游戏肯定玩不下去了。事实上,CAS 的所有主体都会在互动之中共同进化,供应商得手的可能性降低、供应商的规则会减弱,消费者会增强,直到达到某个平衡点,供应商或者消费者又会创造新的条件,进行新一轮的博弈。这种博弈,可以推动产业自身的发展。

四 创意产业主体的缺省层次

从实际情况推测,我们可以发现,如果 CAS 的主体能够识别环境信息、利用更多的规则信息,那么在使用规则时就更有可能获得预期的报偿保证。

也就是说，给规则赋予强度毕竟是基于过去的经验，但现实是不断发展变化的。非线性动态系统理论认为，世界的本质是非线性的；非线性世界具有无限的多样性、可能性、奇异性、差异性；非线性使无论什么领域，都呈现出永恒的新奇性，简称恒新性。线性系统是完全可以预测的，而非线性系统是不可预测的；即使做出预测，也只能是短期的、不完全的。因此，我们如果要依赖规则过去的有用性来预测当前或者未来的有用性，都会有很大的风险。唯一能够保证我们预测、预知的有效性的就是我们拥有更多的、更丰富的信息（积木），我们的规则能够充分利用这些信息（积木）。于是，我们是否使用某条规则的原则就成为：

$$规则强度（S）\times 条件的具体化程度（C）$$

其中的"条件"是"C/M"语法中的条件部分，简单地说就是C的具体化程度。显然，这两个条件中，任何一个为零，主体都不会采取行动。

凭直觉，具体化程度不高的规则很容易得到检验；而具体化程度越高的规则其获得检验的时间尺度就越大。令 r_1 为下列刺激—反应规则：

IF（是国画作品）THEN（不购买）

令 r_2 为：

IF（是已经不在世的名家的国画作品）THEN（购买）

显然，任何国画的出售消息都能够满足 r_1，只有"不在世的"而且是"名家"的消息才满足 r_2。但是，当"不在世的"而且是"名家"的国画出售时，r_1 和 r_2 都直接参与竞争，如果两者的强度大致相等，那么 r_2 将获胜，因为它利用了更多的信息、具体化程度更高。

r_1 是在缺乏详细信息时缺省使用的一条规则。如果这条规则总是使用，那么收藏家就买不到任何国画作品。但当"不在世的"而且是"名家"的消息出现时，就会引发正确的行为，较为具体的规则 r_2 提供了一种缺省使用的例外情况；由于它更具体，当相应的情况出现时，它就会替代缺省规则。

进一步地，当 r_1 犯了错误，它便失去强度。当 r_2 赢了，强度增加。所以，虽然 r_1 与 r_2 相矛盾，但两条规则共生地起作用，比只有单独的一条规则对主体更有利，它们共同为主体建构了一个更好的应对环境的模型。

又以前面看电影的规则为例，我们如果把这条规则修改为——

> 看张艺谋导演、巩俐出演的电影能够带来极大的快乐，所以我们要去看《红高粱》

那么，要有判断这条规则强度的具体信息，我们就必须学习（了解张艺谋、巩俐和他们创作的电影），并从环境中获取这些电影的具体信息（某部电影是张艺谋、巩俐创作的），这样，我们的这条规则就可以获得足够的强度。

前面说了，具体化程度不高的规则很容易得到检验；而具体化程度越高的规则其获得检验的时间尺度就越大。因此，在信用的分派下，早期主体将依赖于缺省规则行动。随着时间的推移，主体不断学习和适应过程中的经验积累，具体的例外规则将不断增加，从而修改原来比较简陋的内部模型。这种缺省规则与具体规则共生地起作用的内部模型就是"缺省层次"。

以 798 为例。在 798 没有艺术家入驻的时候，规则 r_1 是——

> IF（是废弃厂房，就荒凉、破烂）THEN（不宜进行艺术创作）

规则 r_2 是——

> IF（废弃厂房空间高大、采光条件好）THEN（适宜进行艺术创作）

事实上，在黄锐以前，很多艺术家都去 798 看过，但都觉得这里不适合进行艺术创作。因为有了 r_2，所以，798 才成为了艺术家聚集的理想地（详见后文）。

随着时间的推移，主体与环境的互动和适应，形成了更多的具体规则——

798 的建筑风格，能够给艺术展览提供更有趣味的空间；
798 的艺术家聚集，使 798 具有了别样的精神气质；
798 成为了自由艺术家精神的象征；
……

缺省层次随着时间的不断扩展，CAS 及其主体的适应度就不断地增加。创意产业的生产和消费主体都是通过这个过程不断累积经验，并在交互之中共同演化，不断发展的。

五　信用分派的传递水桶算法

如果把主体比喻为一个画家，传递水桶算法就是，把规则的条件部分（输入）视为原料（包括画材、画家的文化资本投入），消息部分（输出）视为画作，那么主体规则的强度就可以定义为单幅作品成本的利润。

设画家需要 n 种原料，其进货数量分别为 x_1，x_2，…，x_n，相应的单位市场价格为 p_1，p_2…，p_n，生产的产品有 m 种，其数量分别为 y_1，y_2…，y_m，相应的单位市场价格为 q_1，q_2…，q_m，则在该市场中这位画家的强度可以定义为：

$$f = \frac{\sum_{i=1}^{m} y_i q_i - \sum_{j=1}^{n} x_j p_j}{\sum_{j=1}^{n} x_j p_j} \qquad (3-1)$$

其中输入 $\{x_j\}$ 和输出 $\{y_j\}$ 之间的关系，即 IF/THEN 规则可以看作约束条件。而原材料及产品价格是各层次的主体在共同的市场中讨价还价与竞争的结果。只有确定了价格的稳态，才能确定主体规则的强度。传递水桶算法的本质就是确定市场价格的稳态。其基本步骤如下：

第一步，建立一个市场，为每个主体的输入和输出提供买卖场所，随后将环境所能提供的资源规则化后放入市场。

第二步，对每一个给定的主体，将自己规则的前半段（条件部分）

与市场中所有的资源尽相比较，记录下所有的匹配并为每一匹配报价。若报价成功，则规则的强度被降低的幅度正比于报价。

第三步，将满足匹配的条件部分通过 IF/THEN 规则转换成输出，并将其作为资源放入市场，如果某主体规则的输出与其他主体规则的输入匹配并报价购买，则该规则的强度增加的幅度正比于其他主体的购买价。

第四步，用新市场价取代旧市场价。

第五步，返回第二步。

通过传递水桶算法，主体就可以更准确地确定规则的效用。[①]

显而易见，上述传递水桶算法公式也可以用在群风车模型的每一个主体身上，这对于发现整个创意产业系统的演变规律都具有很大的意义。当然，正如我们前面所讨论的，这种传递水桶算法，不能通过一次的传递水桶算法来确定主体规则的强度，而是必须通过累积的经验进行链式累积赋信，才能适应创意产业系统自身的特殊矛盾性。

第三节　创意产业主体的规则发现

那么适应性主体是如何发现新的具体的规则，从而不断丰富缺省层次，并改变自己的性能，使适应度越来越强的呢？这就是规则发现问题。

一　GA 算法在 CAS 领域运用的可能性

对于规则发现，霍兰发明了遗传算法（GA）。对于遗传算法来说，期望的输出就是特定问题的解。如果我们需要编写一个程序，控制画家创作出市场需要的艺术作品，而我们自己来编写这个程序觉得太费时，就可以委托给遗传算法把这个程序给演化出来，那么期望的 GA 输出就是让画家创作出市场需要的艺术品的控制程序。又如，如果我们需要一个程序控制创意产业园区（如798）的演化，同样可以委托 GA 把我们期望的控制程序演化出来。

遗传算法的输入包括"候选程序群体"和"适应性函数"。函数主

[①] 龚小庆、范文涛：《复杂适应系统演化模型的理论框架》，载许国志主编《系统科学与工程研究》，上海科技教育出版社2000年版，第142—152页。

用来计算候选程序的适应度，以度量其完成特定任务的能力。候选程序一般用字符串来表示。而适应度，例如798，可以定义为入驻798的艺术家坚守的时间长度，适应度由程序决定，时间越长越好。

用 GA 来进行人文社会科学研究还很鲜见，相关的论文都很少。主要有，用 GA 来进行汉语构词研究（苑春法等：《基于遗传算法的汉语构词研究》，《清华大学学报》2001年第4—5期），商标设计[①]，以及《基于遗传算法与人工神经网络的二声部创意曲自动生成》（杜鹏，学士学位论文，厦门大学，2007年），《基于元胞遗传算法的3D动漫造型设计研究》（杨晓鹏，学士学位论文，山东师范大学，2012年），《遗传算法及其在3D动漫造型设计中的应用研究》（于汉超，学士学位论文，山东师范大学，2011年），《基于遗传算法的黑龙江省可持续农业产业结构优化配置研究》（王淑艳、葛家麒、吴秋峰：《中国生态农业学报》2007年第3期），《产业结构调整的低碳效应测度——基于 NSGA－Ⅱ遗传算法》（牛鸿蕾、江可申：《产业经济研究》2012年第1期），《遗传算法在农产品加工产业集群动态联盟伙伴选择中的应用——以江西赣南脐橙加工为例》（程玉桂：《南昌航空大学学报》（社会科学版）2012年第3期），《遗传算法在区域水泥产业布局中的应用》（王洋、康丽华、郭晓琼：《河北企业》2013年第2期），《基于遗传算法的创新型产业集群成员选择方法的研究》（林秋月：《商场现代化》2008年第22期），《西部地区高技术产业自主创新能力评价指标体系构建》（刘玉芬、张目：《科技管理研究》2010年第14期），《制造资源驱动的产业集群订单分配研究》（刘兰兰、张胜、叶飞帆、李国富：《宁波大学学报》（理工版）2012年第1期），《基于遗传算法分析客户消费模式的研究与应用》（任东明、李国义：《辽宁工业大学学报》2010年第5期），《基于遗传算法的可持续农业产业结构优化配置研究》（王淑艳，学士学位论文，东北农业大学，2005年），《基于禁忌遗传算法的房地产投资组合研究》（方颖，学士学位论文，天津大学，2010年），《基于进化计算的动漫造型研究与实现》（刘福敏，学士学位论文，山东师范大学，2010年）。

这些研究很多显然都与本书要研究的问题相去甚远，或者思维路线

[①] 曲永超：《基于遗传算法的商标图案设计》，学士学位论文，山东师范大学，2009年。

相差很大，没有什么借鉴价值。如果说有什么关联的话，用 GA 来研究过 3D 动漫的造型设计、二声部乐曲创作属于 GA 在创意产业领域的应用，除此以外，还没有人用这个方法来研究创意产业的理论。

从实际情况看，运用遗传算法来研究创意产业是很可能的。因为我们发现创意产业领域里的很多成功行业，都是运用了内部模型和积木的原理，而这正是实施遗传算法的前提条件。比如，好莱坞的电影。从 20 世纪初开始，好莱坞的电影人就在不断地探索，终于形成了"类型化""明星制""系列化"，又逐步进化为"现代类型片"，现代类型片又逐步演化为"新好莱坞"影片。从主题来说，总是离不开"英雄神话""人类普遍价值追求"。而其生产主要是"配方式"的。这里面无论是哪一种情形都可以说运用了内部模型和积木。配方式生产其实就是运用已经有的强规则中的积木来构造新的规则。日本的动漫也是一样的，同样运用了内部模型和积木，才逐渐进化到了今天称霸全球的局面。

我们认为好莱坞的电影和日本的动漫都是可以通过遗传算法演化出来的。即使像 798 这样的创意产业聚集区，也可以通过遗传算法来操作。

我们还没有足够的时间和技能来把我们的设想通过计算机进行思想实验。但我们可以通过遗传算法把对 798、好莱坞、日本动漫的演化思路写出来。这里，我们只写出运用遗传算法演化出 798 的思路。

二 运用 GA 对 798 进行计算机仿真的基本思路

遗传算法的基本操作，我们在前面已经进行过说明。我们根据操作需要再重新复述一遍：

（1）选择编码方式，对相关内容进行编码。

（2）随机生成大量"个体"，生成候选方案的初始群体。这里的个体是程序，用字符串表示。

（3）计算当前群体中个体的适应度。

（4）选择一定数量适应度较高的个体作为父母。

（5）将选出的父母进行配对，重组产生后代。为了避免陷入局部最优解，从而导致多样性的丧失，给系统施加一个随机涨落，即给后代以较小的随机突变概率，并将后代加入形成新一代群体。选出的父母不断产生后代，直到新的群体数量达到上限（与初始群体相等）。新的群体成为当前群体。

（6）重复步骤2。开始新一轮的进化。

我们用遗传算法来模拟798的诞生。

从结果分析，798的艺术家们显然是通过舆论（包括保护包豪斯建筑遗产、向人大提交议案）、不断进驻、艺术活动（包括大山子艺术节、中德艺术展等）这三种策略而获得胜利的。我们的目的是，我们能否通过遗传算法把这些策略进化出来呢？

如果我们把艺术家通过探测器所获得的环境变动情况，再加上这种变动所激活的艺术家规则合并起来描述798所引起的条件（C），无疑应该有四种情况：

（a）担心被拆迁。

（b）坚信不会拆迁而且作为创意产业区。

（c）预测不会拆迁但可能用作创意产业之外的其他用途。

（d）无所谓。

其中，"无所谓"是指有的艺术家对这种地方"不在乎"（#）。

根据这四种情况，艺术家效应器规则可能有：

（1）进驻但不参与整体互动。

（2）进驻且参与各种艺术活动。

（3）进驻不但参与活动而且策划舆论。

（4）搬离。

（5）观望，伺机进驻。

（6）不进驻。

这6种行为并行描述了被激活的艺术家的效应器规则。在我们的计算机程序设计中，每个动作都将给予相应的奖励和惩罚分数。

为了进行遗传操作，我们必须先将有关信息和规则"染色体化"，也就是编码。遗传算法的编码方式有很多种。如二进制编码、格雷码编码、浮点数编码、符号编码、多参数级联编码、多参数交叉编码等。根据我们所设定的问题的特点，我们采用符号编码方法、并结合方格图来进行编码。霍兰在《涌现》中就是采用方格图来解释受限生成过程中的相互连接和邻接情况的。

我们先把艺术家置于一种 10×5 的方格（这种设计是随意的，但我们认为可能不会失去一般性和科学性）之中，并让艺术家在方格中移动。这种移动代表艺术家所面对的不同的信息，以及根据所面对的信息采取的行动规则（见表3—3）。

每一次除了自己所在的方格以外，另外三个方格围绕着艺术家，包括艺术家所在的方格在内一共四个方格，每个方格分别代表 a、b、c、d 四种环境情况中的一种。那么，可能的情形就有

$$4 \times 4 \times 4 \times 4 = 256$$

即256种可能的情形。当然，类似都"无所谓"这样的组合可能不会存在，但我们不必对此用心，都交给遗传算法来处理。

表3—3　　　　　　　　　　方格图编码实例

A	b	d	b	c
C	d	a	a	b
B	c	c	d	a

......

这样做的目的是为了让艺术家进化出一个好的策略，就是在前面提到的策略（见表3—4）。

表3—4　　　　　　　　　　艺术家策略局部

环境信息和规则信息				行动
a	c	c	d	③
a	b	b	a	④
b	c	d	d	⑥
c	a	d	b	⑤
d	d	a	c	①
......				
b	b	a	c	⑥
......				
a	b	c	c	⑤

我们对每一种行为分别赋值。赋值方法是采用层次分析法的标度技术来进行。层次分析法常常根据一定的比率标度，把行为变量定量化，常用的是1—9标度方法。运用这种方法，结合前面的分析，可以得到下表3—5。①

表3—5　　　　　　　　　　行为量化标度

进驻不互动	进驻且活动	进驻、活动而且运用舆论	搬离	伺机进驻	不进驻
3	5	7	1/7	1/3	1/9

用 GA 来演化的个体就是表 3—4 右侧 256 个行动依次列出的列表。

进驻但不参与整体互动

进驻且参与各种艺术活动

进驻不但参与活动而且策划舆论

搬离

观望，伺机进驻

不进驻

这样，我们就可以写出代表染色体的字符串。字符串的第 3 号行动对应第 1 种情形（a c c d）；第 4 号行动对应第 2 种情形（a b b a），依次往后。艺术家每移动一格，就观察周围的情形，并查询表上相应的行动，反复进行。

如何利用 GA 来进化呢？

（1）首先生成初始群体（种群规模）。比如，初始群体由 100 个随机个体（策略）组成。每个个体有 256 个"基因"。每个基因都用 1—6 的数字代替，并代表对应的行为。这些基因在初始群体中都随机设定。如图 3—1 所示：

---

① ［美］T. L. 萨迪：《网络层次分析法原理及其应用》，鞠彦兵、刘建昌译，北京理工大学出版社 2015 年版，第 6 页。

个体1:

16235426153625365426654326153625346243526143526154366225431152643526 4

15263542635564532516635265342612536453425536452442536435265433652413

24563546543524253654325635426543654362543654265436541625345265526534 2

56543556654231425365432651425365426533655625654 35

个体2:

63542516355436254316254354263543256152435246344152642362526625362663 6

25344352446625262536243546624151611252363624462423611523535525416 61

63453452616434263446551425126352643251653635425536461216172517235163 5

1322436254626762534412263622435665263542636464336

……

个体100:

15342662436246364215614346361662543615342624235166152343426142343256 2

62432661434526224362662143426165234253645326143316161254362453562615 1

4436254143226634662163416435245364163431624415632556161434451624436 15

312552534466442341662463452616625433553661626626 22

每个个体由256个数字组成，取值介于1到6之间，每个数字代表一种动作。数字的位置决定相应的策略。

图3—1 随机初始群体

有了上面的个体，然后按照下面的步骤进行遗传操作。根据情况重复若干次。

（2）计算群体中每个个体的适应度。让每个个体在方格中随机移动，并根据环境采取相应的行动规则。每个个体从初始点（见表3—3）重复随机"移动—行动"50次，每次的环境信息分布都不一样，每次执行100个动作。然后把执行50次以后的每次的平均得分作为策略的适应度。

（3）进化。让当前群体进化，产生下一代群体。即重复以下步骤，直到新群体有100个个体。

Ⅰ）繁殖。根据适应度随机选择出一对个体A和B作为父母。字符串适应度越大（规则越强），被选中的概率越大。一个具有高适应度的字符串可能要当多次亲代。

Ⅱ）重组。父母交配产生两个子代串。与染色体一样，随机选择一个位置，将两个字符串截断；将 A 的前段与 B 的后段合在一起，形成一个子代串；将 A 的后段与 B 的前段合在一起，形成另一个子代串。

Ⅲ）突变。将子代串以很小的概率，选出几个数字，用 1 到 6 之间的随机数字替换。

Ⅳ）将产生的两个子代串放入新群体中。

（4）新群体产生 100 个个体后，回到步骤 2。根据情况，反复迭代若干次。

显然可以看出，对 GA 的这种运用，借鉴了梅拉妮·米歇尔"进化的罗比"中的主要思想。① 我们还没有对上面的设想进行计算机编程，并通过运行来查看 798 的演化过程，或者这个演化过程是否有更好的策略。但我们认为，按照遗传算法的原理，这个仿真实验应该是科学的。

照此方法，我们坚信，我们也可以把美国好莱坞的电影和日本的动漫通过同样的仿真过程来将其演化过程模拟出来，甚至找到更好的演化模型。比如美国电影，票房是每部电影追求的最高目标。主体的任务就是要让电影票房最大化。让票房最大化可以采取的行动有，明星加盟、类型化、系列化、普适主题、英雄主题、流氓主题、爱情主题、贫民主题、西部主题、奋斗主题、艺术家个性、大众化、精英化、观众趣味、纪录片形式、故事化形式、嬉戏形式、歌舞形式等相当多的因素。美国好莱坞电影经历了"荒凉好莱坞—配方式生产—现代转型—新好莱坞电影—更高层次的配方生产"这一过程，即使凭直觉也可以看出其配方式生产暗含了无意识的遗传操作思路。如果我们把相关的因素染色体化，照样运用遗传算法进行仿真，我们认为是可以把好莱坞 100 多年来称霸世界电影市场的秘密揭示出来的。当然，在缺乏必要的数据支撑的条件下，这只是一种推测。

第四节　本章小结

创意产业主体在执行过程中不断扩展缺省层次，建立与环境相适应的规则。寻找这种规则的方法主要是根据经验进行信用分派，修改规则

---

① ［美］梅拉妮·米歇尔：《复杂》，唐璐译，湖南科学技术出版社 2011 年版，第 164 页。

的强度。但创意产业不同于其他产业的重要特点是消费的偏好决定消费品的价值，所以，很难有一个普适的价值标准来确定创意产品的价格。这样一来，信用分派就变得非常困难。更重要的是，对于创意产业主体来说，并非每一种在环境中没有得到有效报偿的规则其强度都会降低，相反，只要过去曾经检验过的有效的规则，在某一次遭遇规则强度降低的打击以后，这类规则又会由于消费偏好而恢复到原有的强度水平上。因此，我们必须创造新的赋信方式，那就是"累积链式赋信"和"非敏感赋信"，这是创意产业主体的一个重要性能。最后，我们可以通过遗传算法来进行计算机仿真，检查创意产业主体的演化规律，甚至对业已成功的产业，检验其是否有更好的演化模型。

第四章

创意产业系统的回声模型分析

前面讨论了作为 CAS 的创意产业系统的特性以及创意产业适应性主体的性能,那么创意产业系统的适应性主体是如何行动、并与其他主体之间进行交互的呢?最重要的是,作为 CAS 最重要特征的层次结构是如何形成的呢?适应性主体都是以其他主体作为环境的,任何适应性主体都是因为其他主体而存在,这种特征是如何表现出来的呢?又如,作为创意产业主体的信用分派,就是向系统提供预知未来结果的假设,强化能够用于后期使用的规则,公开地奖赏其活动。那么究竟什么是应该考虑奖赏的呢?而且作为 CAS 的创意产业又是如何遵循 CAS 的这些规律而发展的呢?这就是本章试图解决的主要问题。

第一节 创意产业系统回声模型的建立

ECHO 模型是霍兰把 CAS 研究引向客观、科学的重要创建。ECHO 模型对 CAS 进行了系统的刻画,描述了主体的交互方式以及 CAS 的现实演化图景,特别是对 CAS 形态发生过程的研究,运用价值很大。

一 ECHO 模型述论

在现实生活中,人们处处都会面临复杂适应系统中的涌现现象,如种子生长、人体免疫系统、全球化等。这些系统涌现的本质都是由小到大、由简入繁。不过人们目前对于 CAS 在演化过程中组织逐步扩大与 CAS 机制之间的联系,还知道得很少。原因就在于这类系统在形态发生过程中,会不断实现对称破缺,因此要进行受控实验非常困难,甚至根本就无法实现。传统的用来研究动态过程的数学工具——偏微分方程，根本无法描述这个过程。

霍兰绕开了这个问题的数学障碍。他认为形态发生的动态模型可以直接用有条件的作用和其他诸如交换之类的组合算法来描述，并建立起基于计算机的直接描述模型。他首先为 CAS 的主体建立起了基于规则的行为语法，同时发明了传递水桶算法和遗传算法，隐式定义了主体及其规则的适应度，并建立了 ECHO 模型，包括一个基本模型和五个扩展模型，从而为 CAS 建立起了形态发生的演化框架。

霍兰是运用隐喻的方法来建立 ECHO 模型的。他从后生动物的形态发生机制得到启发："后生动物在发育过程中表现出自治的不断扩展和结构的多样性。具体来说，处于开启状态的基因可以用它们编码的酶的细胞结构来表示。酶是引导细胞中反应的一种有效催化剂。不同的基因处于开启状态时，会产生不同的酶和不同的反应，从而形成不同的结构。"[①] 如果 CAS 的简单主体聚集体也类似后生动物一样，拥有各种功能的完整细胞，能够模仿生物的基因调节方式，那么 CAS 的形态发生也就能够自动完成。要做到这一点，就必须使简单主体聚集成为多主体；只有多主体聚集体才能形成可变结构，才可能积累一组可以被开启和关闭的基因，从而扮演后生动物中具有可塑性的细胞的角色。这就是 ECHO 模型的真实意图。

那么，回声模型是怎么构建起来的呢？

（一）基本回声模型与位置

基本的回声模型由两个部分组成。即收集和储存资源的仓库，和一个表示主体交互能力的字符串染色体。这种能力取决于在染色体字符串的片段里定义的标识：进攻标识（offense tag）和防御标识（defense tag）。模型中所有的交互活动都受这两种标识调节。由于这个模型的关键在于，主体只有收集了足够的资源才能繁殖，因此主体收集资源的能力就成为主体生存与发展的核心。一般来说，主体获取资源的能力与它的进攻标识和其他主体或者位置的防御标识的匹配程度成正比；它避免资

[①] ［美］约翰·H. 霍兰：《隐秩序——适应性造就复杂性》，周晓牧、韩晖译，上海科技教育出版社 2011 年版，第 120 页。

源流失的能力，与其防御标识和其他主体和位置的进攻标识的不匹配程度成正比。

就创意产业来说，位置对于创意产业的诞生、发展和演化都具有极其重要的意义。我们在前面讨论创意产业主体中的地点问题时（第二章第一节第三部分）已经有所涉及。更多地，弗罗里达、斯科特、霍金斯等人对此都有强调，而有关创意城市的研究，更是在这个方面提供了足够的、大量的研究成果。霍金斯说："上世纪90年代，欧洲研发活动有四分之三集中在10个城市地区。2006年美国有三分之一的专利来自加利福尼亚、纽约和德克萨斯这三个州。日本的东京和大阪占据了创新研发的主导地位。"①"根据我的研究以及其他人近来所做的研究，地点确实很关键；许多人首先选择地点，然后在那些地方找工作。"② 罗杰·马丁（Roger Martin），多伦多商学院院长、Monitor公司竞争策略顾问，把弗罗里达的这个地点理论作为其"判断优势"因素，并把它与哈佛商学院迈克尔·波特（Michael Porter）教授的竞争优势理念相提并论……认为地点可以从竞争中获得更多的优势，特别是在吸引人才方面，因为现在已经不是人们仅仅选择工作的问题，人们把工作内容和工作地点看成一个整体，好的地点就是一个复杂的、多方面的生态系统，就像自然界一样。③ 而斯科特在他的《城市文化经济学》里面更是系统地讨论了地点对于创意产业的重要意义；查尔斯·兰德利则在《创意城市》一书中对此进行了详细的讨论（本书不拟在此详细引述）。

下面我们来看看位置在798形成过程中的意义。

创意产业有两个重要特点。一是依附性较强，高度依赖人口密度大、人口数量大、人口集中度高的区域，798处在北京城内自然能够满足这个条件。二是趋集中度，就是偏爱大城市和超大城市，偏爱产业多样化、产业集中度高的区域，因为这可以产生关联效应、边际效应等。

对于798来说，首先，798艺术区紧邻北京机场高速路、京顺路等城

---

① ［英］约翰·霍金斯：《创意经济·如何点石成金》，洪庆福、孙薇薇、刘茂玲译，上海三联书店2006年版，第15页。
② ［美］理查德·弗罗里达：《创意阶层的崛起》，司徒爱勤译，中信出版社2010年版，第266—268页。
③ 同上。

市交通主干道，交通方便。从区域板块上看，798艺术区与北京使馆区、商务区和大型居民社区的距离较近，特别是邻近使馆区，直接方便了798与国际友人、国际艺术界的联系和资源整合，一开始就具有世界视野、全球视野。

其次，作为一个国有企业的厂区这里又与周边相对隔离，加上其整体风貌上与周边环境有较大的区别，甚至连厂区的草木也不同于城区的其他园林，创造了城市森林的特殊环境，形成了一个环境相对幽静而又有自身个性的城市单元。

再次，798地处城内。创意产业之所以具有依附性和趋集中度的特点，就是因为大城市能够满足创意产业对文化的多样化要求，住在城里能够获得更多的资讯和交流、拥有更多相互碰撞的机会，信息流通效率高，而生活又方便，基础设施好。

最后，798艺术区紧邻中央美术学院。大抵重要艺术村落的出现，一般都有知名高等艺术院校的学术支持与交流互动，这已为世界性的艺术村落发展的历史所证明。同时大部分产业集聚理论认为，学院以及研究机构的临近能够通过知识与信息的溢出以及人才的输送等方面为产业区的形成和发展起到关键性的作用。可以认为，中央美术学院对798艺术区的形成具有诱导作用。1995年中央美术学院雕塑系租用798闲置仓库作为雕塑车间，在过渡6年后迁址花家地。从这个意义上说，798艺术区是美术学院思想的一个实践基地与展示空间，而学院则为艺术区提供思想来源与专业支持。

因此，我们完全可以说，正是798的位置造就了798。同在北京的宋庄由于没有在城市里面，所以其发展的多样化就远远不及798。哪怕是处在上海的那些同类的创意产业园区，由于缺乏作为大国首都的资源，与798相比都有比较大的距离。这就是位置及其资源对于CAS主体的重要意义。

（二）基本回声模型与主体的基本交互

根据基本回声模型中主体之间的作用规律，当两个主体在某个位置相遇时，一个主体的进攻标识与另一个主体的防御标识进行匹配，如果一个主体的进攻标识与另一个主体的防御标识匹配得很好，那么它将获得对方的大部分资源、甚至能获取其染色体上的资源，从而消灭对方。

798 在演化过程中所展现出来的这种交互方式我们已经在"第二章第二节第三部分"讨论黏着标识时看得很清楚了。其实,基本回声模型所揭示的这种主体之间的作用规律,在创意产业主体之间的交互之中更是随处可见。

例如,创意主体如果与创意转化主体的染色体的相关标识片段匹配得很好的话,那么创意主体可能就成为创意转化主体的附庸。创意转化主体会随时向创意主体"索取"创意,获取创意主体的资源。比如,作为我国著名创意产业网站的"猪八戒网",集纳了来自全国各地的创意人才;每个需要创意解决的企业都可以登录这个网站,让大量的创意人员来参与。一旦某个创意主体的创意被有特定需求的企业选中,就可以通过猪八戒网获得报酬。这样,猪八戒网实际上就充当了一个创意转化主体的角色。由于它的进攻标识与创意人员的防御标识匹配得很好,所以很轻易地获取了他们的资源。但是,由于匹配得太好,往往一个企业发布创意需求以后,动辄几十家创意企业把自己的创意发上来,结果被选中的就只有一家。长久这样,长期没有被选中的创意主体就有可能连自己的"染色体"也被"猪八戒"吃掉,从而退出市场。

二 例说:中国艺术产业的 ECHO 模型

又如中国艺术产业。20 世纪 80 年代中期以前的若干年,中国所谓的艺术品市场很难说是存在还是不存在。但近几十年来,由于中国的崛起,西方世界突然对中国艺术充满了好奇,进而演化为喜欢和追捧,中国概念的艺术作品源源不断地涌进了西方国家。Artprice.com 网站 2008 年发布的《2007 年年度统计报告》显示,在世界 100 名销量最好的艺术家中,中国艺术家占了 36 位,其中张晓刚、岳敏君分别位列第二、第四位;中国艺术品拍卖成交额在全球拍卖市场所占市场份额超过法国,排名世界第三(前两名是美国和英国)。

尽管如此,中国艺术产业却腼腆生存于西方艺术生态链的最低级一环,或者说,仅仅存在于整个艺术产业群风车模型的"创意主体"这个环节。艺术品的生产和经营都在西方的操控之中,艺术家大多数依赖于西方卖家机构。99% 的中国当代艺术品是通过西方渠道完成销售的。中国艺术产业的转化主体、推广主体、渠道主体、终端主体以及消费主体等都是由西方人充当的。

在这种情势下，西方国家控制了全球艺术产业游戏规则的制定，各种艺术活动都诞生于西方的游戏规则之中，如威尼斯双年展、圣保罗双年展、美国军火库展、瑞士巴塞尔博览会、德国卡塞尔文献展等。

而西方各国政府更是在艺术产业（其实是整个创意产业）的发展过程中功不可没。政府不仅控制艺术游戏规则的制定和监督；而且更是动用了大量的国家资本直接参与其中，设立艺术基金会以及各种公募、私募基金。同时，给予艺术品经营者以优惠的产业政策，促使更多的资本参与到艺术品市场中。

例如，美国从20世纪三四十年代就开始促进文化艺术的产业化发展。"二战"以后，先后成立了160多家文化艺术类基金会，甚至不惜动用中央情报局的账户来发展文化创意产业。80年代中期开始，美国大肆向世界各国倾销文化产品，逐步瓦解了国际文化产品市场原有的运行体系和利益格局，重新瓜分了世界创意产业市场。文化创意产业在美国GDP中的比重增加到25%，成为仅次于军工行业的第二大支柱产业（从这里我们也可以看到政府在创意产业中的地位）。正是在这个过程中，中国艺术产业在国际市场上的话语权逐步失落、最后彻底失语。

我们也可以为中国和西方艺术建立一个基本的回声模型（见图4—1），这样能将中西艺术产业的现状和未来看得更清楚。

设艺术产业的构成元素如下【以下假设的科学性论证篇幅太长，此处从略，相关依据可参见"西沐：《中国艺术品市场概论》（上卷），中国书店2010年版"】：

艺术创作者（如画家）　　　　→a

艺术作品商品化转化者（如经纪人）　　　→b

艺术作品推广者（如媒介、艺博会）　　→c

艺术作品销售者（如画廊、拍卖行）　　→d

艺术作品消费者（收藏家、投资人、鉴赏人、爱好者）　　→e

仅仅只有上面的主体还不够（当然，很多艺术作品的生产和消费不具有群风车模型的所有主体），艺术要成为产业还必须拥有其他资源。包括：

艺术个性和独创性（包括种类、创新、风格等）　　　→f

艺术的市场适应度（指某类艺术品受欢迎的特征）　　→g
资金（市场运作的条件）　　　　→h
市场运作能力（市场运作的显性知识和隐性知识）　　→i
艺术理念（基于位置的艺术的文化底蕴）　　　→j

按照以上的要素，我们为中西艺术的交互建立一个回声模型。

首先，根据回声模型，资源来自位置和相互作用。显然中国艺术的资源主要来自本国在 a、f、g、j 方面的优势，亦即艺术创作的优势，而其余资源在中国尚在发育过程之中，需要在与西方和本国相关机构（即来自主体的交互和位置的交互）的交互之中获得。由于来自位置的资源所具备的优势，因此它们在染色体串中应该作为进攻标识，而来自交互的资源则构成染色体中的防御标识。

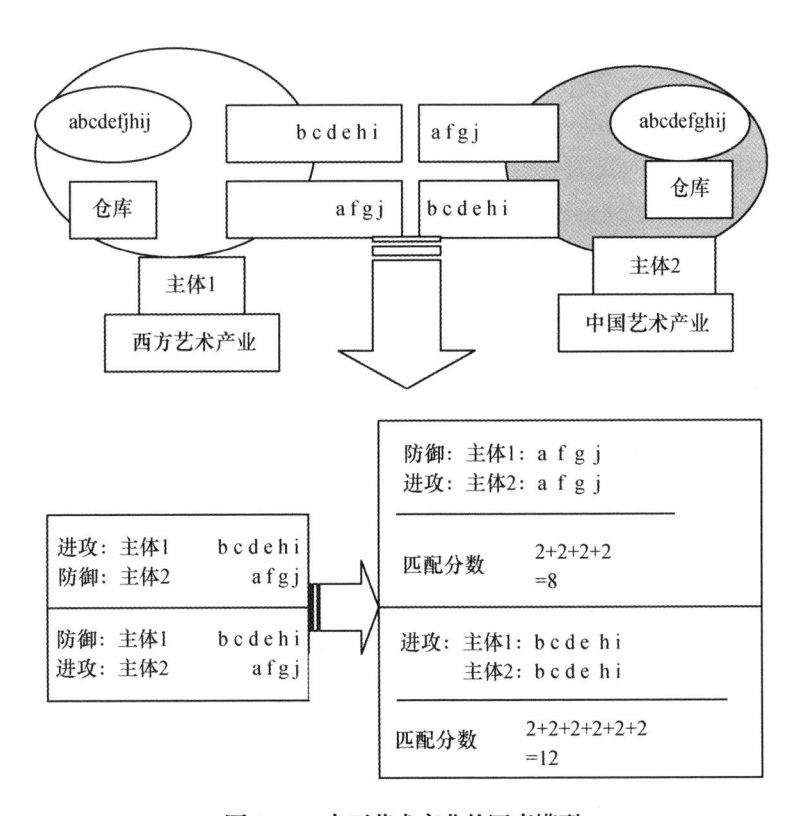

图4—1　中西艺术产业的回声模型

从图 4—1 中可见，西方进攻标识与中国防御标识匹配的得分为 12 分；中国进攻标识与西方防御标识的匹配得分为 8 分。如果考虑到中国艺术产业在政府层面（k）、基金组织层面（l）、第三方评价机构（m）等环境要素方面的根本缺失，那么回声模型中分数的匹配值就变成：

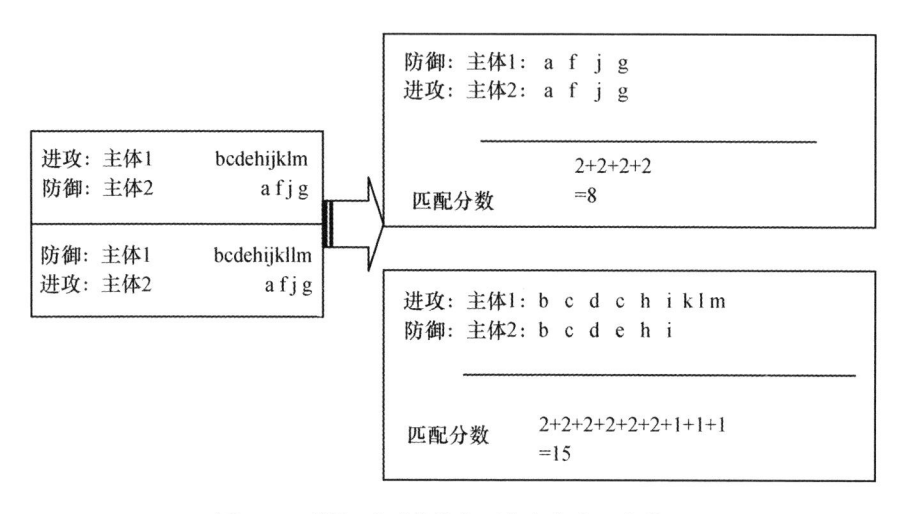

```
进攻：主体1      bcdehijklm           防御：主体1：a f j g
防御：主体2      a f j g              进攻：主体2：a f j g
                                     ─────────────────────
                                     匹配分数    2+2+2+2
                                                =8

防御：主体1      bcdehijkllm          进攻：主体1：b c d c h i k l m
进攻：主体2      a f j g              防御：主体2：b c d e h i
                                     ─────────────────────
                                     匹配分数    2+2+2+2+2+1+1+1
                                                =15
```

图 4—2　增加了要素的中西艺术产业回声模型

这样，西方进攻标识与中国防御标识的匹配分数增加到了 15 分（见图 4—2）。也即是说，西方的进攻标识与中国艺术品的防御标识匹配得很好，按照回声模型的交互规律，西方将获得中国艺术产品的大部分资源。进一步地，西方的这种高匹配分数，对中国艺术产业的发展可以说威胁极大。久而久之，中国的艺术家为了寻求更多的利润，会放弃自己的进攻标识而更多地追随西方消费者的口味，改变自己的艺术理念，以西方的价值观念为标准来进行创作，那么中国艺术的独特面貌将逐渐被抹杀而被西方文化所同化，进而被西方文化和艺术所殖民（事实上，我们在前面提到的徐冰、蔡国强都是直接与整个西方艺术系统相联系而获得成功的）。这就会出现霍兰所警告的：如果一个主体的进攻标识与另一个主体的防御标识匹配得很好，那么它将获得对方的大部分资源、甚至能获取其染色体上的资源，从而消灭对方。

第二节 基于回声模型的创意产业主体的交换接触

基本回声模型有三个特性,即简单的字符串描述结构,受制于资源获取能力(隐适应度)的繁殖能力,受标识调节的交互活动。但是基本模型还无法提供足够的工具用来研究 CAS 各种复杂层次结构的涌现方式,而层次结构偏偏又是 CAS 的一个普遍特征。因此,只有对基本模型进一步扩展,从而模拟单个"种子"演变成为一个有组织的、复杂的聚集体的过程,亦即形态发生过程,才能深入到 CAS 层次的核心。而主体的交换接触就是为主体的复制和演化创造基本条件。

一 创意产业主体的条件交换

正如霍兰所说,ECHO 模型的关键在于,它规定主体只有在收集了足够的资源、能够复制其染色体字符串的时候,才能繁殖。因此,收集足够的资源是 CAS 形态发生的前提条件。

那么,如何收集资源呢?有两种方式和途径。一是通过条件交换获得资源。在模型中,霍兰将资源染色体化,并用字母来表示染色体。当两个主体相遇时,一个主体染色体的进攻标识与另一个主体染色体的交换条件相匹配,如果两者都得以满足就进行资源交换;如果两个都不满足,交互活动中止;如果一个条件满足,另一个不满足,则不满足条件的主体"逃离"交互。这样,通过资源在主体之间的流动,每个参与交换的主体都各有所得,同时彼此的活力也进一步增加。二是资源变换,亦即主体把自身的资源变换成系统需要的另外一种短缺的资源。资源变换为主体的分化提供了重要的机会;同时,也为系统的多样性发展、生成多样性的复杂层次提供了重要动力机制。

此外,主体不仅与所在位置的其他主体进行条件交换,同时还与所在位置本身进行条件交换;而位置也会发生资源变换,以提供给有着某种资源需求的主体。

当然,主体的条件交换和资源变换并不是一次完成或者在某一个阶段完成的,而是在整个系统的存续期间都一直在进行。

在创意产业中,以生产和消费来说,假设创意产品能够满足消费者累积的偏好,那么消费者就会以手中货币选票作为交换条件。如果满足的消费者数量越大,则产品的利润越高。

问题就是,产品能否在市场上顺利实现交换的条件就是消费者的消费能力,即消费者是否具有这种偏好。"国画"作为一种艺术品,很多消费者都无法欣赏其中美妙之处,因此,国画的市场就较小。同样,书法作为中国艺术的最高形式之一,很多人也难以欣赏,因此,书法艺术作品要赢得较大的市场也很难。从音乐来说,交响乐是一种很高雅的音乐,但比起通俗音乐来,欣赏交响乐必须经过专业的培训。在这种情况下,大多数消费者都会"逃离",从而无法实现"条件交换"。

相反,很多大众化创意产品市场规模就较大。例如电影,它们大都以娱乐性为主。这对于大众来说,由于电影的影像形式与实际生活比较接近,观众不需要有很深厚的文化积淀就可以观看和理解;电影的声光色等又能够给观众以很强的美感,娱乐性较强,因此即使对于电影的艺术价值和艺术水平一无所知的观众,也不会妨碍自己消费电影。除了电影以外,其他很多大众化的创意产品同样可以赢得消费者的货币选票,如畅销书、肥皂剧、动漫作品、游戏作品、工艺美术、流行音乐、首饰、时尚产品等。

当然电影也并不都能满足大众的娱乐。对于娱乐笔者认为有不同的层次:肤浅的娱乐,只作用于我们的感官,这是一种"感官娱乐",或者可以叫"直接娱乐",很多大众化的产品都属于这一类,如迪斯科;更高一个层次的娱乐,除了作用于我们的感官以外,还要作用于我们的理智,要经过我们智力的过滤才能领略其美感,进而产生娱乐,这是一种"理智娱乐";还有一个层次就是,产品不仅要作用于我们的理智,还要作用于我们的人生观、世界观,当它与我们的理想信念等契合,从而产生共鸣以后就会产生娱乐。这是一种最高层次的娱乐,可以名为"神志娱乐"。因此,创意产品应该适应不同受众的需要,做到丰富多样,这样才能实现更多的条件交互。当然,能够兼顾这几种娱乐的创意产品,应该是市场最好的产品。这类产品无论采取什么存在形态,都有大量的受众,实现广泛的条件交换。这里面最典型的代表就是金庸的武侠小说,但这类产品实在是凤毛麟角。

回到798来说，这里面同样存在很多的条件交换。厂房和艺术家的金钱、艺术家的活动和旅游目的地的形成、艺术家的创作与画廊的发展、艺术家的自由精神与西方媒体的价值观及其对798的推波助澜、798艺术区的发展与政府的决策等。

二 创意产业主体的资源变换

资源变换就是把一种资源变换成系统需要的另一种短缺资源。这种变换为主体的分化提供了重要的机会，推动了系统的形态发生。同时，这种分化是系统多样性发展以及生成多样性的复杂层次的重要动力机制之一。

对于创意产业来说，资源变换的过程就是系统分化的过程。798作为一个工业遗产，把它转换成为创意产业基地，就是一种资源转换。而且，随着798的不断发展，凭借这里的艺术区的内涵，这里还分化出了时尚消费区、旅游目的地等，这都是属于资源转换。不仅有宏观多主体聚集体的资源转换，还有微观主体的资源转换：过去在798的一些安装工人帮助艺术家准备作品、做运输、布展等大大小小的流程性工作，干得非常红火。著名策展人冯博一曾经感叹地说，大山子的再崛起造就了好几支工程队。他本人亲见其中几位安装工人两年内开起了工程公司，出国布展的频繁程度超过不少国际参展的艺术家。这实质上就是通过资源转换而实现的一种分化。好莱坞制作的《花木兰》也是资源转换的一个成功案例。花木兰作为中国古代的一个传说，主题是"代父从军"，但好莱坞却把它改编成了宣扬美国精神，赞赏个人奋斗，推崇个人主义和英雄主义的鸿篇巨制。这就为创意产业题材的分化提供了启示。

因此，资源变换是创意产业主体通过互动，实现分化和演化的重要方式。

进一步地，798这些微量的条件交换和局部的资源变换，以及因为交换和资源转换而发生的微量的主体聚集为798的创意产业主体积累资源、实现系统的分化和演化创造了新的可能。

据公式（2—1）、（2—2），早期的798由于只有雕塑家隋建国等三五个文化艺术主体，虽然这些主体之间有相互作用，但他们与文化艺术界其他主体通过798的相互作用极少，在长达6年的时间里，798都只有这几个主体；加之相互作用强度也不够，不足以引起系统的突变。798 的君临天下，需要一个能够与其他系统产生强相互作用的主体才能实现。

三 创意产业主体的黏着耦合——CAS 形态发生的机制

在收集足够资源的过程中，主体同时通过聚集与黏着机制来形成CAS。聚集有两种含义，一是聚类，就是同类的主体聚集到一起，形成一个更大的多主体——介主体，比如对人而言，血液中的抗体1、抗体2、抗体3……构成免疫系统。二是交互，主体通过相互作用而形成聚集体；这种聚集又可以作为一个整体构成系统的介主体。介主体之间又会产生相互作用，这种相互作用可以运用聚类（第一种含义下）的涌现聚集特性很好地描述出来。例如免疫系统内部的相互作用可以形成个人身份特征。介主体又可以在更大范围、更大规模、更高层次上进行互动，产生介介主体，形成多主体聚集体。这样重复若干次以后，系统就由小到大、由简单到复杂，由单层到多层，生成具有丰富层次结构的 CAS 系统，并产生相应的涌现现象。

讨论主体的聚集，还必须讨论标识。聚集是通过标识来进行和完成的；标识很多时候就是主体，但是是携带了能够让主体识别是否进行相互作用这类信息的主体。在 CAS 中标识至少有两种作用，一是操纵对称性，即帮助主体进行选择性聚集和选择性相互作用。CAS 一旦有了标识，就可能打破系统的混沌状态，出现对称性破缺：当一个系统的结构存在不止一种可能性时，某一种可能性的存在概率增大，这就是对称性破缺。相反，如果系统没有可以被识别、可以进行聚集的标识，主体就会处于"散乱"、甚至"不作为"的对称状态；一旦主体发现某个有意义的标识，并向标识聚集，主体就开始变化，这样，对称性就被打破了。可以说，在 CAS 系统中设置良好的、基于标识的聚集和相互作用，为筛选、分化、特化与合作提供了条件，从而使多主体和组织结构得以涌现。标识的第二种作用是维护系统的鲁棒性。主体通过标识聚集起来以后，主体之间的相互作用并没有结束，而是处于不断的变化之中；但是这种变化短时间内并不会改变系统性质或者导致系统崩溃，标识可以很好地起到维护系统鲁棒性的作用。

如果说，主体的聚集特性展示了主体之间相互作用的无限可能的话，那么黏着机制就是对主体聚集的细节表达。实质上，黏着就是一种聚集；聚集标识就是黏着标识。只是黏着更为深刻的地方在于指出了主体之间的黏着不是任意的：只有当一个主体的资源与另一个主体的资源之间具有某种满足关系时，黏着才会发生；否则，主体之间就不会黏着。其次，主体之间黏着以后，可以作为一个整体运动和交互作用。这样一来，黏着的主体内部就会出现分化和特化（比如出现专门进行某种单一资源生产的主体），从而实现黏着主体之间的功能耦合。再次，黏着主体之间的交互依赖于黏着多主体构型所形成的内外边界；主体只与处于同一边界或者相邻边界的主体交互。这同样为主体的分化和特化创造了条件。当然，这其中，标识依然是主体相互聚集、进而生成边界和层次发生等而普遍存在的一个机制。——这三点也是系统维持其鲁棒性的更深层次的原因。

黏着从本质上来说是一种耦合，就是构成整体各部分的性质、存在和功能等互为补充、互为条件、互为因果，因而有机地整合在一起。实现耦合的黏着机制就是标识；标识同时也是聚集体主体筛选、分化、特化与合作的条件。比如，文化艺术工作者最初进驻798的标识就是这里的包豪斯风格，他们把高大空旷的厂房、丰富多样的变化空间与国外流行的"loft"生活方式产生了联系。

798早期的黏着耦合是个别文化艺术人才的聚集，如隋建国（雕塑）、洪晃（出版）、刘索拉（音乐）等。量少、均质化，出版、音乐、艺术都有，因此作为一个系统来说同样处于分岔阶段。当在中国当代艺术收藏界居第二位的大收藏家罗伯特入住798以后，迅即成为画家聚集的重要标识；他的"活跃状态"加快了798这个多主体与艺术家的多主体的交互。而70年代因创办星星画派而闻名的画家黄锐从日本回来入住到了798；随之东京画廊、比利时尤伦斯艺术中心等世界著名画廊和艺术基金公司相继入驻798，这些就成为画家向798聚集的"标识丛"。前面我们提到过，标识就是携带了能够让主体识别是否进行相互作用这类信息的主体。当具有标识意义的主体形成多主体标识丛以后，自然会导致主体的大量聚集，从而推动系统朝着对称性破缺方向发展。

根据有关文献的"小n机制"原理。系统形成的初期，增加一个主

体或者减少一个主体，其功能变化分别为①

$$f(n+1) = f(n) \frac{(n-1)+2}{n-1} \quad (4—1)$$

Or

$$f(n-1) = f(n) \frac{n-2}{n} \quad (4—2)$$

亦即，当系统初期，主体很少时，n 的增减对系统功能影响显著。随着罗伯特、黄锐、尤伦斯夫妇、东京画廊等的到来，小 n 机制开始起作用；由此主体聚集量不断增加，系统功能值不断增大，系统很快在两个方向上实现了对称性破缺，产生了突变：一是 798 由一个废弃的工厂变成了一个艺术聚集区；二是早期文化艺术工作者不分主次的聚集变成了以艺术家为主体的聚集。——CAS 通过标识来操纵对称性在这里能够看得很清楚。

可以看到，在这个过程中，条件交换和资源变换依然在不断发生。同时由于艺术家的聚集为主体的多样化开辟了新的生态位，所以基于同样的规则，音乐家、设计师、咨询师、时尚品牌、首饰、餐饮娱乐等不同的文化和艺术门类都相继聚集过来。每种聚集都成为一个整体，又都成为整个 798 的一个组分。798 就成为了一个多主体聚集体。如果按照这些聚集体的文化含金量或者功能来区分，它们又构成各种不同的层次（可以看出，主体在聚集演化的过程中，旧的标识可以育出新的标识；标识在形成不同聚集体和 CAS 的层次特征方面发挥了巨大的作用），798 就进而由一个以艺术家为核心的 CAS 变成一个既有艺术家、还有很多文化创意产业主体的文化艺术区。

当然，这些聚集除了通过标识筛选对象以外，还形成了特化的聚集。如艺术类的聚集中，有的专门进行艺术创作、有的专门进行艺术品展览和艺术活动策划、有的专门开设画廊、有的专门出售画材、有的专门进行艺术评论等，这就形成了一种前后、上下、左右相互联结的耦合关系。

黏着也为合作提供了条件。众多的艺术家的聚集、众多艺术产业要

---

① 张嗣瀛：《复杂系统的演化过程 n（n-1）自聚集》，《复杂系统与复杂性科学》2005 年第 7 期，第 84—90 页。

素的聚集，就形成了众多相关主体的合作，从而为艺术家的作品走向市场、走进大众创造了更加优良的条件。

第三节　基于回声模型的创意产业主体的交配接触

创意产业系统主体的交换接触主要是主体通过与位置的交互、与主体之间的交互，获取足够的资源，以便复制自己。那么主体一旦获得了复制染色体的足够的资源，是如何进行复制的呢？

一　创意产业主体的选择性交配

选择性交配与条件交换一样，就是用一个交配主体的进攻标识，与潜在配偶的交配条件相匹配，如果条件满足就进行交配。选择性交配有三个前提，即，主体收集到了足够的、能够进行自我复制的资源；潜在配偶可以繁殖；两个主体均处于交互范围内（即前面谈到的，处于同一层次或者相邻层次）。

交配由于资源交换（染色体交叉）和突变，产生两个新的个体；而且这两个新个体不同于通过条件交换、资源转换和黏着机制所形成的多主体，它们增加了主体的多样性，创造了新的生态位，从而为 CAS 系统向着新的方向或者更高的层次演化创造了条件。

798 的选择性交配也可以举出很多的案例。例如，798 有一个著名的餐馆，名叫"天下盐"。这家餐馆是由诗人二毛、画家苍鑫、美食家黄柯开办的。可以说是文学艺术和美食的交配。这种交配就产生了一个文化艺术味很强的餐馆。进门过道左首写着一句"革命就是请客吃饭"，这无疑会让很多人联想到历史、毛泽东等。正面主墙上是王广义的巨幅波普壁画"七九八的光荣与梦想"。上二楼楼梯转角处放着一座大红色"毛主席挥手"的雕塑，似在招呼客人上楼或向来客挥手致意。旁边的墙上有著名的"食客型"写手沈宏非的"大作"："等上菜，就像等待前来赴约的情人。"而菜谱也是趣味十足，什么"王献之排骨"（因东晋大书法家王献之用笔挺瘦，骨力劲健，故以喻排骨）、"不辣不足以平民愤""麻婆豆腐的原配老公"……创意十足，把诗人、画家的想象力、美食家的鉴赏力、彼此的创造力完美结合。结果这种"交配"的产物，吸引了大量食客，场场爆满。

798"北京公社"也是这样的产物。西方艺术产业系统是由基金会、博物馆、画廊、学院、拍卖行等构成的生态链，分工明晰、专业化程度很高。但中国的艺术产业才刚刚起步，于是，就出现了画廊和博物馆杂交形成的798"北京公社"。画廊本质上是营利机构，但是在中国画廊赢利还需要相关的专业化的支持，比如专业而有操守的艺术评论家。但中国的艺术评论家还很少，不成气候，充当中间人的权威性也还不够；同时，很多评论家对于美术家的作品每写一篇评论都要收费，有的评论家群体明确规定，每千字300—800元，结果评论堕落为吹捧（刘晓陶、黄丹麾，2010）。又如拍卖行，以油画为例，目前中国的油画拍卖已经由十多年前仅10余家发展到了100多家。西方发达国家经过几百年的发展，拍卖至今都才几家。拍卖行的不专业同样使画廊缺少专业支持。因此，画廊要想赢利，就必须先去发展博物馆的质量。只有等到中国的艺术作品价格上到一定的高度，相关的专业也一并上去了，画廊才会真正赢利。在这种情况下就出现了"北京公社"这种杂交的产物。

当然，不仅798，整个创意产业的各个主体都在进行选择性交配，从而不断产生新的品种。动漫是由过去的漫画与现代摄影技术"交配"的产物（创意主体和生产主体交配）；迪士尼是动漫和主题公园"交配"的产物（生产主体和衍生主体交配）；主题公园是文化与旅游"交配"的产物（推广主体和消费主体交配）。而微观的交配产生的新产品就更多。

如果我们把相关的内容染色体化最能够看出创意产业的交配过程，不过更详细的讨论放在下面去进行。

二 创意产业主体的条件复制——CAS的形态发生过程

没有大量的聚集和黏着，主体的资源收集就会很有限，也就没有CAS的演化发展。但是，假设CAS大量聚集、并收集到了足够的资源，那么CAS又是如何演化的呢？前面说过，ECHO模型的核心意图就是为了确定CAS的形态发生。所谓形态发生主要就是指事物的形态创造、消灭和演变过程。它最早是生物学的概念，生物学的形态发生认为，细胞形成的早期，形态是不确定的，经过一段时间以后，会发育成与原来不同的、多种最终类型中的一种。因此，可以这样说，CAS 的形态发生正是 CAS 的演化规律。

CAS 的形态发生是怎样进行的呢？

首先是主体进行选择性交配。不过，选择性交配还不足以推动系统整体的演化。条件复制才是形态发生的关键机制。

条件复制是如何进行的呢？如前所言，霍兰是通过后生动物形态发生的隐喻来实现对条件复制的刻画的。后生动物生长的一个重要机制就是通过细胞的分裂、基因的开启和关闭等来实现各种不同细胞的发育。其中基因的开启和关闭，一是源于不同生物分子对基因的阻抑（关闭）与去阻抑（开启），二是基因本身又可以通过酶促进或者抑制各种生物分子的产生，并通过生物分子的副产品来控制其他基因组的开启或关闭。基因的这种开启和关闭就分化出后生生物形态发生所需要的骨骼、四肢、眼睛、心脏等不同基因，并发育成不同的器官，从而形成了形态完整的后生动物。

按照生物学的隐喻，霍兰首先把主体定义为系统的原始成员，它们在多主体中扮演细胞器或者区室的角色，并把这种原始主体称为"agent – compartments"（主体区室）。这样一来，结构固定的主体就可以聚集成为更复杂的、多个层次的可变结构——多主体。多主体聚集体能够像一个整体一样与别的主体或多主体交互。一个多主体包括多个"主体区室"，多主体的染色体就是各个"主体区室"染色体的串联。

多主体是如何一代一代地复制的呢？首先，多主体的"主体区室"都有自己的"复制条件"。当多主体中其他"主体区室"的行为满足这一复制条件时，这个"主体区室"就可能被复制。其他"主体区室"满足复制条件的要求有二：一是这些"主体区室"必须处于活动状态（基因开启）；二是活动主体具有满足复制条件的相关资源。这里有一个关键点就是，多主体中只要有一个活动的"主体区室"满足复制条件，主体就可以被复制；这当然也就意味着不处于活跃状态（基因关闭）的区室没有被复制。这样一来，新的后代"主体区室"就很可能与上代"主体区室"大大不同，从而就具有了与上代"主体区室"不同的功能，或者不同的分化和特化方向。

不过，后代多主体虽然是上代区室的新组合，但其染色体却保持不变，这是为了保持主体在世代交替中来之不易的适应能力，比如，皮肤与骨骼形态不同，但染色体却是相同的。于是多主体就被赋予了跟后生动物细胞一样的可塑性，从而导致了 CAS 的形态发生。如果是两个多主体交互，只要多主体外边界任意两个"主体区室"发生交互，它们就可以像单个主体之间的交互一样进行。

ECHO 模型能够在客观、自然的条件下模拟 CAS 的形态发生，这是 ECHO 模型最为成功的地方。它的科学性在于，这个模型可以用现实存在的许多 CAS 的形态发生来进行证明，创意产业系统就是这样一个典型的 CAS 系统。

三 创意产业聚集演化——交配接触

式（2—1）、（2—3）、（4—1）、（4—2）都是基于主体的自聚集而创立的系统功能函数，没有考虑系统主体自创生的情况。事实上，系统主体的形成机制是多样的，既有通过聚集形成的，还有通过系统主体之间的相互作用而自创生的。亦即当聚集达到一定程度以后，多主体聚集体不仅进行条件交换和资源变换，而且还要根据系统发展的需要进行繁殖，就像后生动物一样，处于混沌状态的单细胞，要逐渐按照后生动物的完整形态进行发育。这就是交配接触。那么 798 的交配接触是如何进行的呢？

交配接触有两种，选择性交配已经在前面叙述。除此以外，最重要的选择性交配就是条件复制。

前面我们说过，条件复制研究的是 CAS 系统的形态发生，即它是如何从单个的要素逐渐发展出来的，或者用生物学的隐喻来说，是如何像后生动物那样由一个单细胞逐渐发育出来的——这是整个回声模型的核心。

创意产业能否像后生动物一样生长出来呢？798 同样可以说明创意产业主体如何通过条件复制形成完整的创意产业系统。我们可以把 798 艺术区没有诞生以前的各类多主体作为自由多主体，这些多主体包括 798 本身、艺术家群体、咨询师群体、时尚品牌群体、餐饮娱乐群体、休闲旅游群体等。显然，798 本身是一个多主体聚集体，其"主体区室"主要是

798厂房空间、环境条件（作为位置）、七星集团（作为业主）、工人的聚集体。艺术家当然也是一个多主体，其"主体区室"包括艺术家个体、艺术家类别主体、艺术家服务主体、艺术家工作室等。前面已经说过，当两个多主体相遇时，只要一个区室处于活跃状态，并且满足多主体的复制条件，复制就会发生。798废弃以后，需要另寻出路，这样，我们就可以认为798处于"活动状态"。而艺术家也在寻找一种具有趣味性的、租金低廉的大空间；而且根据国外的经验，像工业遗迹之类的空间可以形成"loft"生活方式。这就构成了艺术家多主体的"复制条件"。显而易见，798和艺术家两大多主体聚集体之间形成了一种双向满足关系。

在进一步讨论798的演化以前，我们需要首先明确ECHO模型中的进攻标识和防御标识。对于这两种标识，霍兰在ECHO模型中都没有给出明确的定义，这很可能使我们在设置这两种标识的字符串的时候表现出一定的随意性。事实上，霍兰在讨论有关蚂蚁、苍蝇、毛虫的三角关系的例子中，相关字符串的设置就显得比较随意、含糊，当我们接触更具体的研究时，这种随意性就很可能会使我们的研究失去科学性。

我们认为，进攻标识和防御标识是对主体之间权力关系或交易关系的指称；这种权力关系或交易关系与情境相关，而且不断变化，所以无法为其赋予某个固定的值，或者建立一个固定的函数关系。霍兰认为，区别于数学遗传学对适应度的直接赋值，CAS的有利数字都是隐式定义的，因此这种权力关系或交易关系应该是主体的隐适应度。

所谓权力关系是指系统的某个主体可以无偿占有另一个主体的资源、甚至消灭对方；而交易关系则是指一个主体获取另一个主体的资源需要付出一定的代价作为补偿。因此，我们可以这样来定义进攻标识和防御标识——

进攻标识就是主体染色体中表示主体为了维护自身的存在和繁殖而获取所需资源的能力：无偿占有或有偿交换。

防御标识则表示主体避免资源流失的能力：被无偿占有或者不等价交换。

进一步地，所谓维护自身的存在和繁殖就是维护自身既有的功能。还有，在多主体聚集体中，并非所有的主体都具有进攻标识和防御标识，有的主体可能专门生产别的主体所需要的资源，以换取别的主体的保护来避免自身资源被无偿占有或者被不等价交换。此外，形成主体染色体中进攻标识与防御标识的资源并不是截然分开的，用于进攻标识的资源也可以用于防御标识，或者说，防御能力有时同时也是进攻能力。

可以看出，798 与艺术家之间的关系是交易关系。废弃以前，798 的功能是创造经济价值、产生盈利。因此 798 要继续存在和繁殖，就意味着要通过其他方式继续维持赢利的功能。798 的多种选择都失败了，而几个文化人凑巧来租借这里的空间，无疑给 798 带来了维持赢利能力的可能。但 798 厂区及周边道路较窄，地方偏僻、冷清，有人来租就很不错了，租金当然也就很低。因此"以较低的价格出租厂房"就成为 798 获得资源的能力。这样我们就可以依据 ECHO 模型确定 798 和艺术家两大主体染色体的组成基因。

Ⅰ. 798 染色体的构成及相应的符号表示：

ⅰ. 进攻标识——

出租厂房（a）；

较低价格（b）。

ⅱ. 防御标识——

拥有厂房的所有权和处置权（c）。

ⅲ. 交换条件——

满足较低租金的货币（d）。

ⅳ. 黏着标识——

具有一定文化特征的建筑（如 798 的包豪斯风格）。太普通的厂房无法黏着文化人（e）；他们要选择具有一定特别性的空间。

ⅵ. 交配条件——

文化艺术等相关产业。这当然是在 798 处于分岔临界期间，由于系统参量的变化才形成的（f）。

ⅶ. 复制条件——

文化艺术等相关产业（f）。

Ⅱ. 艺术家染色体的构成及相应的符号表示：

ⅰ. 艺术家获取资源的能力当然靠艺术，因此艺术家的进攻标识是——

发展艺术本身，保证艺术水平的不断提高（h）；

从事艺术所需要的一定数量的货币。这与 798 租金价格是同一的（d）；

具有一定文化特征的建筑，这更有利于发挥想象力。这同样与798的黏着标识是同一的（e）。

ⅱ. 而艺术家根据自己的经济条件（很多艺术家都不是很富有），为了保证艺术的发展，防止资源流失，所需要的防御标识则是——

发展艺术本身，保证艺术水平的不断提高（h）；

支付不高的租金。与798"较低的价格"是同一的（b）。

ⅲ. 艺术家的交换条件是——

租赁价格便宜的空间。与798"较低的价格"是同一的（b）；

ⅳ. 艺术家的黏着标识是——

文化艺术等相关产业，当然包括空间的文化特征本身（f）；

ⅴ. 艺术家的交配条件是——

文化艺术等相关产业（f）；

ⅵ. 艺术家的复制条件同样是——

文化艺术等相关产业（f）。

那么，798和艺术家之间基本的ECHO模型和交互关系就是（见图4—3）：

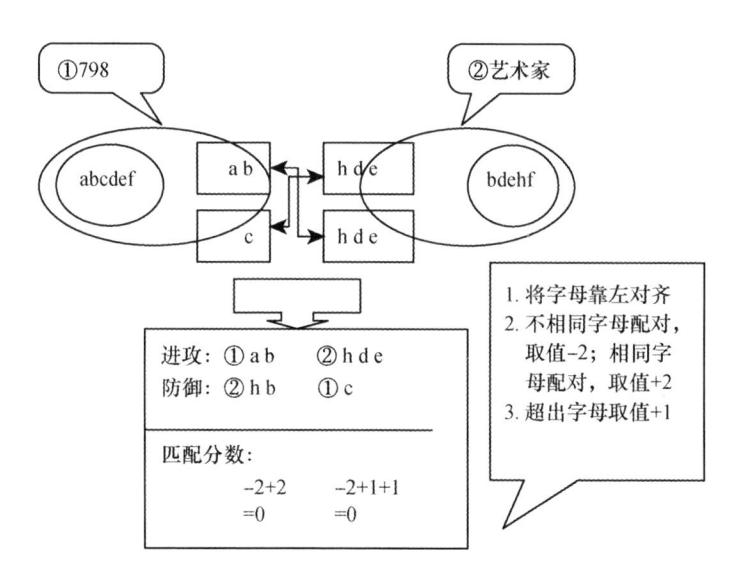

图4—3 798、艺术家之间基本的ECHO模型和交互关系

从图 4—3 中可以看出，798 与艺术家之间初期的交互是基本平等的；两者交互的结果，是形成了一个多主体聚集体。其次，798 与艺术家之间的条件交换、资源变换、黏着耦合、选择性交配等亦可以按照 ECHO 模型的方法进行检验，从而可以发现它们之间的契合状况。比如，条件交换——

798 的交换条件表明，它可以与 d##（"#"为"不在乎"符号）开头的所有进攻标识进行交换，艺术家显然满足这个条件；艺术家的交换条件表明，它可以与 b## 开头的所有进攻标识进行交换，798 显然也满足这个条件。

798 虽然继续保持了其盈利的功能，但通过两者的交互，798 过去的生产功能却开始朝着艺术创作功能转变，生产空间开始朝着艺术空间转变。按照条件复制的规则，这个多主体聚集体的染色体是由 798 的染色体 A（abcdef）和艺术家（Art）的染色体（bdehf）B 串联起来（AB）构成的（见图 4—4、4—5）。

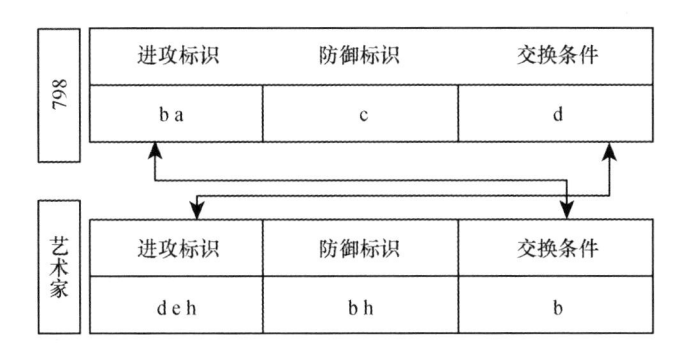

	进攻标识	防御标识	交换条件
798	b a	c	d
艺术家	d e h	b h	b

图 4—4　798、Art 聚集体之间的条件交换

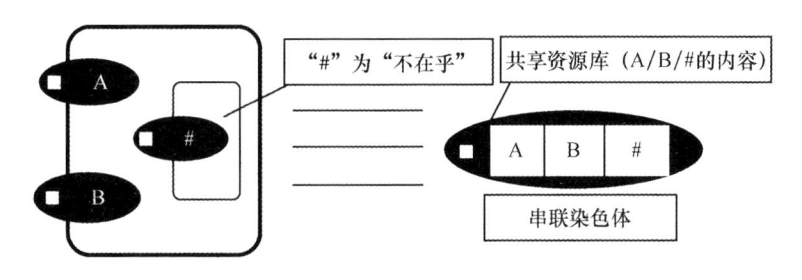

图 4—5　798、Art 聚集体及其染色体串

798 和 Art 聚集就形成了一个多主体，于是"条件复制"就开始了。根据条件复制的条件，一是有满足复制条件的主体区室；二是这个区室处于活跃状态。两大主体显然都相互满足这两个条件，所以，艺术家与 798 的聚集，就通过条件复制繁殖出了新的子代：艺术家工作室。（见图 4—6）

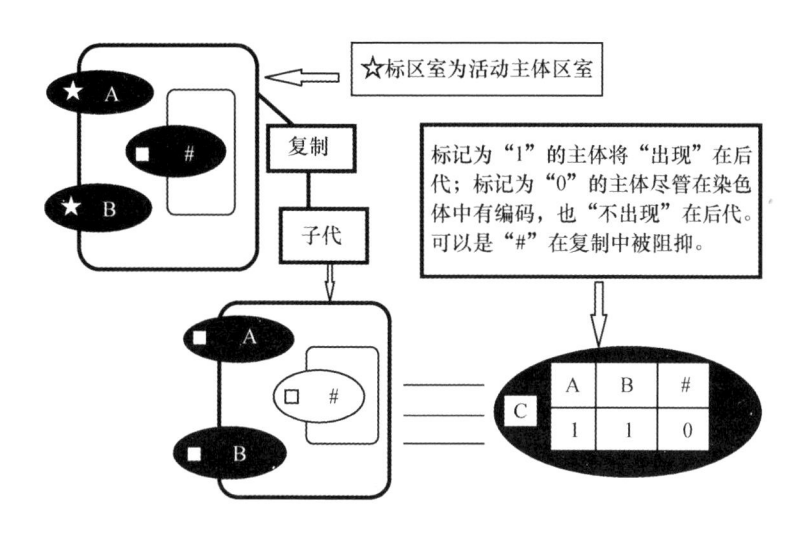

图 4—6　798、Art 聚集体的第一次条件复制

这就是最初的子代：798 空间（A）+艺术家（B）=艺术家工作室（C）。于是有：

$$A + B = C$$

通过条件交换、资源转换和条件复制产生的艺术家工作室进一步增加了 798 的活动性；从 798 内部来说，C 可以看作经过初始染色体 A、B 的复制而产生的新的主体区室，作为亲代的子代由于与亲代匹配得很好（其染色体与亲代相同），所以，按照 CAS 的演化规律，子代将进入亲代的边界内（见图 4—7）；它们构成一个多主体；同时，艺术家工作室（C）成为一个新的黏着标识。

2002 年 3 月，罗伯特进驻 798 开办了艺术书店（D）。这自然可以看作是 D 的进攻标识（租金、艺术、收藏、艺术图书）与由 A、B 组成的染色体串中的防御标识（租金、艺术、艺术家工作室）或者黏着标识片段（艺术）相匹配的结果。因此，"D"也被置于A、B的内边界以内，并成为新的黏着标识（见图4—8）。

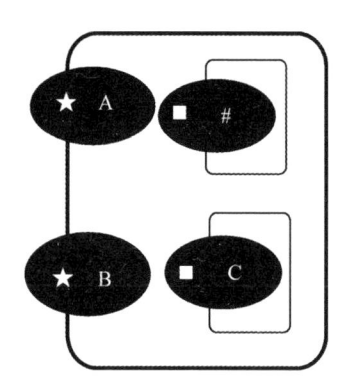

图4—7　经过第一条件复制以后798艺术区系统结构的变化

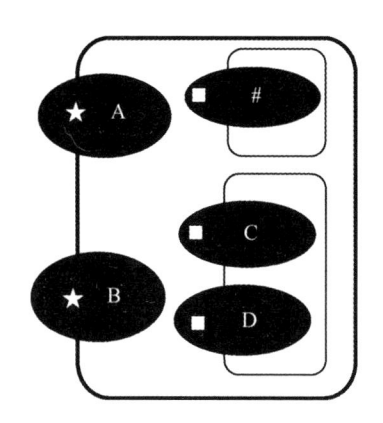

图4—8　798第二次条件复制后产生聚集体的变化

显然，798处于活动状态，且其60多万平方米的建筑面积和低廉的租金也能够满足A、B、C、D的复制条件。所以同样处于活动状态的A、B、C、D，开始了继续复制（见图4—9），而且它们的交互范围不限于艺术家主体与798之间，而是在大量的多主体之间进行交互。

这种新的多主体（A＋B＋……）显然可以说是画廊（E）、美术馆（F），或者画材商店、策展机构、拍卖行、艺术沙龙、艺术评论刊物、艺术基金等：

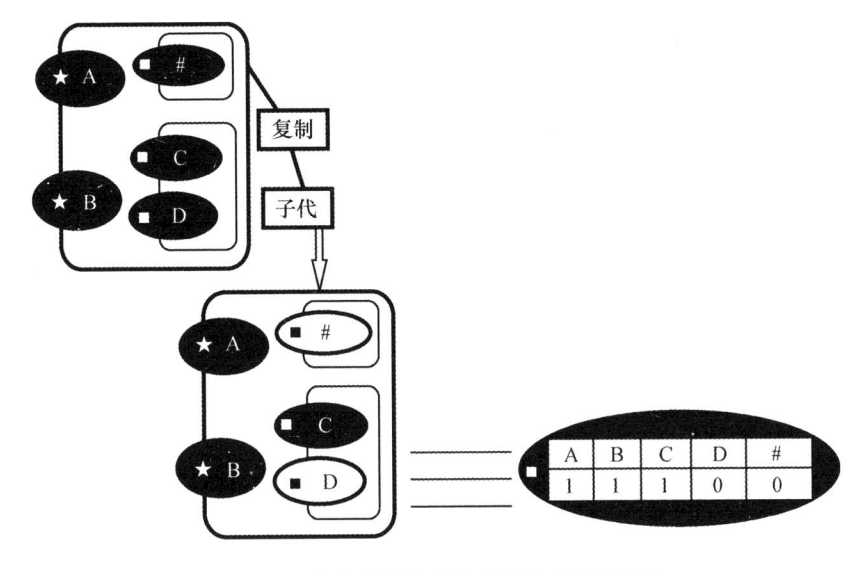

图4—9 多次条件复制产生的艺术区聚集体

$$A + B + \cdots\cdots = E$$
$$A + B + \cdots\cdots = F$$
$$\cdots\cdots$$

这些多主体同样可以用式（2—1）、（2—3）来描述其功能的提升。

当然，在这个复制过程中，主体的"分化""特化"等对形态发生起了很大的作用。由于多主体聚集，各个主体的资源可以用于整个多主体聚集的染色体复制，这就产生了丰富的分化和特化，即有的主体可以不用获取防御性资源而专司进攻、有的主体不用获取进攻性资源而专司防御。对于798来说，所谓分化和特化就是指"专门化"。有的主体专门进行艺术创作、有的主体专门策展、有的主体专门策划艺术活动、有的主体专门经营画廊、有的主体则专门做艺术评论等。其次是外部主体专门进行攻击、防御和进行交易活动，而内部主体则专注于把富余资源变换成短缺资源。如，黄锐专门策划艺术活动、邀请世界各地的艺术和文化名人来798、制造和推动舆论等来抵制798的被拆迁和转向，以维持798的生存和发展，而其他许多人则用心进行空间的规划和经营等。

主体之间这样不断地交互，就逐步形成了规模很大的、完整的艺术产业链和相关产业链，首先在海外产生了很大的影响，接着引起了朝阳区政府、北京市政府的高度重视，本来都决定要拆迁的、废弃的798，逃脱厄运，华丽转身，被北京市政府确定为"文化艺术创意产业园区"。

进一步地，无论艺术家、798业主还是相关的艺术主体都要生活、吃饭、交往等，把这些复制条件添加进去，就在原始主体的染色体中增加了"生活"和"交往"的片段。这就促使798演化出了相应的餐饮、休闲、时尚等主体。这正是后来的面貌。

经过这样一个形态发生过程，798就仿佛后生动物一样，由单个细胞逐渐演化成了器官齐全、功能齐全的有生命的聚集体。一个仅仅只有三五个工作室的798，演变出了近400家文化艺术企业，涌现出了一个具备完整产业链的文化艺术创意产业聚集区，进而成为北京市与长城、故宫齐名的三大文化旅游区之一。

运用有关文献的表达式：[1]

$$S(\sum_{i=1}^{n}1_i) = E(n) \qquad (4-3)$$

$S(\sum_{i=1}^{n}1_i)$ 表示多主体之间的相互作用；"n"表示系统中多主体的个数；E（n）表示系统的涌现与n的规模有关。它说明了主体的聚集、复制和相互作用是系统涌现的、十分重要的内在机制。

当然，798文化艺术产业园区形成以后，并不是就停止了，它依然是一个开放的、远离平衡态的系统。主体在持续不断的相互作用和复制过程中，由于代谢产物的浓度差异，内外环境的变化，有的主体会游离出聚集体，而成为新的聚集体的主体或种子。如早期进入798的隋建国、黄锐后来都相继离开798，成为环铁等聚集区的核心。我们来看一看他们的离开对系统功能产生了什么影响呢？

根据有关文献"小n效应"[2]，当系统主体聚集量充分大时，系统主体的增减对系统的影响很小：

$$f(n) = n(n-1) = n^2\left(1 - \frac{1}{n}\right) \qquad (4-4)$$

---

[1] 张嗣瀛：《复杂性科学，整体规律与定性研究》，《复杂系统与复杂性科学》2005年第1期。

[2] 张嗣瀛：《复杂系统的演化过程n（n-1）自聚集》，《复杂系统与复杂性科学》2005年第1期。

当 n 充分大时，

$$f(n) \approx n^2 \qquad (4-5)$$

这时，当 n 充分大时，减去一个 n，则

$$f(n) - f(n-1) = n(n-1) - (n-1)(n-2) = 2(n-1) \qquad (4-6)$$

与原有的 f(n) 相比

$$\frac{2(n-1)}{n(n-1)} = \frac{2}{n} \qquad (4-7)$$

对于大值的 n 而言，这是一个极微小的量，因此，他们的离开对系统功能影响甚微。事实也正是如此，隋建国、黄锐等尽管是798文化艺术产业园区形成过程中十分关键的结构因素，但当798文化艺术产业园区形成以后，他们的离开对798的影响就实在是微乎其微了。

主体游离出去以后，成为新的聚集体的种子，可以用"圆明园画家村"之于"宋庄画家村"来说明。

诞生于20世纪90年代初的"圆明园画家村"也是一个自组织的产物。先是几个不愿意生活在体制内的画家来到圆明园追求自由的艺术精神，后来越聚越多，成为了一个自发形成的画家村。当时在国内和国际上都产生了很大的影响。但是，后来由于这个地方处在城市的中央，产生了一些不好的因素，所以这些画家被强行驱赶。也就是说，这个聚集体被迫解体。

解体以后，这些画家自然成为了自由多主体，他们要去哪里发展呢？早在1993年著名艺术家黄永玉就入驻宋庄，建起了"万荷塘工作室"，播下了艺术的种子。1994年从圆明园"逃离"的几个画家方力钧、岳敏君、张惠平、栗宪庭等相约来到距离天安门广场24公里的宋庄小堡村，在这里租住农舍，生活创作，随着各个多主体的互动，这很快促成了以圆明园艺术家为主力的300多名画家进入宋庄。到如今，宋庄已经发展演化成为占地100多平方公里，入驻艺术家近2000人的，北京最大的创意产业聚集区。

不仅仅是798，创意产业系统的整个群风车模型都应该是这样演化出来的。我们略举日本动漫产业化过程中的创意主体、转化主体、生产主体等的形成就可以看到这种演化的过程。

总的来说，创意产业系统是一个复杂适应系统，其演化规律与 CAS 的形态发生过程是一致的，也就是说，它能够像后生动物那样自发地生长出来。我们已经看到，北京的 798 创意产业园区就是这样一个典型的案例。不仅如此，像北京的宋庄、上海的 M50 和田子坊、杭州的 loft49、深圳的大芬村、厦门的乌石浦，以及日本东京的动漫产业、美国好莱坞的电影产业、英国的舰队街、德国的北威州、澳大利亚的布里斯班等创意产业都是这样生长演化出来的。目前，我国正在实施文化强国战略，但很多地方都还是在按照抓工业的方法来抓文化创意产业，这多少不符合文化创意产业的形成和演化规律；而大量的研究也基本上采用传统的方法在进行，突破性的文献难觅。美国学者 Allen J. Scott 发现了创意产业与 CAS 理论之间的关系，十分简短地描述过二者的关系，但也仅仅是一种假说，没有进行实证的考察。因此，把文化创意产业作为一个 CAS 系统来认识，并循此发展和研究文化产业，可能会收到意想不到的效果。

四 例说——日本动漫产业演化的回声模型

（一）杠杆支点和早期主体的形成

19 世纪末，日本漫画与世界其他国家，如美国、德国、法国、英国、俄罗斯等一直平行发展。到 1923 年前，美国动漫发展都领先于日本。1924 年东京大地震对日本漫画产生了巨大影响，使日本漫画跃上一个新的台阶。东京大地震让众多的日本人心情阴郁，全社会笼罩着一种压抑黯淡的气氛。这个时候漫画大师麻生风推出了他的幽默长篇漫画《满不在乎的爸爸》，以幽默搞笑的方式鼓励人们振作精神，一下子引起轰动。于是，各类报纸杂志开始大量刊登幽默漫画。《读卖新闻》还专门增设了漫画部，把包括麻生风在内的一批漫画大师网罗麾下，这成为日本漫画产业的第一次聚集。由此，劳碌、困顿的日本人每天都有了放松自己的机会，重新燃起生活的希望。短短几年，适合不同年龄层次阅读的日本漫画迅速发展起来，漫画的多样性诞生。

"二战"期间日本漫画受到一定的影响，但恰恰是"二战"以后、类似于 1923 年东京大地震的影响在日本民族中滋生。就在这时日本涌现出了以手冢治虫为代表的漫画大师，他融小说的故事、电影的技法于漫画之中，并一改人们"漫画是滑稽"的刻板印象，在漫画中表现严肃主题。

同时一种叫作"赤本"的漫画也在日本出现，赤本多使用劣质纸张印刷，以猎奇怪诞的故事和颜色妖艳的封面来吸引读者。部分赤本漫画为了吸引成年的读者，甚至加入色情内容。这是战后物质极度匮乏、图书审查相对混乱的局面下诞生的。这种漫画价格低廉、很少一部分在书店出售，大多数在销售日常用品的杂货店，或者面向孩子的土杂零售店、露天商店、流动售货摊等地方销售。在"二战"以后一贫如洗的日本，价格低廉的赤本漫画拥有广阔的市场。它对于培养起战后出生的日本人阅读漫画的习惯起到了巨大的作用。值得注意的是，赤本的大本营在大阪，而不是东京。尽管1947年手冢治虫的《新宝岛》"故事漫画"大获成功，发行量逾30万本，但并没有引起作为当时日本文化中心的东京所注意，两大聚集体之间没有任何交互。从CAS理论来说，这或许可以归结为位置的差异。

1952年朝鲜战争带来的通货紧缩，使日本的平民百姓又只能寻求价格低廉的休闲娱乐。这时日本的贷本漫画出现，所谓贷本漫画，就是专为出租而制作的漫画作品。配合漫画的出租，出现了很多贷本屋。赤本的内容变成了贷本的软件。而贷本则使日本人阅读动漫的习惯进一步加深。特别是把"二战"以后第一个生育高峰出生的日本人，培养成为了70年代日本漫画消费的主力。

可以说，东京大地震的幽默漫画、赤本、贷本很好地培养了日本的漫画家（创意主体）、漫画读者（漫画消费主体）和漫画自身（漫画生产主体），也培养了日本漫画的销售渠道（渠道主体）和终端销售商（终端主体），为后来日本漫画的产业化创造了条件。其中的大地震、"二战"、通货紧缩也许可以视为日本漫画发展的杠杠支点。[①]

（二）漫画创意主体的形成和演化

如果要全面分析日本漫画创意主体的发展和演化，要从12世纪鸟羽僧正觉犹开始，不过，那离日本漫画的产业化实在太远了。所以，我们还是从20世纪中叶日本漫画产业化的黎明时期开始。

20世纪中叶，贷本漫画在日本盛行的过程中，还有一种在杂志上连载的漫画。这两种漫画都是以漫画家为主体，相比而言，贷本创作的自

---

① 李捷：《日本动漫史话》，中国青年出版社2012年版，第53—88页。

由度更大,更利于漫画家发挥个人的想象力和才智,正是这种形式,催生了日本的故事(小说、情节)漫画、拉洋片(拉洋片是中国的一种传统民间艺术。表演者通常为一人。使用的道具为四周安装有镜头的木箱。箱内装备数张图片,并使用灯具照明。表演时表演者在箱外拉动拉绳,操作图片的卷动。观者通过镜头观察到画面的变化。通常内置的图片是完整的故事或者相关的内容。表演者同时配以演唱,解释图片的内容)。而杂志连载主要是在东京,东京对于出版漫画单行本的意识非常单薄。在贷本世界获得很大成功的辰巳良弘、松本彦正到东京的杂志社推销自己的"独门暗器",结果吃了闭门羹。但无论杂志的长篇连载,还是贷本漫画,都是以漫画家个体创作为核心。尽管当时漫画已经成为了一种产业,漫画家成为漫画产业的第一生产者(创意主体、产品生产主体),但漫画家都还没有形成一种多主体聚集。

到了20世纪50年代后半期,日本的月刊漫画杂志增加,尽管漫画家的工作量增加,但应付杂志的"截稿日期"还是绰绰有余,所以漫画家还是独立地工作。构思故事、编写说明文字、构造主要符号形象、添加背景、涂抹油彩,包括着装的模样和背景的斜线都是由漫画家一个人完成。

然而到了1959年,周刊漫画杂志诞生。每周都有一次"截稿日期";同时"周产量"与原来的"月产量"相当,也就是说,漫画家的工作量骤然增加了3倍。这时,过去优哉游哉的漫画家再也无法应付了。于是,一个有层次、有内层也有外层的漫画家多主体聚集体开始形成。尽管这种聚集体在日本学者的笔下分为四种情况,但总体来看,就是漫画向产业化方向的挺进,为漫画家职业的多样化开辟了新的生态位,一个专业化的分工体系逐渐形成。漫画家发出故事的构思,草拟说明文字,并发出运用于主要符号形象的被称为"拐小弯"的指令;首席助手描绘辅助的符号形象;背景由专职助手负责背景描绘。草稿完成以后,再由助手擦去铅笔线,涂上油彩,贴上透明坐标纸,等等。与此同时,作为漫画家创意转化主体的职业经理人也产生了,他们专门负责画家工作室的管理。这样,通过条件复制,就形成了一个以漫画家为中心的多主体聚集体。漫画家属于聚集体的外层;助手们则属于内层。也正是这种聚集体,使日本的漫画产业开始"涌现"出来。

前面说过，主体在复制过程中由于代谢产物的浓度差异，有的主体会游离出聚集体，而成为新的聚集体的主体；或者在流模型的节点与节点之间，不具备鲁棒性的节点会因为不适应而强度减弱。在这种情况下，一些恪守自己品位、不把漫画当作产业的漫画家依然在月刊杂志上发表自己的作品，哪怕拥有的读者很少；进一步地，在进入 60 年代以后差不多 5 年时间里，由于不接受和不适应新的体制和机制，那些在 50 年代曾经支撑月刊杂志的大师们，逐渐全部淡出了画坛。取而代之的是石森章太郎、藤子不二雄、赤塚不二夫、川崎上流和白士三平等漫画家。

到了 1963 年，随着电视动画《铁臂阿童木》的成功刺激，日本的各种工作室纷纷介入电视动画的制作。在这种条件下，新的条件复制产生，即由专业作家或剧本创作者创作故事，漫画家负责作画，导演负责拍摄成电视片的体制开始形成。这种新的多主体聚集体，形成了更加复杂的层次结构；同时，主体的专业化分工更加精细。过去有的人漫画画得好，但构思故事的能力不行；有的人构思故事的能力很行，但漫画又画不好。现在，按照 CAS 条件复制的原理，当多主体聚集起来以后，染色体可以共享，从而为主体的分化提供了条件，因此，擅长故事的可以专门写故事、擅长绘画的可以专门绘画、擅长背景描绘等细节的可以专门做细节，等等，这样一来，无论故事、还是漫画的质量都因为专业化的分工而大大提高。结果，主体的聚集分化使整个动漫产业朝着更高的层次演化，进而涌现出了日本的整个动漫产业。

同样，在这个过程中，那些认为让别人来写脚本、自己来画漫画的行为是低级的、没出息的、没创造性的漫画家们退出了这个体系。

但是当动漫产业涌现出来以后，条件复制并没有停止，漫画和动漫产业都还在继续演化。70 年代，一些漫画家跟出版社或者杂志社签约，成为某杂志社或出版社"专属"；或者与动漫制作单位签约，形成制片人、电视剧本原创作者、漫画家的合议制。这样，漫画家就由过去的漫画产业第一生产者退到了聚集体的内层。出版社（或杂志社）编辑负责人、制片人成为漫画家的主宰，漫画家甚至彻底失去了自我表现的自由。什么"个性""主体性"都消弭在能否"卖"、能否畅销的价值判断之中。

可以看出，在这个过程中日本动漫产业逐步朝着群风车模型的方向演化。最初通过赤本和贷本，创意主体、产品生产主体、渠道主体、终端主体、消费主体逐步扩大和成熟，为漫画的产业化创造了基本的条件。当产业化开始以后，聚集体开始形成，其结果就是漫画产业化的涌现，可以说没有这种多主体聚集，就难以涌现出日本的漫画产业。最后，当漫画产业向更高级的动漫产业化演化时，聚集体就开始发生新的变化，创意主体（漫画家）转到内层，创意转化主体和生产主体（杂志社、出版社或动漫制作人）转到外层。

对于推广主体和政府主体我们这里没有提及，可以参看在前面讨论群风车模型时提到过的日本动漫的推广。至于政府在其中的作用，对于熟悉日本动漫产业政策的人来说，无论我们怎样夸大都不过分。①

第四节　本章小结

创意产业系统的回声模型主要阐述了创意产业系统的形态发生过程，说明了创意产业系统是一个自组织系统。这个系统的各个主体之间在交互过程中不断推动系统的演化。其中交换接触，使创意产业主体在与位置和别的主体的交互中获得条件复制所需要的足够的资源和染色体；而交配接触，则是主体进行条件复制，产生新的子代，推动系统向更高的层次演化。在这个过程中，由于每个主体代谢产物不同（如知识溢出），形成了不同主体的不同面貌，从而使多主体聚集体最终完成了创意产业系统群风车模型的建构。

---

① 李长庆等：《日本动漫产业与动漫文化研究》，北京大学出版社 2011 年版，第 59 页。

第五章

创意产业系统自组织演化机理分析

前面我们主要从 CAS 理论的角度对创意产业进行了系统研究。从复杂性科学来说，CAS 理论与其他复杂性理论之间有着紧密的联系。比如，霍兰所谓的 CAS 系统不存在"中央指挥系统"就是指系统运动是一个自组织过程，而"杠杆支点"应该说与混沌理论中的"蝴蝶效应"又有一定相似性，标识、聚集、内部模型则契合哈肯序参量的内涵，多样性与"分岔"理论相通，而蝴蝶效应、序参量、分岔等又都可以整合到自组织理论之中。

因此，本章把我们前面根据 CAS 理论对创意产业所做的研究，放在整个自组织理论的背景下，再进行一番讨论，以进一步弄清创意产业的系统特性。

第一节 创意产业系统的自组织现象

一 自组织理论概述

最早的自组织理论是布鲁塞尔学派的领导人伊利亚·普里戈金于 1967 年提出的"耗散结构理论"。这个理论指出，一个远离平衡的开放系统，可以通过不断地与外界交换物质、能量和信息，在外界条件达到一定阈值时，从原有的混沌无序状态，转变为在时间、空间或功能上的有序状态。所谓耗散结构，就是指这种在远离平衡条件的情况下所形成的新的有序结构。耗散结构理论第一次使用了"自组织"（Self–organization）这个概念，准确地解释了贝纳德对流的成因，给出了贝洛索夫—扎鲍廷斯基反应（B-Z反应）的机制，并构造了一个三分子模型——"布鲁塞尔器"，使得耗散结构理论可以广泛地运用于自然科学和社会科学的研究。

比普利高津稍后的德国生物物理学家曼弗雷德·艾根基于分子生物学的发现，于1970年提出了"超循环"理论。1979年艾根和舒斯特出版了专著《超循环：一个自然的自组织原理》，从一个独特的角度阐述了系统的自组织机制，深刻刻画了从非生命向生命进化的阶段，或者说从化学大分子进化到活细胞的自组织过程。超循环理论与其他有关非生命领域的自组织理论（如耗散结构理论）一起，比较完整地提供了非生命组织、非生命向生命组织演化的过程描述与本质解释。

与此同时，受普利高津和艾根启发，德国物理学家赫尔曼·哈肯提出了"协同"的概念，并于1971年与格拉哈姆共同发表了《协同学：一门合作的学说》。如果说，耗散结构理论阐明了自组织的外部内部条件，超循环理论揭示了系统自组织进化的形式，那么协同学就发现了自组织的内在动力机制。简单地说就是，系统通过内部大量子系统之间的竞争、合作产生协同效应，由此形成序参量支配系统的运动，这就是系统自组织的内在动力机制。

此外，相变理论、突变理论、分岔理论等的出现，解释了自组织的发展过程，混沌理论则揭示了自组织过程的复杂性。

那么，究竟什么是自组织呢？

简单地说，所谓自组织就是指系统不需要外界特定的指令就能自行组织、自行创生、自行演化，就能自主地从无序走向有序、从低级走向高级、从简单走向复杂，从而形成有结构的系统。如果用复杂适应系统（CAS）理论来说，自组织系统就是没有"中央指挥系统"的系统。

与自组织相对的是他组织，就是系统如果没有外界特定的指令，就不可能自动地朝着有序的方向演化。亦即，他组织系统只能依靠外界特定的指令，被动地从无序走向有序，这就相当于系统存在一个"中央指挥系统"。

如何在概念上区别自组织和他组织呢？研究自组织理论的吴彤教授曾经举例说，"自由恋爱"是自组织、"包办婚姻"是他组织（吴彤，

2006)。

基于以上理论，我们来考察一下798的自组织过程，并与其CAS特性做一个简要的比较。

二 创意产业系统的自组织生长

从现实情况看，创意产业系统的形成正是一个自组织过程。背离自组织规律，通过他组织的方式来推动创意产业发展会遇到很多困难。798文化艺术创意产业园区实质上就是一个自组织的产物。对798进行过一番考察的荷兰人Neville Mars认为，创意产业园区应该是自然生长出来的。像北京高碑店那样的创意产业园区是规划出来的，"创建一个创意园区这样的规则，是我们反对的，一个有活跃创意的区域应该是自然生长起来的"。北京建立了很多创意园区，在Neville Mars看来，只有自发生长起来的798是成功的。[①] 从系统理论来说，Neville Mars所谓的"自然生长""自发生长"就是自组织的意识。

798是怎样自然生长出来的呢？我们这里做一个简单的考察，后文还将详细讨论。最初，798地方偏僻、交通不便，用2001年就进入798的洪晃的话说，这是"一个特别破烂的地方"[②]，但就是这样一个破地方，一些文化人在没有任何人引导、组织的情况下，不经意地自发进驻到这里来进行创作和生活。先期到来的人，通过与其他文人艺术家有意无意的互动，陆陆续续引来了更多的文化人和画家。由于画家的集聚，与画家的创作和生活具有生态关系的画廊、展览（策展人）、媒体、画材销售等也七七八八自发地进来了。绘画是一门艺术，于是作为艺术的音乐、设计、瓷器、首饰等也在这里自然而然地生长出来……不断地生长、裂变、演化，798就很快枝繁叶茂、越长越大，业态、业种、艺态、艺种都不断丰富、不断发展，形成了一个运行良好的自组织系统。

其实，不仅798，北京的中关村、什刹海都是靠民间力量的推动，通过自组织的方式形成的商业文化区域。由于民间力量在不同区域的组成不一样，所以自组织所形成的结果也就形态各异。中关村是电脑科技，

---

① 叶滢:《窑变798》，新星出版社2010年版，第93页。
② 同上书，第200页。

是在理工科和科技人员的推动下形成的，里面都是民间企业家，代表高科技的发展水平和生产方式的转换，是后工业时代的代表。正如有人所说，798是文化艺术的中关村，而中关村则是高科技的798艺术区，两者很相似。什刹海亦然，它也是因为有100多年的文化底蕴、独特的民俗环境和富于变化的曲折的胡同，逐渐发展成为表征中国传统社会的一个标志的①，与中关村的现代科技文化形成一种鲜明的对比。但它们毫无例外都是以自组织的方式形成的。

不仅国内，诸如国外著名的创意产业区，如德国的北威州，澳大利亚昆士兰，纽约的苏荷地区，洛杉矶的好莱坞、圣塔莫妮卡和伯班克，法国巴黎的第八区，英国的伦敦西区等文化创意产业聚集地都是自组织发展的产物。

当然，他组织也不是说就不能形成创意产业，而是说，在他组织的过程中，作为他组织的主体只有把自己摆在自组织系统之中、作为系统的一个组分，而不是凌驾于整个自组织系统之上的外部力量，才能实现通过他组织促成创意产业发展的目的。作为系统的一个组分，就相当于他组织主体根据系统的协调性需要，像自组织的一个组分一样，不断调整自己的行为，以与其他主体和整个系统相适应；或者根据系统发展的需要，引导系统的其他组分顺着自己的意志建立系统适应性。这样一来，表面上看似他组织的系统，实质上已经变成了自组织系统；只是在这样的自组织系统中，起码有一个组分对系统发展的方向和目标比较明确，而且能够有意识地引导系统沿着正确、合理的路径演化，并作为一种支配力量，促使系统形成自组织所需要的序参量。②

三 一个他组织失败的案例

与此相反，作为创意产业的"上海画家村"就是一个以他组织的方式组织起来而最终失败的例子。2001年5月，在浦东大道五莲小区内，艺术经纪人刘刚策划成立了上海画家村文化艺术有限公司，用低价承租了该小区长期空置的3号楼。成立不久就吸引了来自全国各地的140余位

---

① 叶滢：《窑变798》，新星出版社2010年版，第205页。
② ［德］H.哈肯：《信息与自组织》，郭宏安译，四川出版集团2010年版，第22、38页。

画家入驻。由于画家村从筹办时就得到相关政府部门的支持，并且在上海也算是一个新的文化现象，开张之后短短几个月，差不多就被上海的大小媒体报道了个遍。但是，虽然它为画家所提供的生活、创作、研究三位一体的良好环境和浓厚的学术气氛明显优于北京798，租给画家的房屋也更现代化；然而，这个被广泛看好的画家村，却在2003年新年伊始宣告寿终正寝了。究其根本原因，就是"他组织"所造成的。

本来，画家进入以后，如果采用自组织的方法，让他们通过学习和适应建立起一个复杂自适应系统，就像包办婚姻，包办了、娶进门了，就不再干涉他们之间的关系，让他们从头开始恋爱、开始相互适应，父母可以引导、可以关心，但不要再干涉，就会逐步建立起和谐的关系，这样，上海画家村就很可能良性发展下去；但是，本来就是通过他组织来形成的这样一个画家村，在画家进入以后，其商业运作方式依然是他组织的：画家村的村长刘刚不仅行使管理和服务，还负责制约画家村村民的艺术行为。这与艺术家的这种职业之间、身份属性之间、个性特征之间发生了很大的矛盾。2001年底，画家村爆发了一次"民运"，几个画家出于对村长刘刚以及画家村现行体制的不满，认为画家村应该实行自治，并选出了10个人组成"村民委员会"。显然，这种自治，本质上就是要求系统的运行方式进入"自组织"的轨道。但这次行动并没有成功，不仅没有促成画家村走向自组织，相反却造成了公司与画家之间更大的矛盾，一些媒体也做了跟踪报道。虽然很快平息了，但留在画家心理上的阴影却难以抹去。

从系统运动来说，这种变化就使系统积蓄起了负反馈能量、或者说正熵。2002年春节过后，系统负反馈开始突现：过去经常聚在一起吃饭喝酒的画家们，聚会次数明显减少，亦即负反馈使画家村内部主体之间的互动减少了，熵增变大。

更令人难以接受的是，2002年底，画家村经营公司居然从南京请来了一位艺术批评家作为画家村的艺术总监，对画家村的运行进行改革，进一步加强对画家的管理：由艺术总监对村内所有画家的作品进行评估定价，然后根据画家意愿将入驻画家分为签约画家和公寓画家；签约画家可以根据个人具体情况减免房租或保持房租不变，公寓画家的房租则要上涨。这相当于通过这种手段，让一部分正在成长中的画家离开，进一步强化了系统的他组织。姑且不论艺术总监的"眼光"究竟如何，仅凭他一人之心力，就以"一言堂"的方式判断哪位艺术家应该出局，这做得到吗？这种不是通过主体之间的相互作用来建立适应性关系的他组织手段，仅仅执行了一星期就因总监与艺术家之间难以调和的矛盾而搁浅。①

随着这种行为所造成的系统负反馈进一步加强，系统熵增越来越大，最终导致系统崩溃：此后一个月内很多画家陆续搬离，上海画家村从此步入败落之境。

这就是采用他组织手段来发展创意产业而失败的案例，对于目前国内那些热衷于采用工业园区手段创建创意产业园区的企业和地方来说，这个案例的教训是深刻的，是很值得借鉴的。

第二节　创意产业自组织演化的条件

一　自组织与系统开放

系统自组织演化有一个基本的前提条件，那就是：充分开放。所谓"开放"就是系统与外界存在物质、信息和能量的交换。如果不能进行交换的系统，就是封闭系统。封闭系统的熵增自发地趋向增加，或者说自发地走向无序。因此，开放是系统自组织演化的基本前提和必要条件之一。

研究开放系统形成自组织结构的耗散结构理论，给出了一个简单而又深刻的公式：

$$dS = d_eS + d_iS$$

在开放条件下，按照热力学第二定律，只要系统内熵产生 $d_iS \geq 0$，当系统与环境之间的熵交换 $d_eS < 0$ 时，系统把熵产生排入环境中，相当于系统从环境中引入了负熵；如果系统充分开放，从外界引入足够多的负熵，使 $|d_eS| > d_iS$，则有系统总熵 $dS < 0$，系统总熵降低。系统总熵降低，意味着系统的有序程度提高，系统就有可能自发地组织起来，

---

① 今日先疯：《上海画家村的兴衰》，《美术观察》2003年第4期。

进而形成有序结构。① 798 如果不是一个开放系统，只是几个艺术家在那里自娱自乐，谢绝其他人进入，那么 798 永远也不会有今天的局面。

开放还有一个度的问题，开放程度为 0，就是封闭系统。开放程度 100%，意味着系统没有任何边界，完全与环境融为一体，那么系统也就不复存在了。因此，开放系统也必须保持一定的自洽性和独立性。如果 798 一点都不开放，早就逃脱不了被拆迁的命运了。但是，如果 798 全面开放，无论什么产业、无论什么文化都可以进去，那么 798 也就不再是一个文化艺术创意产业园区和旅游区，很可能变成一个普通的商业区了。

二 自组织与系统远离平衡态

开放只是形成系统自组织的一个必要条件，但还不够充分。系统要通过自组织形成新的有序结构，还有一个条件，那就是系统必须远离平衡态。按照普利高津的观点，在平衡态和近平衡态的线性区域内，系统会朝着均匀、低级和复杂性降低的方向发展，它无须依赖外界条件，就可以维持自己平衡态的机构，因为这是一种"死"的结构。只有当系统越出平衡或近平衡的线性区域，到达远离平衡态的非平衡、非线性区域，系统才会出现自组织；通过自组织形成的结构，是一种"活"的机构，由于它只有在系统远离平衡态的条件下才能形成，因此也必须在远离平衡态的条件下才能维持。贝纳德对流如果没有外部持续的加热，很快就会消失。原因很简单，因为这种系统的内部不断产生熵，需要不断地从外界引进负熵，才不至于使组织结构瓦解。

798 的形成和维持正是这样一个过程。这里的业态不断丰富、又不断淘汰；这里不断地有艺术家进驻，又不断地有艺术家搬离，包括 798 最早的倡议人士，如隋建国、黄锐都相继离开了 798。但 798 始终维持着自己作为一个文化创意产业园区的内核。新陈代谢只是让这个结构更加稳固。相反，如果发展到了一定程度，自身吐故纳新，保持整个系统始终处于远离平衡态的状态，那 798 也早就停止发展了。

当然，对于 CAS 而言，对它的讨论同样是基于系统开放和远离平衡

---

① ［比］伊·普里戈金、［法］伊·斯唐热：《从混沌到有序》，曾庆宏、沈小峰译，上海世纪出版集团 2005 年版，第 119 页。

态这两个前提的。霍兰把 CAS 的主体定义为具有适应性的"活的主体",它们不是被静态地定义的,而是被放在关系之中,放在运动之中来定义的。这些主体"更接近于物理学家对于基本粒子的看法。就像光子激发电子使它从原子周围的轨道跃迁那样"[①]。同时 CAS 系统具有"流"的特性,即系统资源通过连接者在主体(节点)之间不断地流动,这就使整个系统始终保持"恒新性"。可以说,"恒新性"替换"系统开放"和"远离平衡态"这两个概念,从另一个角度描述了自组织系统的特征。

第三节 创意产业自组织演化的动力机制

一 自组织与系统内部的非线性作用

系统开放和远离平衡态只是系统自组织演化的条件,系统自组织运动还依赖于系统内部组分之间的非线性相互作用。所谓非线性相互作用通俗地说就是,系统作用的总和不等于每一份作用相加的代数和。在非线性作用下,一个微小的扰动,可能会被成倍地放大,以致产生无法衡量的戏剧性效果。蝴蝶效应就是非线性作用的结果。在这一点上,自组织理论与 CAS 理论的认识是一致的(见第二章第二节第二部分)。

以非线性相互作用为研究对象的协同学,创造了一套处理非线性相互作用的方案。协同学认为,自组织系统演化的动力来自系统内部的两种相互作用:竞争与协同。根据协同学的伺服原理,系统变量可以分为"快变量"和"慢变量",其中慢变量又称为"序参量"。大部分变量本身变化极快,往往还未来得及支配系统的行为就已经消亡或者转变了,这类变量就叫作"快变量"。极少数变量则支配和主宰着系统的演化,代表系统的秩序,所以又叫"序参量"。协同学的研究表明,慢变量所代表的系统序参量,是由众多子系统的竞争与协同产生的,反过来,它又支配着众多子系统。众多子系统对序参量的"伺服"强化着序参量本身,也促进着子系统对序参量的进一步伺服,从而使整个系统形成自组织演化。不过,必须明确的是,序参量并不是系统中的某个子系统。协同学

---

① [美]约翰·霍兰:《涌现——从混沌到有序》,陈禹等译,方美琪校,上海世纪出版集团 2006 年版,第 7 页。

的创始人哈肯认为，不论什么系统，如果某个参量在系统的演化过程中从无到有地变化，并且能够揭示出新结构的形成，反映新结构的有序程度，它就是序参量。因此，序参量实际上是大量子系统集体运动的宏观整体模式之有序程度的参量。序参量一旦形成就会支配和役使系统子系统，主宰系统的整体演化过程。[①]

还是以798为例，798是如何遵循伺服原理而进行非线性相互作用的呢？首先是竞争。主要的竞争来自于文化艺术主体与798物业的所有者七星集团主体之间，它们围绕保住798工业遗迹和798艺术区、还是拆掉798和把艺术区赶出798展开了竞争。这场竞争从2003年初开始至2006年北京市把798确定为"文化艺术创意产业园区"止，长达3年时间。结果以文化艺术主体的胜利而告终。2006年初以后，两大主体开始了协同：文化艺术主体继续发展，七星集团与北京市相关部门联合成立了798管理办公室，为798创意产业的发展提供服务，这样就形成了798围绕创意产业运动的序参量，整个系统进入有序发展阶段。

当然，详细分析798的竞争与协作，还有很多方面。比如，这里面还有业态的竞争与协同、艺术形态的竞争与协同、市场竞争与协同等。不用一一列举，我们就应该很清楚了。

CAS理论是把非线性当作CAS的一个重要特性来认识的，并以洛特卡—沃尔泰拉方程为例进行了论证。虽然如此，但从霍兰对CAS七大基本点的关系处理中，可以看出非线性在其中的动力学价值。因为正是在非线性和流的作用下，才生成了主体的多样性及多样性的动态模式。而这种非线性相互作用，同样导致了CAS内部的竞争与协作。霍兰对适应性主体的定义就是，所谓适应性主体就是一组消息处理规则；而规则则被看成是正在被检验和确证的假设。某条规则如果在过去经验中被证明是有用的，就表明它在过去的竞争中经常取胜，它就可能被赋予一种较高的强度。但是对于早期主体来说，由于经验的缺乏，将依赖缺省层次决定自身的行为，但如果老是利用缺省层次，主体就可能无法进化而淘汰。因此，随着主体经验的积累，更多的规则将加入，并与缺省层次共生地起作用。这可以看作是规则在竞争之中有协同，协同之中有竞争。

[①] 吴彤：《自组织方法论研究》，清华大学出版社2001年版，第49—50页。

正是这种"竞争—协同—竞争"的往复运动,才推动主体的演化。不过,CAS 理论的精彩之处在于,一是对规则赋信发明了传递水桶算法,二是为强规则的生成发明了遗传算法。这让我们对系统非线性作用的分析有了更方便的数学工具。这是此前的自组织理论所不及的。

二 自组织与系统涨落

非线性相互作用可以将系统的扰动放大,从而推动系统跃迁,因此,非线性相互作用显然应该是系统自组织的动力机制。进一步地,按照协同学的原理,涨落导致有序,而涨落实质上就是系统的一种扰动,因此涨落和非线性相互作用都应该是系统自组织的动力机制。做一个分别就是,涨落为非线性相互作用提供各种可能的运动方向,非线性相互作用为涨落的放大提供各种可能的关联。

正常状态下,系统的特征量、性能参量等总是处于波动状态,在观察、研究和把握系统的时候,我们一般考虑的是其平均值,同时根据实际值在平均值附近的分布,加以适当修正。当特征参量的实际值偏离平均值时,这就叫涨落。它是来自系统内外、能够对系统行为特性造成影响,但是却没有规则、无法预料的各种波动因素。在系统远离平衡态的条件下,涨落能够导致系统的对称性破缺,从而形成有序的耗散结构。特别是,当涨落不断放大时,系统就会朝着一种新的秩序进化。当然,涨落也可能导致系统的倒退和崩溃。

涨落又分为内部涨落和外部涨落。所谓内部涨落,即由系统内部组分或运动模式自发产生的涨落,外部涨落则是指系统外部环境中,各种组元或各种运动模式所产生的种种影响,外部涨落又称为"环境噪声"。

798 的形成就有来自内外两个方面的涨落,这些涨落最终使 798 这家废弃工厂进入了一种新的有序状态。首先是来自系统外部的涨落。2003年底美国《时代》周刊把 798 艺术区评为全球最有文化标志性的 22 个城市艺术中心之一;《纽约时报》将 798 与美国纽约的艺术聚集区苏荷区相提并论;法国《问题》周刊刊登"新北京已经来临"的文章,认为 798 的出现是中国正在苏醒的标志之一。从 2003 年起一些西方国家政要、中外社会名流陆续造访 798,经媒体报道后进一步扩大了艺术区的国际影响。2003 年底,欧盟文教大臣维雅娜·雷丁女士访问 798,发表了支持并保护798艺术区的意见；2004年12月6日，德国总理施罗德为798德国"空白空间"画廊"中德当代艺术展"开幕式剪彩，并发表感叹："几十年前的包豪斯建筑在德国都很少发现了，今天居然在北京存在，真是太难得了。"此后，瑞典首相、瑞士首相、奥地利总理、欧盟主席（巴罗佐）、比利时王妃、安南夫人、法国总统希拉克等都先后到访798。他们普遍认为，没有想到中国还有这么个思想活跃的地方，体现了中国改革开放的成果……而北京的相关部门领导也不断到798明察暗访，2005年时任国务委员李铁映访问798……这些来自外部的随机因素，造成了798内部主体特征量、性能参量的涨落，并不断放大，推动798朝着有利于文化艺术主体的方向前进。当然，还有一些内部随机因素也影响了系统的涨落，比如苍鑫随机带进798的许多艺术家、黄锐及东京画廊的到来，2005年意大利的"常青画廊"在北京开业，台湾的"帝门画廊"在798开幕，"北京公社""当代唐人艺术中心"相继进驻，等等，这些涨落都使系统远离平衡态，强迫798艺术区向新的秩序演化。2006年初，北京市政府正式把798定位为"文化艺术创意产业园区"，通过自组织方式诞生的798终于修成正果，形成了有序的耗散结构。

与CAS理论进行比较（见第四章第四节和第三节）可以看出，在CAS系统中，涨落是通过ECHO模型的交换接触和交配接触来实现的。交换接触中的条件交换可以产生外部涨落，特别是与"位置"的交互更会如此。而资源变换、黏着耦合、选择性交配和条件复制则可以产生内部涨落。只是从内容上来说，CAS理论对系统涨落的表达更为具体和全面。比如，协同学没有强调聚集对于涨落的意义，而CAS理论则把主体的聚集当成了涨落的一个基本条件。因为只有聚集才能形成系统，以细胞聚集为例，在聚集体中，细胞之间的相互作用会形成各种代谢产物，这些代谢产物因其浓度的差异，有些会扩散到细胞的外面，有些则在细胞内部保持较高的浓度；而代谢产物的浓度差异又会导致细胞染色体不同基因的开启和关闭，并且使不同的细胞之间形成不同的黏着方式，在经历了一个复杂的变换过程以后，最终导致后生动物局部结构的产生，如器官、神经网络等。因此，CAS理论显然对系统的自组织描述更为精细。

第四节　系统自组织演化的形式

一　系统自组织与系统循环

无论是自然界还是社会，无论是有生命的系统还是无生命的系统，它们的自组织演化都具有内在的统一性，即都要采取"循环"的自组织形式。什么是循环呢？如果两个要素，A作用于B，即有A→B，A是B的原因，B是A的结果；反过来，B又作用于A，即有B→A，B是A的原因，A是B的结果，那么从整体上看，这种双向作用就构成了AB的循环。

循环有三个层次：反应循环、催化循环和超循环。反应循环，如酶催化底物变为产物的反应，整体上相当于一个催化剂的作用，在整个反应过程中不断再生出自己，是自维生的。催化循环，如果一个反应循环中至少有一个中间物是催化剂，即产物E是下一步产物E_{1+1}的催化剂，这就构成了比反应循环更高一级的催化循环。实质上催化循环是反应循环聚集循环的结果。而催化循环的聚集循环则构成更高一级的循环——超循环。

"反应循环→催化循环→超循环"就是系统自组织演化的层次跃迁和复杂性生长的螺旋模型。正是这种形式使系统能量不断聚合，非线性作用不断加强，加上系统循环过程中可能的误差，导致系统的分岔和突变。

还是以798为例。隋建国、洪晃等的进入都是反应循环，他们是自己产生自己；随着这种反应循环的聚集，出现了罗伯特、黄锐等艺术家的工作室，这种艺术工作室因其广泛的人脉和社会资本，既是反应循环的产物、又成为一种催化剂产生催化循环，催生了更多艺术家在798建立工作室。画家艺术工作室的催化循环则产生了画廊、画材商店、画展、艺术节，还催生了音乐艺术、时尚艺术、设计艺术、美食艺术等的进入，这些艺术又各自催生了与自己的产业链相关的上下游产业，形成多种多样的超循环，这些超循环不断演化，螺旋上升，不仅仅使798变成一个艺术聚集区，而且跃迁演化成为了一个"文化艺术园区"、甚至一个旅游目的地。

从CAS理论来说，系统循环是通过黏着、交配和条件复制来实现的。

黏着会使系统形成各种层次的边界，不同的边界主导不同的循环；交配的结果也是产生新的主体，这些新的主体又与其他主体交配产生更多新的主体，它们之间的相互作用同样会形成很多循环；条件复制不断地产生包含了内层和外层的多主体聚集，而多主体聚集体又会作为一个整体，与其他多主体聚集体交互，这就形成了 CAS 不同层次的循环和上升。霍兰认为，从非线性来看，由形形色色的主体的聚集所引发的再循环，比个体行为的总和要多得多。① 进一步地，遗传算法从本质上来说，就是通过不断的循环而产生的。

二 自组织与系统分岔

系统在涨落的影响下不断演化的过程中，还存在一个演化方向的问题。这与系统组分的多样性有密切的关联。非线性动力学揭示，系统造就多样性的内在机制之一就是分岔。简单地说，如果系统状态空间的某处出现两个或者多个可能的演化路线，需要系统做出选择，系统就面临分岔。分岔是系统形成新质的核心机制。当没有做出选择时，这种不同的选择具有对称性，一旦做出了选择对称性就被打破，实现对称性破缺。一般系统如何选择呢？非线性动力学指出有两种基本方式。如果环境中存在某个强有力的因素，能够影响系统选择，就称为"诱导性对称破缺选择"。另一种是靠偶然因素的触动，称为"偶然性对称破缺选择"。前一种主要是理性选择，后一种更多地依赖运气。在非分岔点上，偶然性对系统只有扰动作用；一旦到了分岔点上，偶然性对系统未来的选择就具有了决定意义。此外，同一个非线性系统因为有多种参量，就会存在多个分岔点，因此其演化就需要做出多次分岔选择。② 798 同样是一个很典型的例子。当 798 废弃以后，从七星集团来说，存在把这里改建为产品生产基地、物流产业基地、中关村电子城等诸多分岔，但肯定没有创意产业园区的分岔选项。当中央美院进入这里进行雕塑创作，其后隋建国、

---

① ［美］约翰·H. 霍兰:《隐秩序——适应性造就复杂性》，周晓牧、韩晖译，上海科技教育出版社 2011 年版，第 30 页。
② ［比］伊·普里戈金、［法］伊·斯唐热:《从混沌到有序》，曾庆宏、沈小峰译，上海世纪出版集团 2005 年版，第 160 页。

于凡等人在这里建工作室，洪晃搬入 798 以后，就使这里形成了"创意产业"的新的分岔。最终，在各种强有力的因素作用下，由于系统巨涨落，形成了"诱导性对称破缺"，或按复杂适应系统理论所言的"系统主体的期望"理论：具有力量的主体对系统的期望主导了 798 的发展方向，使这里选择了"文化艺术创意产业园"。

但是，798 作为"文化艺术创意产业园"这种稳定定态，并没有妨碍 798 继续演化而出现新的分岔。很快，这里就由创意产业园区分岔出了旅游吸引物和旅游目的地、时尚创意产业基地、品牌购物中心、休闲娱乐中心等，它们之间相互竞争，此消彼长，推动着 798 向前演化。

在 CAS 理论中，同样存在系统分岔问题。CAS 理论认为，系统分岔是由标识引导的，不同的标识会形成不同功能耦合的不同聚集体，而不同聚集体之间能量的消长，就会形成系统不同的分岔点。CAS 的"适应性辐射"现象就发生在新的主体类别产生的地方。[①] 从生物进化来说，一个层次上确立的积木，经过选择性组合，会成为下一个更高层次的积木，进化过程会在所有层次上不断地生成和选择积木。当某个层次上发现了一个新的积木时，由于这个新积木可能与其他现存的积木形成新的组合，因此通常会开启一整套新的进化可能，接着大量的变化和进步就会接踵而至。可以说，CAS 理论运用遗传算法对分岔的过程进行了更为精确的描述，使我们对系统分岔的认识有了方便的数学工具。

从回声模型来说，条件交换让主体资源重组，为主体的分岔创造条件；通过资源变换把某些富余资源，加工转化成为短缺的资源，为系统的分岔提供了机会；黏着使聚集体出现内外边界，处于内边界的主体和处于外边界的主体由于其代谢产物的不同，可以专司不同的功能，为系统分岔创造了机遇；选择性交配则通过交换染色体物质，形成子代主体，为系统分岔创造了更多的可能；条件复制让主体聚集成为多主体，并进行复制，而复制并不是原样重构，后代多主体具有不同于亲代多主体的交互能力，这就为系统分岔创造了动能。

---

① ［美］约翰·H. 霍兰：《隐秩序——适应性造就复杂性》，周晓牧、韩晖译，上海科技教育出版社 2011 年版，第 161 页。

第五节 创意产业自组织演化的复杂性

一 自组织与混沌

当系统出现分岔多样性的时候，系统就会朝着混沌方向运动。用费根鲍姆的话说，当系统分岔从简单的周期行为进入周期无限地加倍发生的序列时，系统就进入混沌运动状态。① 混沌运动是导致系统复杂性的根本原因；非线性相互作用只有进入混沌状态才能使系统充满创造活力。前面谈到涨落时提到内在的随机性引起系统的涨落，使系统偏离平衡态，朝着有序方向演化。混沌就是确定性系统的内在随机性，它看似是随机的，但又是确定的，是确定性与随机性的统一；看似无序的，但又是有序的，是有序性与无序性的统一。当系统演化到混沌状态时，就是系统走向新的有序的前夜，有序诞生于混沌与秩序的边缘。

至少有三个因素可以确定系统的混沌特征。一是混沌系统对系统的初值条件具有敏感依赖性；二是混沌是在奇怪吸引子上运动；三是混沌系统长期行为的不可预见性。

创意产业的混沌特征表现是很充分的。第一，创意产业对初值条件具有敏感依赖性。创意产业的初值条件可以分为环境条件、种子企业、创意人才三种。不同的环境条件、种子企业和创意人才就会形成不同的创意产业业种和业态。比如上海交通大学软件和动漫专业作为一个初值环境条件，在这里形成的创意产业就是与之相匹配的"天山软件园"；而依赖东华大学、上海市服装研究所的服装设计力量，周边就形成了上海的"时尚产业园"；上海师范大学美术学院设计专业很强，一个集产学研于一体的"设计工厂"就在这里诞生。当然，除了大学以外，文化传统、工业遗迹等都可以成为创意产业的初值条件。第二，种子企业也可能成为创意产业形成的初值条件和敏感依赖。比如北京朝阳区的呼家楼地区，由于《人民日报》《北京青年报》《北京晨报》《法制晚报》《环球时报》以及北京人民广播电台等媒体种子企业的存在，北京电视台、中央电视

---

① [比]伊·普里戈金、[法]伊·斯唐热:《从混沌到有序》，曾庆宏、沈小峰译，上海世纪出版集团2005年版，第168页。

台、凤凰卫视也计划迁入，同时还吸引了50多家国外新闻机构，115家广告公司，31家网络公司，27家文化艺术公司进驻；又如华纳兄弟娱乐公司选定美国好莱坞周边的伯班克建设摄影棚，结果哥伦比亚、迪士尼等公司也相继进入，美国国家广播网络电视、大型国家文化传媒企业的生产基地和公司总部都纷纷落户伯班克。第三，创意产业对于创意人才也具有敏感依赖性。如上海面积仅有5000平方米的田子坊，因为陈逸飞、尔冬强的进驻，吸引和集聚了11个国家的创意产业；又如日本的动漫，当手冢治虫在大阪创作的时候，大阪形成了日本动漫的中心，而当手冢治虫转移到东京以后，东京又迅速发展成为日本的动漫中心。

从吸引子看，创意产业系统是在奇怪吸引子上运动。吸引子就是动态系统的吸引中心态，它是用某个势（如熵产生）的最小值来定义的，涨落有可能使系统偏离这个最小值，但热力学第二定律能够强制它回到吸引中心态。[①] 所谓奇怪吸引子就是指在相空间里面，吸引子所占据的空间维数不是整数，这表明创意产业的吸引中心态具有随机性。这种随机性是由以下几个方面的混沌特征造成的。

第一，需求的混沌性。由于创意产品需要别出心裁和标新立异，所满足的又是消费者的精神需求，同时还面临着社会时尚潮流、消费者个体嗜好、文化差异、地域特色等多种不确定因素的影响，所以，一个创意产品能否满足规模化的市场需要，实现产品生产的价值补偿和价值增值，是很难给予准确评估的，这种混沌就导致了创意产业的高风险性。仅以电影产品为例，即使在电影产业高度发达的好莱坞，像斯皮尔伯格这样的著名导演，也无法保证自己的每一部电影都能成功。

第二，环境的混沌性。创意产业聚集区与一般工业聚集区的重大区别就是，前者是集工作、生活、娱乐、交往、休闲、学习等各种功能于一体的聚集区，而后者则仅是工业企业的聚集，相关的其他功能大多置于聚集区以外。创意产业就是需要一种多样性的环境，一种宽松的、有利于创造的环境，这就形成了创意产业环境的混沌性。此外，这种混沌性还表现在创意产业和环境之间没有明确的界限。比如，同济大学周边

---

① ［比］伊·普里戈金、［法］伊·斯唐热:《从混沌到有序》，曾庆宏、沈小峰译，上海世纪出版集团2005年版，第141页。

的创意产业，我们根本就无法把同济大学和周边的创意产业明确地区分开来。

第三，创意过程的混沌性。任何创意过程都是一个混沌的过程。比如创作吧，任何画家、音乐家、作家、诗人都不可能按照预先设计好的思路来完成自己的创作。尼采曾告诫艺术家说："你必须是一片混沌，才能产生出跳跃的星辰。"比如写一部小提琴协奏曲吧，作曲家对作品的长短、特色、结构以及作品的主题都预先会有一个设想。然而，在把想法现实化的过程中，这个设想会在创作活动的影响下不断发生改变。这些"活动"包括了艺术家自我批评性质的修改和除错，他要判断作品的每个部分、每个细节是否符合理想的整体布局，同时又要在逐步确定作品细节的同时不断对这个整体布局进行调整。这里面存在一个"反馈循环"，即越来越清晰明了的计划或理想的布局与通过纠正错误而逐渐形成的具体作品之间的相互作用，正是这种"创作—反馈—修正—创作"过程的不断循环，作品才逐渐臻于明朗、臻于完美，而且完成后的作品很可能与作家最初的设想大相径庭，甚至连创作者自己也几乎认不出完成的作品是他自己所作的，它已变得比创作者的原先构想更伟大，如海顿的清唱剧《创世记》和舒伯特没写完的《未完成交响曲》就是实例。不仅仅音乐，其他艺术和创意都是这样一个充满了混沌的过程。

第四，创意产业化的混沌性。创意要实现产业化的目标，就必须规模化，或者说"受众最大化"，但是由于受众需求的混沌性，导致受众对创意产品的购买具有高度的不稳定性和不可预测性，一个当红的歌星很可能突然过时。其次，大部分创意产品都具有高生产成本和低复制成本的特点，这种特点使畅销的创意产品非常有利可图，一旦超过盈亏平衡点以后，额外产品的单位销售利润就会暴增。但什么是畅销的，只有交给市场去检验，一旦成功，才可能实现创意的产业化，否则将血本无归。这些原因都使得创意产业化呈现出高度混沌化的特征。

第五，创意阶层人员联系的混沌性。创意产业的一个重要特征是"企业小型化、项目合同化、人员流动化"[①]。创意人才之间的联系再不是通过组织严密的科层单位，而是通过松散灵活的项目与合同进行合作，

---

① 厉无畏：《创意改变中国》，新华出版社2009年版，第308页。

行业协会、人脉关系或者说社会网络成为创意人员最重要的事业资源。区别于物质产品以自然资源为依托的生产模式，创意产业则以创意人才为依托；物质产品生产是哪里有资源就到哪里去，而创意产业则是哪里有人才就往哪里去。

至于长期行为的不可预测性，那就更是创意产业系统的特点了。例如美国迪士尼最初只是发端于沃尔特创造的米老鼠和唐老鸭两个卡通形象，谁也没有想到这两个形象在影视中一炮走红之后又进入娱乐、服装等行业，造就了一个庞大的跨国集团，其产业规模及盈利稳居世界企业500强的前10位。又如广西策划推出的大型桂林山水实景演出节目《印象·刘三姐》，仅两年就接待游客30多万人，票房收入3600多万元，迅速带动了旅游、餐饮、土地、房产、交通等相关产业的发展，安排了大批就业人员。再如湖南三辰集团推出的"蓝猫动画"，以卡通创意为发端，相继进军到玩具、服装、餐饮业等众多传统产业，最终形成一个以创意产品为龙头、跨行业的（影视、音像、图书、百货、物流等）服务型制造业和商业集成型企业。2005年11月经世界五大会计师事务所之一的德勤公司评估，三辰的市值已经比刚创业时的3200万元增长了20倍左右，取得了相当可观的经济效益。同样，韩国的鸟叔不可能预测到他的《江南style》能够在短短两三个月时间里，全球的点击次数迅速超过4亿次；穷困的英国青年Alex Tew也万万想不到，卖掉自己个人网页首页格子的想法居然能在不到4个月的时间里，就卖出90.71万美元。这类例子在创意产业领域可以说不胜枚举。当然，在市场上走不远的产品同样很多，开中国电影史上最大投资先河、花3.5亿元、历时三年拍摄的电影《无极》却以不足2亿元的票房和衍生产品收入惨淡收场；精于电影产业运作的美国华纳电影公司依赖大片《蝙蝠侠》和《星球大战》，开发了大量的衍生商品，仅《蝙蝠侠》就发出了200张特许经营的商品许可证，结果市场消化不良，适得其反。由此可见，创意产业的长期行为有不可预测性。

二 798的混沌演化

前面讨论分岔时我们已经可以看出798的混沌。但不仅只有这一点混沌，洪晃说："798现在有点畸形……创意产业热对798既有好处也有坏处，政府一动员起来……全民皆兵就会变成一种运动。它原来特别私人的那一部分就慢慢被淡化掉了，这是挺可惜的。"① 798"时态空间"的徐勇则显得悲观："以后如果最后艺术家的力量起不到独到作用，这个地方很难说往更好的方向走。"② 星空艺术中心总监房方则希望这里是一个多元文化混合的社区，他说："我盼望798将来有更多好去处，不仅是只有画廊。798应该变成更多元化的一个场所。可以买衣服，甚至可以健身、玩电子游戏，可以干很多事，很多广义的文化消费都能够容纳……各种文化资源都应该在798占个厂子，这种综合效力会释放出来力量。"这里"应该是一个商业规则做主导的比较自由的生态"。798"仁"俱乐部的冰冰则显得迷惘，她说："798现在已经到了一个高度了。我觉得有一天我还是会离开的，我会走入中心里去。这个地方迟早会走向某个状态，我现在不敢肯定。"③

事实上，798作为一个自组织系统，其分岔的可能性多种多样。2007年2月版的《地图》杂志有一篇题为"你的798什么样"的文章写道：

> 798不是个吃喝玩乐的地方，但是798提供了一切吃喝玩乐的可能性。艺术家们有Party，商人们有宴请，访客们要充饥，小资们要调情。798的吃喝玩乐有丰厚的群众基础。
>
> ……
>
> 798太包容了，这里什么人都有。工人、商人、艺术家、思想家、老师、学生、政客、观光客、中国人、外国人、忙人、闲人……有人来798是为了陶冶情操，有人来798是为了赶个时髦，有人来798是为了找点灵感，有人来798是为了吃顿牛肉。还好，798都满足了他们。
>
> 798是一种生活方式，你的798什么样，取决于你的生活方式。

这样一种状况，显然加深了798的混沌运动。798究竟会怎样演化

---

① 叶滢：《窑变798》，新星出版社2010年版，第200页。
② 同上书，第213页。
③ 同上书，第98页。

呢？只有交给时间去回答。

进一步地，在创意产业系统之中，不仅微观的 798 是一个自组织系统，对于一些大的产业，也同样需要自组织机制。日本的动漫产业雄霸世界，其形成和发展过程就是一个自组织过程，没有来自任何外部力量的干涉。① 美国好莱坞的电影产业同样是自组织发展的产物，而法国政府为了抵制美国电影，保护本国电影产业，局部采取他组织的方式，结果总是赶不上美国。②

第六节　本章小结

显然可以认为，作为 CAS 的创意产业系统就是一个自组织系统，整个回声模型的形成过程就是系统的自组织过程；也可以反过来说，自组织系统就是一个回声模型演化系统。系统开放、远离平衡态是两个系统的共同特点自不待言，其他如涨落、竞争与协同、混沌与分岔等都是 CAS 系统所具备的特征。

当然，区别也是很明显的，其中主要就是回声模型中的主体是"活的主体"，它们具有自我反馈功能，并且能够通过学习和适应，不断提高自己的适应能力；而自组织系统的组分则未被赋予这种活性。比如，序参量的形成在自组织理论中是随机的；而在 CAS 理论中则是主体主动适应的结果。霍兰采用了没有"中央指挥"系统这个概念，而没有采用"自组织"的概念，其用意可能就是为了表达，他所研究的系统在主体构成方面与别的系统所谓的组分有着根本的区别。因此，回声模型尽管某些方面与自组织系统相似，但在本质上是有差异的。其次，回声模型比较明晰地描述了 CAS 的形态发生过程，其交互也更容易运用于实践的研究；而自组织系统的组分之间的组织方式则显得笼统而不够明晰。再次，对于不会引起系统演化的具有量变性质的交互，回声模型也展示得很清楚，如条件交换、资源转换等；对于可能引起系统质变的机制如黏着、

---

① ［日］中野晴行：《动漫创意产业论》，甄西译，中国传媒大学出版社 2007 年版。
② Allen J. Scott, *The Culture Economy of Cities: Essays on Geography of Image Producing Industries*, London: Sage Publications of London, Thousand Oaks and New Delhy, 2000.

交配、复制等也阐述得很具体，同时，它们又一起构成了回声模型之中相对严密的系列机制体系；而自组织系统除了涨落、循环等模式以外，对具体机制的描述则显得较为模糊。虽然哈肯的协同学、艾根的超循环理论等都采用了大量的数学工具，但依然以定性的研究居多。而 CAS 理论发明的传递水桶算法和遗传算法，使研究工具更具有普适价值、科学价值和方法论意义。

从实践层面来看，如何创造条件，并顺应系统自组织演化的规律来引导创意产业的发展，是产业组织、产业规划、产业政策制定必须认真面对的问题。当然，指出创意产业是一个自组织过程，并不是说要完全放弃他组织。在这一点上，无论是政府失灵还是市场失灵显然都不利于创意产业的发展。因此，必须把自组织和他组织两者有机地结合起来，这样才能更好地促进创意产业的发展。此外，创意产业既具有产业属性，同时又具有意识形态属性，因此，基于创意产业演化的复杂性，如何利用蝴蝶效应来加快发展创意产业，同时又规避蝴蝶效应可能带来的意识形态风险，做到社会效益和经济效益的统一，同样是创意产业决策过程中必须考量的因素。

第 六 章

专题：文化新业态与创意城市发展研究

使用CAS的理论与方法建立起来的创意产业主体交互模型，对于创意产业的各个领域都具有普适的研究价值。根据创意产业在我国的发展现状，我们选取了创意城市和现代文化市场体系两个方面，运用前面的主体交互模型进行研究，为创意城市和现代文化市场体系建设提供参考。

第一节 研究综述

"创意城市"是指以西方国家为代表的城市在进入后物质主义时代、后福特生产方式以及去工业化背景下，以创意经济为主导开展的城市更新改造和升级换代活动，涉及可持续发展策略、文化发展策略、产业发展策略、设施支撑策略和地域营销策略等。创意城市的生长和发展过程也是一个复杂适应过程，可以运用CAS理论来进行观察、解释、指导创意城市实践。本章将基于这种体认，运用CAS理论考察创意城市的特征，并讨论文化新业态与创意城市发展之间的关系。

一 创意城市的内涵

作为一种新兴的城市发展理念，"创意城市"在国际上尚无明确、统一的认识。比较具有代表性的观点是创意城市研究的先驱简·雅各布斯、查尔斯·兰德利、汤姆·坎农、理查德·弗罗里达、彼得·霍尔等人提出来的。他们的研究有一个共同的特点，就是基于西方人本主义传统，认为创意城市就是"人的城市"。所谓"人的城市"就是指以人的创造力为核心、以人性的最大限度的实现为宗旨的城市。在此基础之上，自然会形成创意设施、创意环境、创意氛围、创意活力、创意生活和创意产业等。

英国学者查尔斯·兰德利强调创意城市构建是以问题为导向的。当代大都市发展面临诸多严峻的结构问题，如传统经济产业衰退、缺乏集体归属感、生活品质恶化、全球化挑战等，他认为用创意的方法（超越传统思维方法）来解决这些问题的城市就是创意城市。21世纪以来，欧洲随着制造业的衰退，出现了大量失业青年，传统的福利国家体系面临深刻的财政危机，为了解决这些问题，查尔斯·兰德利将目光转向了利用艺术文化所具备的创造力来挖掘社会性潜力的城市实践，认为创意是艺术文化与产业经济的媒介，艺术文化的创造性是解决城市问题的一种途径，城市的创意重要的是能够在经济、文化、金融等各个领域创造性地解决问题并不断引发连锁反应从而导致原有体系改变的流动性。兰德利认为，创意城市概念的出现，是由于依靠传统模式的城市再生失去了效果，城市必须吸引有才之士，并为他们提供能够发挥创造力和想象力的环境，在这个环境中，软件基础设施与硬件基础设施同等重要。创意城市建设就是为这样一些创新，创造必要的前提条件。要成为创意城市，就必须改变对创意、对事物的思维方式，创造性地思考，促进人与人之间的互动，建立超越工作范围的网络联系，培育宽容性，实行异文化共享，而不是仅仅停留于多元文化的相互理解上。创意城市的本质就是培育、吸引、留住具有各种各样才能的人才，并宽容失败。创意城市必须具有能够反映本地特色的城市品牌标识，拥有来源于本身所具有的地域特色的全球意识、多样性和宽容性以及想象力。[①]

美国城市研究学者简·雅各布斯的观点也是很有代表性的。简·雅各布斯认为创意城市是"集聚了拥有众多富于创造性技巧和高质量劳动者的专业化中小企业群的城市"，这些中小企业的生产模式与工业化大生产模式完全不同，它们具有灵活性、高效率、适应性，拥有依靠创新和

---

① ［英］查尔斯·兰德利：《创意城市——如何打造都市创意生活圈》，杨幼兰译，清华大学出版社2009年版，第167页。

想象力进行经济的自我修正的能力,它们结成网络,依靠劳动者和工匠的高度熟练技术与灵敏性生产出具国际竞争力的个性商品,这种生产模式是后福特时代出现的一种新的生产体系。因此,简·雅各布斯理解的创意城市就是拥有脱离大生产体系的灵活而富于创造性的、自由修正型经济体系的城市。①

国内学者也对创意城市的概念进行了一些研究,认为创意城市不是严格的学术概念,而是一种推动城市复兴和重生的模式,也是实现城市可持续发展的一种战略。它是由创意产业集聚形成创意产业群落发展而来的,主要以高素质劳动力市场、文化多元化、包容性、低进入障碍和各类高水平的城市服务等为基础,能够充分开发城市文化资源,推动城市向更高品质的经济社会前进。

我们认为,所谓创意城市是以创意产业为支撑,以创意文化建设为目的,创造性地解决各种城市问题,并带来良好经济效益和社会效益的城市。在这样的城市中,城市规划有利于创意,城市设施为创意服务,城市氛围充满了创意,城市发展依赖于创意,等等。

二 创意城市的类型和要素

最早给创意城市分类的是彼得·霍尔。他认为每个时代都存在类型不同的创意城市,他将创意城市划分为技术—生产创新型、文化—智能创新型以及文化—技术创新型。荷兰特文特大学（The Twente University）的经济与战略助理教授格特罗·豪斯普斯（Gert – Jan Hospers）在霍尔研究的基础上,也从经济与城市发展的历史进程视角上,总结出四种类型的创意城市,即技术创新型城市、文化智力型城市、文化技术型城市、技术组织型城市。②

国内学者认为,创意城市依据资源基础来划分,可分为自然资源主导型创意城市和人文资源主导型创意城市;依据创意城市发展的最终形态来看,可分为单一特色的创意城市、复合型特色的创意城市和综合型

---

① [美]简·雅各布斯:《城市经济》,项婷婷译,中信出版社2007年版,第155页。
② 陈旭、谭婧:《关于创意城市的研究综述》,《经济论坛》2009年第3期。

特色的创意城市。①

那么创意城市的形成需要具备哪些要素呢？不同学者从不同的角度，阐释了创意城市形成的基本要素条件。美国学者弗罗里达教授提出了著名的创意城市"3T"理论，即技术（technology）、人才（talent）和包容度（tolerance）。他指出，创意"人才"，是构成创意城市的核心要素，包括科学家、文学教授、诗人、小说家、艺术家、演员、设计师等。而格特罗·豪斯普斯则认为，集中性（Concentration）、多样性（Diversity）和非稳定状态（Instability）三个要素在创意产业的发展中占有重要地位。查尔斯·兰德利则认为，经济活力、社会活力、环境活力以及文化活力四个方面是创意产业发展的关键因素。他认为一个城市要发展创意产业必须建立在个人品质、意志力与领导素质、人力的多样性与各种人才的发展机会、地方认同感、组织文化、都市空间与相关设施、网络与组合构架七大要素之上。② 美国学者斯科特则认为创意城市并非因创意阶层的集聚而产生，关键是要形成所谓的"创意场"，即产业综合体内促进学习和创新效应的结构，或一组促进和引导个人创造性表达的社会关系。③

当然，这个方面的研究国际上还有很多，如澳大利亚的学者提出了空气质量、就业状况、社会安定与凝聚力等要素；而新西兰学者则提出了文化参与度、文化多样性与统一性、社会凝聚力与经济发展等要素；英国学者还提出了参与度、多样性、文化研究、终身学习、文化经济、文化资源六要素；而美国学者则通过对硅谷的研究得出了文化杠杆作用、文化参与性、文化资产和文化结果等。

国内有的学者认为，创意城市的形成至少需要满足三个条件，一是创意阶层的形成，创意人才一定量的聚集才能形成创意阶层；二是创意环境，既包括斯科特提到的"创意场"形成的客观聚集环境，也包括兰德利提出的城市文化和本地认同，还包括弗罗里达和 Glaeser 等提到的宽容、阳光等用以吸引创意人才所标榜的环境；三是文化的多样性和开放性，包括兰德利、豪斯普斯提到的人的多样性文化背景与智慧，也包括

---

① 王克婴：《比较视域的国际创意城市发展模式研究》，《山东社会科学》2010 年第 4 期。
② 汤培源、顾朝林：《创意城市综述》，《城市规划学刊》2007 年第 3 期。
③ Allen J. Scott, *Creative Cities: Conceptual Issues and Policy Questions*.

城市业已存在的多样性文化基础。

我们认为，创意城市要素应该包括具有代表性的发达的创意产业，围绕创意阶层形成的创意组织、创意氛围、创意设施、创意景观，始终创造性地解决城市发展问题的创意思维和创意文化。而创意文化产生的条件就是城市文化的多样性、包容性和共享性，城市人口的密集性、城市软硬件的创意性，等等。

三　创意城市的国际实践

世界各国的城市基于独特的资源基础、不同的发展路径，形成了不同的创意城市实践模式。

很多学者认为，从创意城市的发展动因来看，有些城市天生具备创意土壤或创意氛围，历史文化传统的传承较好、自身具备创意情境或创意氛围等内生优势。在一定的环境条件下，这种城市可能主动地、自然而然地向"创意城市"的目标迈进——这是一条自然演化的"轨迹延续式"发展。有的学者又把这样形成的创意城市称为"内生型创意城市"。代表性城市如伦敦、纽约、巴黎、东京、柏林等这样一些国际性大都市以及像意大利波洛涅、弗伦岑那样的中小城市。内生型创意城市发展路径大都是自下而上的，政府是在创意产业或创意经济已经发展到一定阶段以后，才主动发挥主导、引导、支持的作用，伦敦是这种类型的典型，而纽约则几乎没有政府有意识的推动，主要依靠其本身的创意基础和环境形成了创意城市。

也有些城市本身的创意氛围并不浓厚，但由于创意城市建设的巨大经济效益和社会效益以及城市重生的需要，促使其将创意城市建设作为工具，去对城市进行创意改造，这类创意城市的发展模式是通过断裂式彻底革新的"另起炉灶式"发展，有的学者又把它归为"外生型创意城市"。新加坡当年采取的就是这种路径。还有，如布宜诺斯艾利斯、蒙特利尔、名古屋、神户等加入"创意城市网络"这样的国际性组织的城市都属于外生型创意城市。外生型创意城市的发展路径大都是自上而下的，政府从一开始就在城市发展战略中明确提出了建设创意城市的目标并确定了发展战略乃至行动计划，并发挥强有力的主导作用，出台政策措施，积极推动创意城市建设，等等。

从政府在创意城市建设中的地位和作用来看，创意城市的建设可以划分为政府与民间鼎力合作的欧洲模式，政府扶持、民间主导实施的美国模式和政府主导结合民间参与的亚洲模式；从创意城市的特色构成来看，可以划分为单一特色、复合特色和综合特色三种类型。此外，这些创意城市一般具有以下几个特征：创意产业发达，并呈集聚发展态势；创意人才集聚；经济基础雄厚；文化创意氛围浓郁；等等。①

四 创意城市在中国

从学界来看，2006年以来，"创意城市"研究在中国勃兴。经济学、文化学、城市规划学等不同学科均对"创意城市"表现出浓厚的研究兴趣。他们立足于自己的学科背景，对创意城市从不同的侧面进行了阐释。研究的重点主要集中在五方面，那就是，对"创意城市"产生的背景及代表人物学术观点的引介；对国际城市建设"创意城市"的经验总结；探讨我国建设"创意城市"的意义、途径与具体策略；对国内城市开展"创意城市"具体实践的总结和对策建议；建构"创意城市"的评价指标体系。

从政府层面看，国内各大城市都掀起了创意城市实践热情。北京、上海、杭州、深圳、长沙、重庆、昆明、成都等城市都推出了发展创意城市的举措。并主要以创意产业（集群）为主导，以创意园（街）区建设为重要表现形态。但问题也是很明显的，那就是，第一，概念理解存在问题。很多城市政府简单地将建设"创意城市"等同于发展创意产业，创意产业的发达程度由此成为创意城市的评价标准。创意产业的确是创意城市建设的核心，但孤立地发展产业，是无法形成创意城市的。第二，趋同的产业定位和发展模式。一种模式成功以后，人们就纷纷仿效。仅在长三角地区，就有杭州、常州、苏州、宁波等数个城市宣布建设动漫基地；还有很多城市都打工业遗产牌，利用废弃厂房搞创意产业。第三，政策供应的不足。有些创意产业园区在经过一段时间的运行以后，逐渐被商业、娱乐、旅游等产业所侵蚀。北京的798由于过度商业化，致使租金高涨，结果导致很多艺术家选择离开，创意产业变

---

① 甘霖等：《创意城市的国际经验与本土化建构》，《国际城市规划》2012年第3期。

味。这与政府相关政策（如租金的财政补贴或税收补贴）的供应不足有很大的关系。

第二节 创意城市研究的出发点

我们认为，无论是创意城市还是创意产业，其研究的出发点首先应该是创意主体。因为创意城市也好、创意产业也好，离开了创意主体都发展不起来，可以说，创意主体是创意城市居于主导地位的关键要素；弄清这些主体及其相互关系是研究创意城市的根本前提和基础。其次，创意城市的形成是要靠创意产业来推动的，无论人们认为把创意城市理解为以创意产业为核心是片面的也好、是错误的也好，但可以肯定地说，一个创意产业本身不发达的城市肯定不可能是创意城市。因此，下面将把我们有关创意城市的研究与创意产业紧紧联系在一起，并从创意产业出发来研究创意城市。

根据前面对CAS主体交互关系的分析，可以认为，第一，创意城市的主体之间的关系不是线性的、链式的，而是一个如图2—12那样、由多主体聚集形成的"群风车模型"，同时这个模型各个主体之间的交互方式整体上又构成了一个如图2—3那样的球状系统。

第二，我们可以看到，创意城市系统的每个主体之间只有不断地、充分地、没有缺省地交互，才能推动创意城市（产业）的系统发展。当然，主体之间的这种交互是要付出代价的，一个不懂得绘画的人不可能与绘画艺术圈的其他主体交互，一个没有资金实力的人也无法成为艺术家的经纪人，一个不懂得意识形态演变规律的政府也无法引导和催化创意城市的价值生产，等等。因此——

第三，进一步地说，创意城市要发展，那么群风车模型上的每一个主体都必须具有鲁棒性，才有可能实现充分交互。如果某一个主体缺乏鲁棒性，就无法与其他主体实现充分的交互，或者无法进行高质量、高水平的交互，其所形成的负反馈将会迅速地传导至整个交互网络，阻抑和制约整个系统的演化。创意城市也就无法发展起来。

第三节 文化新业态与创意城市建设

全面讨论 CAS 与创意城市的发展不是本书的任务，下面我们仅仅从对创意城市有着重要价值的文化新业态入手，来讨论创意城市的建设。

一 关于文化新业态

业态，是日本人安世敏在 20 世纪 60 年代提出来的，是典型的日语汉字词汇，定义为"营业的形态"，并注重形态和效能的统一；它是以其经营方式和经营特点在市场上表现出来的存在形态。经营方式表现为对所在行业上下游产业链不同要素的组合方式，或者结合相关产业要素（包括科技手段）的独特的组合方式；经营特点主要表现为上述组合所形成的区别于业内其他企业的、独特的赢利模式，或商业模式。因此，我们认为，业态至少涉及四个方面的内容，即，经营主体构成，比如国有企业与民营企业的组合形式；经营组织形式，如虚拟企业、威客模式、工作室；经营内容，如餐饮、服装、飞机；经营形式，如传统零售、电子商务。显然，这四个方面既表现了不同的经营方式，也表现了不同的赢利模式。

在我国文化产业研究领域，自 2007 年以来，有关文化新业态的论文比较多，特别是党的十七大把发展新兴文化业态写入报告以后，文化新业态的研究进入一个高潮。很多权威人士都纷纷把未成熟的想法抛了出来，但能够自圆其说的少，对它们进行评价没有多大价值。2017 年习近平总书记在党的十九大报告中又提出了要"健全现代文化产业体系和市场体系，创新生产经营机制，完善文化经济政策，培育新型文化业态"。文化新业态依然是文化发展的关键词之一。

从创意城市建设来说，文化新业态是创意城市演化的一个重要方面。创意城市不可能没有文化新业态，文化新业态也只有在创意城市系统中才能发生、发育和发展。从业态的原始概念出发，我们认为，文化新业态就是指文化企业组合文化产业链的不同要素，或将某些要素与相关的产业要素（包括科技要素）结合而形成的企业经营方式和经营特点。有人认为，"文化业态本质上是对文化企业的组织结构、经营模式、生产效率、企业形态的一种综合描述"，这种说法与我们对文化新业态概念的描述是一致的。进一步地，文化新业态是一个动态的概念，表达了文化产业新陈代谢的发展规律。过去有文化新业态，现在有文化新业态，将来同样有文化新业态。很多的权威研究把文化新业态仅仅局限于互联网、局限于数字技术和高科技，这是值得商榷的。

二 文化新业态与创意城市建设

文化新业态与创意城市建设之间是一种什么关系呢？根据前面对于创意城市建设的观点，即，创意城市是以创意产业为支撑的、在社会生活的各个方面都充满创意氛围、形成了创意文化、并创造性地解决各种城市问题的城市，那么，文化新业态与创意城市的关系就是，文化新业态可以丰富一个城市的创意产业，使创意城市显得更加丰满，从而推动创意城市的建设。

不过，一方面，文化新业态有一个很重要的问题与创意城市建设是并行的，那就是文化业态演化动力来自于环境以及环境变动的力量，不同地域的独特的文化环境会产生差异性的文化业态。这些环境要素包括政治、经济、习俗、思维方式、制度变革、技术进步、人口迁移、社会变迁等。这些要素的演化都可能导致文化新业态的诞生和发展。在这一点上，文化新业态所需要的外部条件与创意城市建设是一致的。

另一方面，文化新业态对于创意城市形成自身的个性和城市形象很有价值。如果某种文化新业态在规模、品牌、赢利能力等方面独树一帜，那么这种文化新业态就可能成为某个创意城市的象征，成为这个城市的文化符号和文化形象的代表。巴黎就以其时装产业成为世界时尚中心，而且它的高端路线远远盖过了纽约的时尚风头；同时巴黎也成为全球艺术中心，巴黎人都以较高的艺术素养而闻名全球。同样，维也纳是音乐之都，其音乐艺术在全球具有至高无上的地位。从当今文化新业态来说，日本东京的动漫产业居全球第一，动漫成为东京的象征。还有，如韩国首尔的网游产业、德国北威州的设计产业、伦敦的创意产业、米兰的服饰产业、慕尼黑的会展产业、拉斯维加斯的博彩业、布宜诺斯艾利斯的设计业、芝加哥的电影业等都是以某一个产业而在世界创意城市的行列中熠熠生辉。

根据 CAS 理论的多样性原理，任何单个个体的持存都依赖于其他主体所提供的环境，粗略地说就是，每种主体都安顿在由以该主体为中心的相互作用所限定的合适的生态位上。如果我们从系统中移走一个主体，产生一个"空位"，那么系统就会产生一系列适应性反应，产生一个新的主体来填补这个空缺。相反，按照 CAS 的理论，如果系统主体与主体之间通过选择性交配或者条件复制，产生了新的主体，那么，就会改变原来的系统，原来的系统主体就会调整彼此之间的相互作用来适应新的主体。进一步地说，当主体的蔓延开辟了新的生态位，产生了可以被其他主体通过调整加以利用的新的相互作用机会时，多样性就产生了。

例如，当 3G 出现以后，手机就由一个通信终端变成了一个媒体终端。这种技术就为手机 APP 的出现创造了大量的生态位，比如微信、Viber、手机动漫等。文化新业态实质上就是在其他业态的基础之上，借助它们所开辟出来的新的生态位，通过新的组合而产生的。可以说，技术的多样性催生了业态的多样性，业态的多样性又催生了更多的业态。文化产业新业态在技术的推动下就会不断产生裂变。对于一个创意城市来说，这种裂变的速度和数量都会因为创意的文化氛围而以几何级数增长。当文化新业态以几何级数增长时，这个城市显然会在众多城市中脱颖而出，显著地提升自己的竞争力。

根据前面的公式（2—1）：

$$f(n) = n(n-1)$$

当 n 充分大时，则：

$$f(n) \approx n^2$$

因此，当技术和业态不断裂变时，n 会越来越大，达到一定的程度就会产生"涌现"。同样，运用表达式（4—3）：

$$S\left(\sum_{i=1}^{n} 1i\right) = E(n)$$

$S\left(\sum_{i=1}^{n} 1i\right)$ 表示主体之间的相互作用；"n"表示系统中主体的个数；$E(n)$ 表示系统的涌现与 n 的规模有关。它说明了主体的聚集、复制和相互作用是系统涌现的、十分重要的内在机制。当创意城市主体发育完善，产生了丰富的交互，创意城市就涌现出来了。

可以说，创意城市既不是预成的，也不是自成的，而是生成的。它是在发达的创意产业的支撑之下,通过创意文化和创意氛围的不断诱导,通过新兴的文化业态的不断裂变,在各种创意主体的相互作用之中逐渐涌现出来的。

第四节 本章小结

创意城市必须具有发达的创意产业,但仅仅只有发达的创意产业并不就等于是创意城市,创意城市还需要有一个规模较大的创意阶层、具有为创意服务的创意设施、形成了一个特色鲜明的创意文化,并运用创意创造性地解决城市发展中的问题。

创意产业是成为创意城市的重要演化条件,当创意产业发达时,产业的溢出影响和正外部效应,有利于形成一个城市的创意氛围和创意文化;反过来,创意氛围和创意文化的形成又会进一步推动创意产业的发展。这样相互激荡、相互促进,就可能逐渐使一个城市演化为创意城市。

创意产业的形成需要十大主体,而且这些主体要具有鲁棒性;主体之间的交互也需要有鲁棒性。同时,这十大主体也是创意城市形成的主体,只有具备了完整的十大主体,这个城市才能形成一个完整的创意阶层,进而产生浓厚的创意氛围,形成特色独具的创意文化和创造性解决问题的思维习惯。

从创意城市的形成规律看,创意城市是通过自组织过程形成的,而不是可以规划出来的。政府在创意城市的形成过程中,有着亦里亦外的主体特征。因此,把握好政府介入的程度和力度,合理配置政府资源,遵循自组织的规律,是建设创意城市的重要策略。

文化新业态可以为创意城市的建设增色。但文化新业态只有在一个创意产业发达的城市才能不断产生,因为它需要其他创意产业业态为它提供新的生态位。文化新业态的不断产生可以增加创意城市的创意主体,从而进一步增加系统的复杂性,提升系统的功能值,最终形成涌现,催生创意城市。

第七章

专题：健全现代文化市场体系研究

建立健全现代文化市场体系，是党的十八届三中全会提出来的重大改革任务，标志着我国已经从打造市场主体进入全面构建现代文化市场体系的新阶段。如何构建这个体系，使市场在资源配置中起决定性的作用，本章将运用前面所创立的创意产业主体交互模型，进行探讨。

第一节　研究述评

鉴于目前能够看到的"文化市场"这个表述都是源于中文的政策文本，英语文献中只有书籍市场、音像市场、演艺市场等符号，找不到"文化市场"（culture market）或"现代文化市场体系"（modern culture market system）等概念，因此，这里有关文化市场体系研究的述评仅限于国内的研究成果。为了论述的方便，下面按照"论文"和"专著"两个方面来进行述评。

一　研究论文概述

通过 CNKI、万方数据、超星图书馆、四川省图书馆以及各大网上书城查阅，截至 2017 年 12 月，有关现代文化市场体系研究的文献主要是论文，共有 83 篇（剔除抄袭文献 1 篇），包括研究综述 3 篇，通论 29 篇，区域文化市场 15 篇，文化专业市场 23 篇，文化供给侧改革 2 篇，政府角色与政策问题 11 篇。这里我们就 20 世纪 90 年代以来有关研究成果进行一个历时态的考察和述评。

发展文化产业被提上议事日程是从2002年党的十六大开始的，党的十六大报告突出强调了文化建设的战略地位和重要作用。十六大以前，有关文化市场体系的论文只有两篇，一篇是金冠军发表的《文化资源的市场机制配置和政府宏观调控》①，该文探讨了文化资源的类型、特征，同时就文化资源的计划配置、市场配置以及二者的优劣和存在的问题进行了全面探讨，最后提出在"以市场配置资源方式为基础，政府宏观管理、行政干预相调节"的框架下，应该把以政府宏观调控为主导的资源配置模式作为核心模式。政府主导文化市场、调节文化资源配置模式的主要特征是：第一，它应该是建立在文化市场机制上的政府宏观调控。即运用经济政策手段通过市场调整资源配置，而不是直接介入文化产业的生产与流通。第二，以政府的宏观调控完善文化市场秩序，即运用法律与行政手段健全文化市场的法律、法规、规章体系，保护平等竞争，培育和引导文化市场的良性发展。政府主导文化市场调节文化资源配置模式是政府行政计划与市场经济机制的有机融合。在纵向关系上，以层次性体现政府计划宏观调控，市场机制微观调节。政府计划调控的是文化发展的总体方向和总体结构，市场机制调节的是文化产品流通的具体过程和具体结构；政府计划调控的是文化生活总供给与总需求的平衡，市场机制调节的是文化消费具体供求的平衡；政府计划调控的是文化的政治思想价值取向，市场机制调节文化的消费观念趋向。在横向关系上，以政府行政机制和市场经济机制的互渗性使两者统一起来。市场信息为政府计划提供依据，政府计划又引导市场信息导向；市场价格为政府制定税收等政策提供依据，政府的经济政策又制约价格的超常波动；市场竞争为政府制定市场法规提供依据，政府法规又控制市场竞争的秩序。这种层次性和互渗性的有机融合使市场机制和政府机制互相制约又互相促进，为文化资源的优化配置创造良好的条件。

这篇文献虽然发表的时间较早，但就其理论意义和实践意义而言，至今还有相当高的价值，或者说，今天众多的研究成果都尚未达到这样

---

① 金冠军：《文化资源的市场机制配置和政府宏观调控》，《上海大学学报》1994年第6期。

的专业（经济学）水平。这是对这篇文献单独进行详细介绍的缘故。

另一篇是 1999 年江苏省委宣传部副部长杨承志发表的《关于培育文化市场、发展文化产业的几点思考》，该文对发展文化市场和文化产业的意义进行了分析，并提出了培育文化市场、发展文化产业的几点建议。

上述两篇文献是在党的十六大以前发表的，相关论述显示出两位作者很有理论勇气。十六大以后，特别是 2003 年 10 月，党的十六届三中全会通过了《中共中央关于完善社会主义市场经济体制若干问题的决定》，明确将文化体制改革纳入完善社会主义市场经济体制的重要任务，促进文化事业和文化产业协调发展。这期间，由于改革还仅仅限于文化体制领域，对于文化市场体系的研究还没有引起足够重视。明确提出这一概念、并进行研究的是文化部市场司宋奇慧，她发表了《健全文化市场体系　加快文化产业发展》[1]，文章指出，文化产业发展需要健全的市场体系；并根据当时文化市场的实际情况，提出了要着重建设市场创新体系、市场融资体系、市场流通体系和市场信用体系。另外一篇论文是《关于文化市场建设的几个问题》[2]，不过这篇论文并没有对文化市场建设提出多少有价值的意见。

2005 年 12 月，中共中央、国务院下发了《关于深化文化体制改革的若干意见》。这是中央首次系统阐述、全面部署文化领域改革和发展的纲领性文献。2006 年 9 月，中共中央办公厅、国务院办公厅印发了《国家"十一五"时期文化发展规划纲要》，这以后，有关文化市场体系的研究开始深入。王立科《培育现代文化市场体系的政府作为》对"现代文化市场体系"这个概念进行了定义："现代文化市场体系应该是一个文化产品，文化服务市场与各文化要素市场在相互联系和相互作用中形成的文化市场有机整体。包括以图书报刊、电子音像制品、演出娱乐、影视剧为重点的文化产品、服务市场，也包括资本、产权、人才、信息、技术等文化生产要素市场。两者之间的关系是相辅相成，共荣共存的。"[3] 文章从文化市场发展的实际出发，认为文化市场发展的瓶颈是文化消费不

---

[1] 宋奇慧：《健全文化市场体系　加快文化产业发展》，《人文杂志》2005 年第 4 期。
[2] 毕顺堂、赵学琳：《关于文化市场建设的几个问题》，《高校理论战线》2004 年第 4 期。
[3] 王立科：《培育现代文化市场体系的政府作为》，《上海青年》2006 年第 4 期。

足，为此政府应该提供有效的管理和优质的服务，来培育现代文化市场体系。

2009年9月，国务院颁布《文化产业振兴规划》，这是我国第一部有关文化产业发展的专项规划，标志着文化产业已经上升为国家战略性产业。同年，《我国文化产业市场化发展的路径选择》一文就文化市场体系的建设问题提出了"主体策略、技术策略和渠道策略"[①]有一定的理论价值，但是仅凭这三个方面，文化市场体系建设的路径显然是远远不够的。2010年，有几篇文章专门讨论文化市场体系问题。曹巍嵩《建立适应"十二五"规划的现代文化市场新体系》[②]虽然标题中有文化市场体系这个概念，但文章内部却不是谈的文化市场体系，而谈的是文化产业体系。王国华《完善文化市场主体的方法与路径》[③]指出，振兴文化产业的关键是要建立一个健全的、有着明确责权利目标的文化产业市场主体。中国当前的文化产业市场主体严重存在着主体缺位、主体不强、主体责任不清、主体效益低下的弊端。魏鹏举国家社会科学基金项目"文化产业拉动内需的实证研究"阶段性成果《文化产业的市场结构及其全球市场趋势研究》[④]一文认为，文化产业的市场主体分布往往呈现"两头大中间小"的哑铃形态，亦即内容创意与研发环节，产业主体的数量规模庞大，但市场价值却只占整个产业链的3%到15%。在产品生产与服务提供环节，文化产业的主体数量相对较少，其市场价值在整个产业链中的占比在25%到45%之间。在渠道环节，批发商与零售商（主要是各类掌握频道资源的大型传媒公司或集团）的数量在整个文化产业链中的比重最少，但这个环节占有的市场价值比重却是最大的，达到50%—60%。因此文化产业市场结构表现为竞争和垄断并存的多元格局。鉴于文化产业市场结构的特性，在全球化和信息化的语境中，文化产业在国际市场中呈现三大发展趋势："赢者通吃"的垄断趋向，分散的差异化竞争格局以及

---

① 李康化：《我国文化产业市场化发展的路径选择》，《福建论坛》（人文社会科学版）2009年第10期。
② 曹巍嵩：《建立适应"十二五"规划的现代文化市场新体系》，《决策探索》2010年第11期。
③ 王国华：《完善文化市场主体的方法与路径》，《思想战线》2010年第3期。
④ 魏鹏举：《文化产业的市场结构及其全球市场趋势研究》，《思想战线》2010年第3期。

"文化折扣"的显著影响。所谓"文化折扣"是指，观众更愿意接受和购买本国的文化产品和服务，因此，外国文化产品的潜在收入与同类同质的本国产品相比就会减少，相差的百分比叫作"文化折扣"（Cultural Discount）。

2011年10月，党的十七届六中全会审议通过了《中共中央关于深化文化体制改革，推动社会主义文化大发展大繁荣若干重大问题的决定》，这是我党历史上第一次以中央全会的形式专题研究和部署文化建设。这以后有关文化产业研究的论文大量增加，但就文化市场体系建设这个问题看，在整个研究中的比例都非常少，直到十八大以后，这种状况才有所改变。

2012年11月党的十八大召开，鲜明提出了扎实推进社会主义文化强国建设的战略任务。2013年11月，党的十八届三中全会审议通过了《中共中央关于全面深化改革若干重大问题的决议》，其中就文化发展提出了要"建立健全现代公共文化服务体系、现代文化市场体系，推动社会主义文化大发展大繁荣"。2017年党的十九大报告则表述为"健全现代文化产业体系和市场体系，创新生产经营机制，完善文化经济政策，培育新型文化业态"。至此，我们可以看到，虽然从十六大就提出了发展文化产业，但十多年过去了，现代文化市场体系还尚在"建立和健全"的过程中。

总的来看，2012年以后，健全现代文化市场体系的有关研究多了起来，在篇数上占了49篇；而且相对于前期的研究，质量也比较高。2012年武汉大学方卿教授担任首席专家的国家社会科学基金重大项目"健全现代文化市场体系的理论与实践研究"获准立项。目前，该课题已经发表了相关成果共9篇，开始全面系统地阐述如何健全现代文化市场体系的问题。不过从发表的成果看，还存在把物质产品生产和消费的相关市场理论体系，直接套用到作为精神产品生产的文化产业上面的不足；没有充分认识到现代文化市场体系与传统文化市场体系以及与物质产品生产的市场体系的差异性和特殊性，其理论价值和实践价值都有待进一步提升。

二 研究专著概述

按照时间顺序，国内最早出版的一本有关文化市场研究的专著是

1993年由中国经济出版社出版的《文化经济学》（程恩富主编），该书第五、六、七、八章专门就文化市场体系的相关问题进行了探讨，对于文化商品价值衡估的难点、文化市场的特点和结构等关键问题，该书都做了实事求是的分析。只是该书不是专门讨论文化市场的著作，没有对文化市场体系进行专门论述。

2002年8月上海文艺出版社出版了刘玉珠、柳士法的《文化市场学：中国当代文化市场的理论与实践》，对各类文化市场，诸如电影市场、娱乐市场、出版市场等进行了介绍，并就文化市场的管理和法制进行了讨论。但限于这本书的研究方向，并没有研究文化市场体系问题，对文化市场的功能和性质、文化市场的要素构成、文化市场的结构、文化市场的运行机制、文化市场的保障等都没有涉及。

2010年9月，中国时代经济出版社出版了赵玉忠的《文化市场学》，该书将文化市场划分为文化商品市场（图书、报纸、期刊、音像、软件、美术、文物、花卉、宠物和娱乐用品）、文化服务市场（演出、娱乐、展览、旅游、电影、影像、广播、电视、网络、教育、咨询、广告、设计）、文化资源市场（自然资源、人文资源、文化物资、知识产权、文化人才、文化资本）三个子体系30余个子市场，全面系统地阐述了文化市场营销与管理应用理论。但整个来说，很多内容与刘玉珠等所讨论的问题都基本相同，没有多少新意；而且关于文化市场体系建设这个问题仍然没有进行讨论。同年11月首都经济贸易大学出版社出版了李怀亮的《文化市场学》，但这本书也不是研究文化市场体系的，而是一本"文化市场营销学"；并且是按照传统营销学的4P理论来建构的，没有什么理论创新。

2014年10月，社会科学文献出版社出版了张晓明、惠鸣的《全面构建现代文化市场体系》，该书首先从逻辑和历史两个方面对文化市场体系进行了理论探讨，然后对中国文化市场体系的三个促成因素：全球化、文化产业以及公共文化服务做了进一步分析；接着，对我国文化市场体系的建设发展过程进行了历史描述。总的来看，书中对文化市场的交易对象（产品和服务）、交易主体（生产者和消费者）、交易中介（各种专业化机构）以及交易环境四个基本环节的分析、对文化市场与一般市场相区别的特殊属性的分析是有价值的，但从理论分析的成果来说，虽在某些方面有所突破，但在整体上并没有超越前述《文化经济学》的内容，不够深入、不够周延、不够系统。

2015年湖南大学出版社出版了向志强等人的《文化产业市场体系及竞争力研究》，该书前半部分依据经济学、管理学、传播学以及文化产业学等学科知识和理论，在阐释文化产业的特征和类型的基础上，研究了文化产业市场体系的构成与培育原则及策略。后半部分则研究了文化产业竞争力指标的问题。两个部分在逻辑上不相连属。而且从内容看，就是该校两篇同名硕士论文的组合。其中关于文化市场体系的研究只是对传统市场体系研究内容的移植，没有从文化市场体系的特殊性出发来进行阐述。意义不大。

总的来看，目前有关文化市场体系建设的研究专著还十分稀少，已经出版的专著给我们提出了很多的课题，让我们看到了研究的难度，同时也说明了这个领域是很富有挑战性的，需要更多的学者来做出更多、更深入、更科学、更系统的研究，以更好地指导我国现代文化市场体系的建设。

第二节 现代文化市场体系的特殊性研究

一 现代文化市场体系概述

现代文化市场体系具有自身的特殊矛盾性，目前相关文献对此都有或多或少的讨论，但总觉得没有真正把问题说透。可要研究现代文化市场体系，这个问题又始终无法回避。下面我们从现代市场体系的概念出发尝试讨论一下这个问题。

（一）现代市场体系及其特征

现代市场体系是与传统市场体系相区别的一个概念。传统市场体系是建立在充分自由竞争的市场经济理论基础之上的。在这种理论指导下，市场完全是在市场经济规律的作用下运行，政府只是市场经济运行的旁观者，不容干预市场经济的运转；同时也没有什么市场规范，市场完全在自由放任的环境中、毫无整体目的地运行。这种市场体系由于市场信息不对称、市场发育不完全，缺乏相应的法制保障和完善的社会信用体系，很容易导致市场失灵。

现代市场体系克服了传统市场体系的弊端，其基本特征就是，首先，政府要干预市场的运转，市场运转由市场机制和政府干预共同发挥作用，或者说"看不见的手"和"看得见的手"共同调节经济活动。其次，与传统市场体系以消费品市场为主不同，现代市场体系是一个以生产要素市场为主体的市场结构；而且在生产要素市场中，非物质形态的生产要素占据的比例大于物质形态的生产要素。再次，区别于自由放任的传统市场体系，现代市场体系的市场运转有法律法规和制度作保障，并且社会信用体系、行业协会和中介组织均发育完善。[①]

(二) 现代文化市场体系的内涵和特殊性

何谓现代文化市场体系？如果把整个文化产业看作一个宏观系统的话，那么现代文化市场体系就是文化产品、文化服务和文化生产要素进行交易的场所，它是文化产业系统的一个子系统。这个子系统下又包括了图书报刊、电子音像制品等文化产品市场，演出娱乐、影视剧等文化服务市场，资本、产权、人才、信息、技术等文化生产要素市场。

文化市场体系也存在"传统"与"现代"的分野。传统的文化市场体系除了具有传统市场体系的一般特征以外，作为一种精神产品的生产，它还与其他物质产品生产的市场体系一样，差不多都是标准化、规模化的生产；尤其在大众文化产品的生产方面就更是如此（好莱坞的电影就是一例），最早提出文化产业概念的法兰克福学派，就是基于这种标准化的生产而直接把文化产业称为"文化工业"的。而现代文化市场体系除了具有现代市场体系的一般特征以外，还存在着与传统文化市场体系不同的三个方面的特殊性。一是与传统文化产品的标准化、规模化不同，现代文化市场体系的消费是以个性化和定制化为特征，生产以能够满足个性化、定制化的需求为目标。从产业来说，规模化虽然也很重要，但现代文化市场的规模化则被另外的内涵取代：如果喜欢某个文化产品的人有60%以上被满足，那么这个产品就实现了规模化，但这个规模跟传统市场的规模相比，可能很小，因为这个群体本身可能很小。比如，出版一本流行小说，可能要卖出10万本，才叫上了规模，因为流行小说的读者群可能上百万，甚至更多。但如果出版一本研究古塔的书，卖出

---

① 顾钰民：《健全现代市场体系》，重庆出版社2009年版。

1000本就可能上规模了,因为这种书的读者群一般不会过万。出版一本考古的书,可能卖出100本就上规模了,如此等等。也就是说,文化产业市场规模跟传统市场相比,是一个相对的概念,就是相对某个消费群体而言,这个规模就是长尾理论所阐述的规模。二是与传统文化产品的生产方式相比,互联网成为了现代文化市场体系发展的核心生产力,离开了互联网,个性化、定制化和相对规模化的现代文化市场体系是难以形成的。三是相比于传统文化市场体系中物质形态产品较高的占比,现代文化市场体系则以非物质形态的消费产品和生产要素为主体。特别是作为人们头脑产物的创意,成为现代文化市场一个十分关键的要素——离开了创意这个生产要素,就没有文化创意产业,当然也就没有现代文化市场体系。

(三) 现代文化市场体系的系统构成

按照目前学界有关市场体系的一般理论,现代文化市场体系可以通过以下四个方面进行描述。

首先,从现代文化市场体系的构成要素看,现代文化市场体系是由消费品市场和要素市场构成的。所谓要素市场是指在生产经营活动中所利用的各种经济资源所构成的市场,现代文化市场体系同样包括生产资料市场、金融市场、劳动力市场、技术市场、信息市场、产权市场等。不过区别于物质形态的产品市场,现代文化市场体系中的消费品市场和要素市场都有着自己的特殊内容。比如,消费品市场是以精神产品及服务为主体;要素市场是以非物质形态的产品为主体,而且这些产品都具有与文化产业相应的特殊内容。比如产权市场,作为文化产业的产权更多地属于知识产权,而不仅仅只是基于物质财产的某种产权权项。消费品市场和要素市场之间相互依存、共同发展。消费品市场是要素市场产生和发展的基础;每一种要素市场的壮大,又反过来会促进消费品市场的发展。消费品市场、要素市场发展状况,是衡量文化产业及现代文化市场体系发展水平的重要尺度。

其次,从市场的相互联系来看,现代文化市场体系是由市场主体、市场客体、市场机制、市场空间等构成的。凡是参与市场活动、能够进行独立经营决策或购买决策的组织和个人,包括家庭居民户、企业和政府,都可以视为市场主体;而在市场上进行交易的对象,包括商品(消费品与生产资料)、资金、信息、产权、劳动力、服务、房地产等都属于市场客体。当然这些交易必须在一定的空间内进行，这个空间就是市场空间。只是需要把握的是，区别于传统的文化市场空间，在网络时代，市场空间可以是现实空间，也可以是虚拟空间或赛博空间，也可以是这二者的结合。

再次，从市场主体在现代文化市场体系中的地位看，消费主体是第一市场主体，消费主体的需求类型、需求意愿、需求规模、需求方式、需求发展等直接决定影响着市场机制的运行状态，要素市场的所有主体都必须根据消费品市场的动态变化做出反应，其供求、价格和竞争等都直接受制于消费品市场。企业是市场的第二主体，它既是生产者、又是消费者——作为生产者，它们或者面向文化产品和服务的生产企业生产相关的生产资料，或者面向最终消费者生产文化产品或服务；作为消费者，它们消费要素市场所提供的经济资源。政府是市场的第三主体，它不仅是市场的组织管理者、政策制定和实施者，而且也是消费者和要素供应者，向市场采购文化产品、给社会供应文化公共物品，并调节文化生产要素的供应，改善市场产品结构。

最后，从市场运行的角度看，社会信用体系是健全现代文化市场体系所必需的和重要的制度安排，这个信用体系以产权为基础、以道德和法律为支撑，是现代文化市场体系健康发育和运行的基本保障。

总的来看，现代文化市场体系是一个有别于传统文化市场体系和物质产品生产市场体系的特殊市场系统。这个市场体系的最大特征是产业拉动的核心力量首先是消费者。只有消费者有了剩余的精力、时间、金钱和相关的消费经验和消费知识以后，这个市场才有发展起来的可能。

二 现代文化市场体系的市场机制

讨论了现代文化市场体系的系统构成，接下来我们来考察一下现代文化市场体系的运行机制等重要问题。

(一) 文化产品消费的特征

市场机制是与文化产品的消费特征密切相关的，因此，我们首先要讨论的就是消费特征问题。

与一般物质产品的消费相比，文化产品的消费有以下三个突出特征。

第一，消费的经验性或消费的边际报酬递增。物质产品在很多情况下只需要看看使用说明就可以进行消费了。而文化产品则不一样，很多文化产品即使告诉了消费者怎么消费，消费者也不一定能消费。除非这种"告诉"是时间较长的专业培训或训练。也就是说，文化产品的消费需要相应的文化知识和累积的消费经验，缺乏有关的文化知识和消费经验，就无法消费。比如，中国山水画、中国书法，如果没有山水画和书法方面的知识和修养、没有书法方面的实践经验和足够的鉴赏经验，是无法欣赏、从而无法消费的；又如西方的交响乐，如果对西方文化和音乐缺乏知识、对交响乐的特点和欣赏缺乏了解、没有足够的交响乐方面的消费经验，即使告诉了你怎样消费，你也可能无法马上就进行真实的消费。这里，专业的知识和累积的消费经验都是需要具备的，其中累积的消费经验比专业的知识更重要；如果有专业的知识而缺乏累积的消费经验，要消费文化产品同样是困难的。当然，山水画、交响乐都是文化产品中比较极端的例子，因为这类文化产品的故事性不强，像电视剧、电影、小说等文化产品由于其故事性很强，所需要的消费经验与人们日常生活经验是同构的，只要具备一定语言能力，就都能够消费。但显然，对这类故事性很强的文化产品的消费，愈是有消费经验和相关专业知识，愈是能够体验其价值和效用。日本的普通动漫消费者不但能够欣赏动漫的故事，而且很多都能够谈论某某动漫作品在制作技术方面的技巧、方法、缺陷等等，比起一般的动漫消费者就多了一层体验、多了一份享受。戴维·思罗斯比指出，一个人在音乐、文学、戏剧、视觉艺术等方面的喜好和由此形成的消费它们的支付意愿，与他关于这些艺术形式的知识和理解存在重要联系。这种文化能力是通过教育和经验获得的，因此受过良好教育的人和那些已经消费过艺术作品的人，可能对艺术作品表现出更加强烈的、更有鉴赏能力的偏好。用经济学的术语来说，这叫"消费的边际报酬递增"。阿尔弗雷德·马歇尔在《经济学原理》第三篇第三章写道："一个人欣赏的美妙音乐越多，他对于美妙音乐的偏好可能就越强烈，因此，（边际效用递减）法则要排除这些例外情况。"[①]

---

① ［澳］戴维·思罗斯比：《经济学与文化》，王志标、张峥嵘译，中国人民大学出版社2011年版。

第二,趣味的偏好性。正是基于消费者的知识结构和消费经验,所以,不同的消费者对文化产品有着不同的偏好。刘勰《文心雕龙》曰:"夫篇章杂沓,质文交加,知多偏好,人莫圆该。慷慨者逆声而击节,酝籍者见密而高蹈;浮慧者观绮而跃心,爱奇者闻诡而惊听。会己则嗟讽,异我则沮弃,各执一隅之解,欲拟万端之变,所谓'东向而望,不见西墙'也。"这就是趣味偏好性的表现。即使有着同样喜好的两个消费者,具体到某种产品时,也可能产生差异。比如同样喜欢中国的山水画,有人可能喜欢范宽、李成,有人可能更喜欢倪瓒、荆浩;有人喜欢唐宋画家、有人可能更喜欢明清画家等。这种趣味的偏好性正是文化产品在投资和生产过程中,最难以捉摸的因素,也是文化创意产业高风险、高回报特征的重要内因。"看上去的确定,却可以毫无踪影地消失。Mechael Cimino 的《猎鹿人》(*The Deer Hunter*)取得了商业上的成功,但他的下一部电影《天堂之门》(*Heaven's Gate*)却轰然倒下,由此结束了 Mechael Cimino 的职业生涯。"[1]

第三,体验的差异性。所谓体验的差异性,是指消费者在消费文化产品的过程中,他们对文化产品意义理解的深度、感情激发的强度、行为改变的幅度都是各不相同的。而且这种不相同,不是他者所能够真正领会、理解和共鸣的。"如鱼之水,冷暖自知",只有消费者自己才知道自己的体验。

但是,有关消费者的趣味和偏好,经济学一般不做大量的讨论。他们认为,关于偏好如何形成的问题不是经济学家应该讨论的,而应该交给社会学家、心理学家和行为科学家去解释。然而,对于文化产品而言,消费者的趣味和偏好恰恰是影响文化产品生产和消费的重要因素。显而易见,如果不把消费者当作现代文化市场体系的一个生产要素,而且是除创意以外最关键的要素,现代文化市场体系的建立就会有很大的缺失。这样一来,有关消费者偏好如何形成的问题,就成为现代文化市场体系不可忽视的重要问题。一个文化企业只有较为准确地把握消费者偏好、尊重消费者偏好,才能创意出让消费者趋之若鹜的产品。也就是说,必须把消费趣味和偏好作为文化创意产业的内生因素和生产要素来考虑,

---

[1] 张晓明等主编:《国际文化产业发展报告》,社会科学文献出版社 2007 年版,第 224 页。

把当前消费和过去消费联系起来,这样才能更为准确地把握现代文化市场体系的特征。

(二) 文化市场的层次性

当然,文化产品消费并不是都需要累积的经验。正如上节所言,当产品不需要心智、仅仅凭日常生活经验就能够直觉地感受和理解的时候,这时知识和专业素养就变得不十分重要,比如电影、电视剧、流行小说等,只要消费者具有一般的语言能力和阅读能力,就都能顺利地欣赏和消费。当产品需要心智的加入,仅仅凭日常经验难以感受、欣赏和理解时,知识和专业素养就变得很重要了。从现代文化市场来说,显然越是不需要心智的产品,市场就越大;相反则越小,因为毕竟具有某种知识和专业素养的人不是多数。当然,具有某种知识和专业素养的人可能因为其趣味的差别,会对不需要心智的产品缺乏消费的兴趣,但如果这些产品具有很强的娱乐性,契合了他的好奇心,还是会去消费。不过,肤浅的娱乐他们可能会排斥,所谓"五岳归来不看山,黄山归来不看岳"就是指文化消费以及相应的文化市场具有层次性的特征。

文化市场的层次性可以通过以下途径认识得更清楚。

第一,与一般物质产品相比,文化产品除了经济价值以外,还有自身的文化价值,就是前面说的"思想"或"意义",这种意义又是由很多价值要素构成的。思罗斯比以艺术品为例,认为这些价值包括审美价值、精神价值、社会价值、历史价值、象征价值、真实价值,它们可以合称为"文化价值"[①]。思罗斯比是在一个平面上罗列这些价值的,在我们看来,这些价值里面最核心的应该是审美价值。当一个文化商品具有审美价值以后,就可以有效地引发消费者的消费行为。没有审美价值,只有其他价值的文化商品,其价值的实现相对而言是更困难的。因为审美价值可以激发起人们的审美情感,情感是心理活动的动力机制,当情感被激发起来以后,就可以充分调动消费者的想象运动和智力活动,从而让他们与商品的其他价值不期而遇。仅仅只有其他价值的产品可以作为教育产品或者学术产品等公共性更强的产品,而无法成为完全意义上的文

---

① 张晓明等主编:《国际文化产业发展报告》第 1 卷,社会科学文献出版社 2007 年版,第 46 页。

化商品。这样一来,由于审美价值具有高低之分,消费者的消费品位也就因之而呈现出一定的层次性;而文化产品本身亦可能因为承载了不同的价值和价值组合,同样会呈现出一定的层次性。

进一步地,文化产品的文化价值并不都是完整和丰富的。有的文化产品包含了深刻而丰富的文化价值,有的文化产品的文化价值则比较稀薄、浅显甚至肤浅。比如纯粹娱乐性的文化产品,其文化价值就比较"稀薄",而艺术品的文化价值就可能比较深厚。文化价值稀薄的文化产品,往往在人们消费一次以后就没有价值了;而价值深厚的文化产品则往往在经过消费以后还进一步增加了它的价值,甚至吸引人们反复欣赏。很多具有深厚文化价值的文化产品都随着年代的推移,愈显其价值的巨大和久远,被一代又一代的人所消费。当然,这种文化价值的大小其核心依然指的是审美价值的大小。可见,文化产品的价值依其"意义"或者"思想"的深度是存在层次性的。其中,优秀文化产品的价值随着消费的增加而出现价值递增,不像一般的物质产品,当它们被消费以后往往其物质形态的价值日益减少、直到这种物质形态被消灭。为什么会出现价值递增呢?意大利学者阿莱西娅·左罗妮认为:"从主观层面看,创意是固有的、非物质的和无形的资源,如果想要转换成一种创新并传播,则需要将其融入某种物质形式(绘画、电影、书籍)或者非物质形式(表演、戏剧表演、展览)。这种形式本身是一种私人商品,而物品中体现的创意是公共物品(public good)。"① 我们不能都拥有《蒙娜丽莎》的真迹,这幅真迹只属于卢浮宫,但我们却可以通过《蒙娜丽莎》的复制品消费达·芬奇的创意;我们无法拥有《红楼梦》的手稿,但我们却能够消费《红楼梦》图书和电视剧,拥有曹雪芹的创意。正是在这个过程中,文化产品的价值不断增加。因此,从文化产品的价值来说,存在一个由浅入深的连续谱,或者说一个多层次的价值结构体系。

第二,文化产品有私人消费品、准公共物品、公共物品的区别。私人消费品都是需要通过自身的购买才能实现的文化消费,具有排他性和

---

① [意]阿莱西娅·左罗妮:《当代艺术经济学》,管理译,东北财经大学出版社2016年版,第12页。

争夺性，如画家的真迹、古董和收藏性艺术品①，这种消费的收入弹性较大，可以视为文化市场领域的"炫耀性消费"。按照左罗妮的观点，很多创意产品在物质层面上是私人物品，而在创意层面上则是公共物品。消费者需要为物质层面上的私人物品支付一定数量的货币才能实现消费，只是这种消费的收入弹性并不大，具有低竞争度和低成本的排他性，这类创意产品可以称为"准公共物品"，如购买小说、看电影，参观动物园、博物馆等。而公共物品则是由政府提供的，无须拿钱购买就能够消费，如公园、公共艺术、公共图书馆等。因此，从支付层面来说，文化产品消费存在零支付（公共物品）、微支付（准公共物品，只需要支付收入的极少部分，如看电影）和巨支付（私人物品，需要支付的数额较大，如购买古董）等不同的层次。

第三，从文化市场体系的培育和发展来说，准公共物品和公共物品的消费都具有市场建设的基础性作用。按照文化消费在人们生活中的重要性来看，只有当人们在物质消费方面得到满足、有了剩余的金钱和时间以后，才会进行大量的文化消费。但是由于文化消费者首先必须要有文化，消费者在付出一定的金钱以后，还需要付出一定的精力（主要是智力）才能实现消费，因此相对于消费者来说精神价值更高的、需要消费者付出更多精力和金钱的文化产品，普通消费者往往不屑费力地去消费。传播学有一个著名的公式就是：

$$选择的或然率 = 报偿的保证 \div 费力的程度 ②$$

从这个公式可以看出，费力的程度是分母，报偿的保证是分子。显然，如果费力的程度越大，报偿的保证越少，选择的或然率就越低。对于精神价值很高的文化商品，消费者如果没有相应的专业知识，即使费了很多力，还是不能够领略其美，不能够收获足够的精神享受，消费者就可能不会去消费这类商品。在心理学上，这种消费的心理机制叫作"甜柠檬机制"。而对于精神价值高的商品，没有足够专业知识和训练的消费者不但不会去消费，还会对自己不能消费这类商品进行自我解嘲，

---

① 黄文叡：《艺术市场与投资解码》，台北：艺术家出版社2008年版，第8页。
② [美] 威尔伯·施拉姆、威廉·波特：《传播学概论》，陈亮等译，新华出版社1984年版，第114页。

这在心理学上叫作"酸葡萄机制"。

这里，我们先就"精神价值"与"文化价值"两个概念进行一个区分（注意：这两个概念与前文戴维·思罗斯比所说的同样两个概念，内涵是不相同的）。精神价值是指文化产品给消费者带去的精神享受、所产生的精神效应。其一，这种精神效应大概可以分为三个层次，即娱耳娱目、怡情怡性、悦志悦神。看普通图案、听普通音乐，可以娱耳娱目；欣赏电影，则既能够娱耳娱目、也能够怡情怡性；而听贝多芬《生命奏鸣曲》则不仅娱耳怡情，还能悦志悦神。其次，这种精神效应是针对消费者个体而言的，对不同的个体来说，精神效应的大小是不一样的。听贝多芬的交响乐，对于习惯于欣赏流行音乐的人来说，可能没有什么感觉，甚至会昏昏欲睡，正如习惯于读流行小说的人，一俟读莫言的小说或者马尔克斯的作品就可能不知所云一样。因此，其三，精神价值越高，往往消费价格越高，但并不代表文化产品的经济价值越高，因为精神价值越高，意味着消费者需要更多的专业消费能力和累积的消费经验，这样一来，这个消费群体往往就不大，单就这个产品来说，赢利就很有限。左罗妮所说的创意产业"生产过程的不经济性"[①] 带来了消费过程的不经济性，即受限于消费规模，无法实现更大的经济效益。思罗斯比指出："如果采用了'高雅文化'准则，那么可以指出，柔和的古典音乐就是一个文化价值较高但经济价值较低的商品例子。在后文考察文化遗产的时候，还能找到许多同时具有低经济价值和高文化价值的资产例子。"[②] 当然，思罗斯比这里的文化价值相当于我们前面说的精神价值。另外，纳撒尼尔·利奇菲尔德也指出：先前的棉花作坊如果用于工业考古，则具有重要的文化价值，但是如果作为资产，则可能不具有市场价值，因为它们已经失去了昔日的功能。[③]

我们为什么要用精神价值来替换文化价值呢？这是因为在我国有一种文化现象叫"宣传"，这类精神产品往往具有很高的文化价值，但由于

---

① ［意］阿莱西娅·左罗妮：《当代艺术经济学》，管理译，东北财经大学出版社2016年版，第41页。
② 张晓明等主编：《国际文化产业发展报告》第1卷，社会科学文献出版社2007年版，第37页。
③ 同上。

其主题的严肃性和表现的纯正性,在契合大众的审美需要方面,往往有一定难度,精神效应不够大,其直接经济价值不高,甚至账面上是亏损的。因此,精神价值高,并不代表其文化价值高,反过来,文化价值高也不能代表其精神价值高。文化价值是指对提高人民群众整体的精神文化具有价值的文化物品或者文化产品的价值。这类产品不一定有市场,但社会发展又需要,在这种情况下,就只能把这类文化产品作为公共物品来提供,由政府购买,免费向人民群众开放。在中国,把文化完全市场化,就会出现产品结构不合理的状况,一些有很强正面积极意义的作品,由于其文化主题的严肃性,文化表现形式的艺术性,无法完全遵循娱乐法则来进行生产,就只会有少数人去生产,容易出现市场失灵。这种情况下,需要政府来生产,或者鼓励社会组织进行生产,然后由政府购买,以提供给消费者,弘扬主旋律、捍卫主流意识形态。

第四,社会发展往往需要不断提高消费者的消费品位,不断提高消费者消费文化产品的能力,以期不断扩大文化产品的消费市场,因此,我们就需要通过公共物品的提供来培养消费者的消费能力,把高精神价值的文化产品通过公共文化服务的方式提供给消费者,借此提高其消费能力,消除消费者仅仅满足于低层次文化产品消费的心理机制,提升整个文化市场的质量。

(三) 现代文化市场运行机制的特殊性

正因为文化产品在消费上的上述特征,所以,文化产品在价值表现上与一般物质产品相比,也有自己的特殊性。

什么是价值呢?"所谓价值,就是在人的实践—认识活动中建立起来的,以主体尺度为尺度的一种客观的主客体关系,是客体的存在、性质及其运动是否与主体本性、目的和需要等相一致、相适合、相接近的关系。"[①] 这里有两点是需要明确的,那就是,价值是一个关系概念,是对客体与主体之间的一种特定(需求)关系的定义;还有,价值是属人的,只有对人才谈得上价值问题,价值表现的是人的本质,而非物的本质,一切物只有以人为根据和尺度,才谈得上价值。

当我们把消费品位和偏好作为文化产业的内生因素的时候,文化市

---

① 孙伟平:《事实与价值》,中国社会科学出版社2000年版,第99页。

场的运行机制与非文化产品市场的运行机制就表现出很大的差异。主要有：

第一，从价值决定规律来说，社会必要劳动时间无法作为衡量文化产品价值的尺度。

价值规律包括价值决定规律和价值交换规律。价值决定规律指商品的价值由生产该商品的社会必要劳动时间决定；价值交换规律指价值的交换要按照等价原则来进行。这两方面的规律决定着整个价值的运动。下面，我们先对文化产品的价值决定规律进行讨论。

根据价值的定义和属性，商品都具有价值和使用价值，但是，物质产品的价值可以由社会必要劳动时间来决定，而同样用来衡量文化产品的价值则很成问题。画一幅画、写一首歌、拍一部电影，假设同样两个创作者或者创作团队，都经历了同样长时间的艺术教育和进行了同样长时间的艺术创作，并用了同样长的时间来创作同一题材的艺术作品，但其价值却很可能大相径庭，因为某些人即使经年累月地进行艺术创作，但很可能根本未窥艺术的门径，更谈不上升堂入室；艺术除了学习以外，还需要悟性，要悟出艺术的真谛，并不是学习和实践可以解决的，天资有时可能比学习和实践更重要。又如，一个艺术家花了一个月创作出来的作品，可能不及一个灵感艺术家花一个小时创作的作品价值高。有些艺术作品，比如作为综合性艺术的电影和动漫作品，它们是集体劳动的成果，需要各个方面的人才构成的一个有机系统，彼此协调行动才能完成，只要系统某一个方面的功能不够完善，就很可能创作出失败的作品。如 2005 年在全球公映的陈凯歌导演的《无极》，耗时 3 年，影片制作费用高达 3.5 亿元，是中国电影史上当时为止投资最高、以"冲击奥斯卡奖"为目的的"东方奇幻大片"，在未上映前即广受关注，但在全球回收的总金额东拼西凑最终还不足 2 亿元。究其原因，就是这个创作团队一味以"英雄"为核心，采用高科技手段制造魔幻效果，缺乏对当下观众审美趣味进行准确把握的营销人才和市场分析团队。而《泰囧》仅仅投资了 6000 万元、拍摄 6 个月时间，票房却达到 12.6 亿元。可见，创作成本、创作时间长度等根本就无法用来确定一个文化产品的价值，也就是说，社会必要劳动时间无法作为衡量艺术作品价值量的尺度。

第二，从价值交换规律来看，文化产品缺乏等价交换的标准。我们可以进一步地认为，文化产品有没有价值不仅不是由产品包含了多少有效劳动时间决定的，而且可以说不是由文化产品单方面决定的，而是由产品与消费者之间的关系决定的，这一点跟物质产品很不一样。物质产品当然也要适应消费者的需要，但其决定力量往往在物质产品本身。而文化产品无论创作者觉得怎样好，只有当产品的特质契合了消费者的审美趣味以后，才能够产生价值，并实现自身的价值补偿；否则，就很可能没有任何价值。一些文化产品在它们刚刚诞生的时候，没有多少人认可和消费，但却会在某一个时候，突然风靡和流行起来。比如，法国著名现实主义作家司汤达的小说，在他在世的时候，基本卖不出去；而在他去世若干年以后，《红与黑》却一下子畅销西方，成为世界名著。这是因为他的小说刚刚创作出来的时候与当时人们的审美趣味（"期待视野"）不吻合，后来西方社会心理发生变化，迎头遇到司汤达，于是就产生了很大的价值。因此，什么是等价？不是决定于可衡量的客观成本、技术水平等条件，而是决定于消费者的心理期待和精神效应。当产品契合了消费者的审美趣味以后，即使产品价格高，消费者也会觉得物有所值，就会向其他消费者传播这一产品，产品就会获得更大的销量，从而实现价值补偿和价值增值。而一些创作成本可能很低的作品也可能获得较高的利润，一些低成本电影的成功就证明了这一点。因此，在文化市场上，无法确立等价交换的标准。消费者才是文化价值及其经济价值实现的最终裁定者，消费者规律才是文化市场的价值决定规律。

第三，文化产品往往并不完全是通过市场竞争来实现其价值的。从价格来说，产品的价格主要取决于市场竞争，而文化产品的价格大多不是根据市场竞争形势来制定其价格策略或产生消费价格的。按照传统的市场竞争规律，与消费者审美趣味一致、消费群体大的产品往往价格就高，而这对于文化市场来说其实不然，比如电影，当一部电影上映以后，并不会因为自身比其他影片更能获得大众的拥趸，而以较高的售价向观众售票，通常还是以电影院日常的售价进行售卖；有些影院还规定在一周的某些时段以一定的折扣售票，而且不会因为新电影的观众众多而改变这一销售策略。可见，价格并不会因为影片之间的竞争而改变。那么，院线之间有没有竞争，有，但这种竞争的程度也不高，最多是屏幕数量、观影硬件环境和服务的竞争；从消费者来说，院线在这些方面做得再好，城东的居民也不会舍近求远跑到城西去看，所以硬件和服务即使存在竞争，其程度也不高。

既然文化产品的价值不靠价格竞争来实现，那靠什么来实现呢？那就是尽可能大的市场规模的竞争。比如小说，除了精装、平装的区别外，它的价格基本都是二三十元一本，不会根据其他小说的价格定一个什么竞争性价格，它的价值补偿和价值增值也主要是靠销售规模来实现的，或者说根据消费者的心理价格来确定，高了，规模上不去，就有碍价值实现，相反，为了达到规模效应，很多时候还要打折促销。即使像莫言这样的名家，他的小说也没有因为其获得诺贝尔奖而增加价格，相反，各个卖场和网络书店都尽量打折，以求卖得更多，完全是以数量取胜。

当然，消费者的趣味并不是一目了然的，很多时候文化产品的创意和生产者不知道、不明白、不了解消费者的趣味。如果消费者的趣味是一目了然的，文化产品的市场竞争就变得很明确了，大家都争着去满足消费者的同一趣味，这样一来市场竞争就激烈了。然而，事实上，消费者的趣味难以知晓，规模化的共同趣味更无从把握，所以市场竞争的强度只有在各个市场主体的产品都满足消费者同一趣味时才会表现出来；实质上，就是满足同一趣味，由于满足的内容、满足的方式，彼此给消费者带去的精神效应并不是相同的，所以，相互之间还是不能互相替代，这样一来，文化市场的竞争就变成了对渠道（终端）的竞争和对消费者剩余时间的竞争。从影片来说，生产商就尽量把影片安排在重要时间段放映，比如节假日，因为这些时段，消费者时间比较充裕，消费者规模比较庞大，像韩国，大量的影片都放在老百姓比较闲的秋后；除了时间，就是占领尽可能多的院线，争取更大的排片率，也就是渠道（终端）竞争。而对于院线竞争来说，就是有尽可能多的放映厅，也就是银幕数量的竞争。只要你的产品能够满足消费者的某种精神需求，只要能够进入终端与消费者见面，只要能够赢得消费者的青睐，你的产品就有市场。亦即，从竞争的角度来说，文化市场的竞争主要是渠道（终端）竞争和争夺消费者剩余时间的竞争。

第四，从竞争规律来看，不是价格、供求等决定竞争，而是文化商品的消费特征决定竞争，文化商品消费特征不同，其市场竞争度也不同。这个问题可以从三个方面来认识。一是具有竞争性的文化商品市场，如艺术品收藏。由于艺术品的唯一性和稀缺性，除了复制品以外，对原作的占有，就具有很强的排他性。这类作品如果是大家之作，价格往往很高，一般人轻易不敢问津，参与竞争的人都是高收入群体。所谓"人均3000美元就会对文化产品产生消费需求"的这个需求只是中低端的、大众的，而不是高端的、高价格的。二是具有低竞争性的文化商品市场，如电影。这类产品由于以大众消费为对象，通过规模化出售来实现自身价值，所以其价格往往并不高，竞争度较低。竞争度较低，是指不是没有竞争，而是说这种竞争仅仅只是对某一个环节、某一个领域竞争，如对渠道（终端）和消费者剩余时间的竞争。三是没有竞争性的文化商品市场，如文化公共物品。文化公共物品虽然是免费的，但其生产是要消耗价值的，在其成为公共物品之前是具有竞争性的，竞争发生在生产企业之间，主要是争夺政府的订单。而一旦进入消费领域是没有竞争性的。四是与传统市场具有同样竞争强度的文化商品市场。这主要是与文化产品的生产和消费有关的物质产品市场，如电视机、摄像机、游戏机、文具、软件等。因此，与传统市场体系相比较，除了第四类商品以外，竞争在现代文化市场体系中并不是一种起决定作用的市场机制，消费者价值决定规律才更是一种起决定作用的机制。

消费者价值决定规律。我们还可以根据艺术品的生产和消费做进一步的论证。艺术品是个性化的、具有唯一性的，不会因为市场上缺少而增加供应。这幅作品就是这位画家的，其他画家无法生产出具有这种独特体验的艺术品；即使同一位画家也无法生产出具有相同体验价值的作品。艺术作品是独特的生命的创造，艺术家没有可能进行规模化的创作，这就是生产过程的不经济性。因此市场的供求机制和价格机制这两大规律都无法让艺术家创作更多作品，实现更大利润。而进入市场交易的艺术品的价值和价格更多地取决于消费者的价值体验，包括消费者对产品的情趣情调、审美风格的认同，获得创意产品时的心情等。一幅投合消费者审美偏好的作品，完全可以以令人不可思议的价格成交。在这样的情况下，供求机制和价格机制对艺术品的价值和价格同样不起作用。进一步地，一般物质产品的供求大致可以进行预测，但文化产品的供求却往往难以预测。可能一个自以为很不错的文化产品，面世以后却少人问津，而一个可能很不起眼的作品，却大行其道。前面我们举了《无极》

的例子，这部作品在艺术上水平很高，导演也是有名的艺术家陈凯歌，耗时三年，投资超过 3.5 亿元，但是票房却很惨。而一个 32 岁的无名小卒胡戈，只花了 10 天时间，用了不到 200 元钱的成本，就独自一人把《无极》改编成了一个 20 分钟的短片——《一个馒头引发的血案》，以新的创意和拼贴方式，讲述了一起连环杀人案的侦破过程，结果在网络上迅速走红，10 天左右，其相关网页超过 100 万个，在百度热门搜索前 50 名中，《一个馒头引发的血案》上榜 12 天位居第 24 位，超过已经上榜 100 天的《无极》（第 37 位）。电影等其他大众文化产品市场显然也同样不受制于供求和价格机制。

第五，从供求规律来看，一般市场依据供求来调整价格和产品数量，从而形成市场竞争。文化市场则不然，很多文化行业都存在众多的利基市场，它们组成文化产品市场的长尾，满足不同兴趣爱好消费者的精神需求。这许许多多的利基市场组合在一起就形成了一个大市场。市场上的产品并不因为种类繁多而失去赢利能力。因为这些产品之间的差异往往都比较大，不可相互替代，竞争度不高。看过《红楼梦》小说的人也愿意去看《红楼梦》电视连续剧，照理讲，这两种产品的内容相同，表面上看是可以互相替代的，实质上，一个属于文学作品，一个是表演艺术、影视艺术、音乐艺术和美术的综合体，获得的体验完全是不一样的。还有，很多作品被反复拍摄，如《笑傲江湖》《西游记》《水浒传》等，但只要与观众的审美趣味相契合，人们还是乐于重温一下。物质产品的生产，往往同类的产品很多，而消费者的消费是有限的，这就存在竞争；精神性的需求是无限的，只要契合了消费者的兴趣，消费者都乐意消费。也就是说，就文化市场来说，传统的市场供求规律作用不大，消费者价值决定规律才是最根本的规律。

总的来看，现代文化市场具有低竞争度和低成本排他性的特点。主要的市场规律不是传统意义上的价值规律，也不是传统意义上的供求规律或竞争规律，主要规律是消费者价值决定规律，亦即产品价值的实现程度要看产品是否契合消费者的精神需要。如果契合，即使不是名家作品，也可能一夜风行，《成都，今夜请将我遗忘》，就是一个名不见经传的作者的小说，结果轰动网络，一夜成名；如果不契合，即使是名家的作品也可能折戟铩羽，前举美国著名导演 Mechael Cimino 拍摄电影《猎鹿人》取得了巨大成功,但拍摄电影《天堂之门》(Heaven's Gate)却遭遇滑铁卢。陈凯歌拍了那么多好电影,但观众就是不买《无极》的账。李少红出品过《雷雨》《橘子红了》等许多好作品,但导演的《红楼梦》却遭观众大量吐槽,几乎见光死。所以,文化产品的价值不是一种客观的、可用社会必要劳动时间来衡量的价值,而是一种关系价值、一种心理价值,其价值的大小决定于生产者及其产品和消费者之间的关系,决定于消费者接触产品的过程中,对产品的心理体验水平及其认同度。当文化产品契合大多数消费者需要,而且其价格水平使这种产品的消费具有非排他性的时候,文化产品就可以获得较大的市场规模和价值增值,甚至获得远远超出实际投入的收益和经济价值。在这个过程中,是不是生产者一点作用也没有呢?不是,生产者本身所产生的精神效应对文化产品价值的市场实现也会产生积极的作用。一部有某某明星或者某某导演参与的影片,由于明星或导演自身积累的美誉度以及观众过去的审美体验和精神效应,其价值实现能力和赢利能力显然更强,同样,名作家、名画家、名歌星、名报刊、名电台等,其产品更容易实现价值补偿和价值增值。当然,前提条件是作品本身能够获得消费者的青睐。

三 现代文化市场体系的运转特征

传统市场经济的运转完全是在市场经济规律的支配下进行的,政府基本上不干预市场经济的运转,现代市场体系的建立和健全使市场的运转发生了变化。

(一) 法制与意识形态

现代市场经济是竞争经济和法治经济,市场需要由法律和制度来保障。市场运行过程中,涉及各个经济主体的切身利益关系,这种利益关系是在各个经济主体彼此之间的经济活动中实现的。而这种经济活动的特征是竞争性的,各个经济主体的利益必须通过竞争来实现。在这个竞争过程中,只有比别人做得更好才能更好地实现自己的经济利益。但怎样比别人做得更好,不是不择手段,而是必须遵守相应规则。这就必须通过法制手段来保障竞争的有序性。法治的特征是通过外在的强制手段对经济主体的行为形成一种规制,明示经济主体在市场竞争过程中能做什么、不能做什么、做了什么不该做的事该受到什么惩罚,等等,规范各个经济主体的行为,保护各个经济主体的利益,维护市场正常运转。如果竞争是为了让市场充满活力地运行,法治则是为了让市场规范有序地运行。

首先,由于文化市场的低竞争度特点和文化产品具有意识形态属性和商品属性两种性质,现代文化市场体系的市场法治建设必须以规范文化经济主体的生产行为为重点,核心就是经济主体在实现自身经济利益的过程中,社会效益至少要作为一个前提来考量。

其次,要通过产业政策、财政税收政策、文化资源配置政策、政府奖励政策等来调节市场竞争的方向和路线,引导市场主体生产积极、健康、向上的文化产品。

再次,文化产业在很大程度上是依赖版权而形成的产业,在美国,文化产业就直接叫作"版权产业"。"创意产业之所以如此命名,是因为所有创意产业都不同程度地在他们的经营模式中使用版权。因此,在美国更愿意使用'版权产业',而不使用创意产业。"[①] 这样一来,文化市场体系的交易客体也主要是具有版权性质的文化商品、服务或者生产要素,它们大多拥有自身的知识产权。因此,建立版权保护体系是文化市场法治建设的关键。

最后,文化市场虽然相较于其他市场的竞争度更低,但毕竟存在竞争。这种竞争导致一些人为了获取不正当利益而侵害他人知识产权的现象出现,如盗版、抄袭、剽窃等。同时,还有一些人为了牟取暴利,制假售假,这在古玩市场和艺术品市场表现得特别突出。因此,通过法制手段对文化市场主体的行为进行规范,是健全现代文化市场体系的必要前提条件。

(二)社会信用体系

市场运行需要有完善的社会信用体系。信用关系的实质是各经济主体的借贷关系,它是使经济运行社会化的一个重要制度。有了信用关系,经济主体就可以突破个人能力的限制,通过社会资源、社会资本的积累和使用,去完成仅仅依靠个人能力暂时无法做到的事情。有了信用关系,

---

① 张晓明等主编:《国际文化产业发展报告》第1卷,社会科学文献出版社2007年版,第223页。

整个社会经济活动才会活跃起来。但信用关系不是一种直接的物物交换关系，它是各个经济主体之间在较长一段时间内保持的一种关系，要让这种关系能够规范地保持下去，就必须要有一套制度来规范，这套制度就是社会信用制度。社会信用制度的安排既包括正式的、也包括非正式的，正式的如法律制度（如合同法）、信用管理制度等，后者如风俗、信用习惯、道德观念、交易模式等。

现代文化市场体系的信用建设必须贯彻在文化产品的生产、流通、消费诸环节，每一个市场主体都要自觉地以诚信来维护市场秩序。目前的着力点主要应该在以下几个方面。

首先，要加强契约制度建设。市场经济就是信用经济，要通过宣传、教育、案例分析等方式向全社会普及信用文化、营造诚信环境，每一个市场主体都要重合同、守信用，互相信赖，营造诚信经营、放心消费的市场环境。

其次，要提高企业信用等级。文化市场主体也就是信用体系建设的主体，应当树立长远观念，形成品牌意识，建立自己的企业文化，提高本企业信用度。在国家整体信用体系标准化建设的基础上，推进文化企业信用等级建设。企业的信用等级是企业能否顺利融资、实现快速发展的决定性因素。可以说，信用体系建设和创新体系建设、融资体系建设是相互联系的。

此外，要建立信用监督和失信惩戒制度。管理部门应建立信用公示制度，对诚信依法经营、在业内起到模范作用的企业要予以表彰和鼓励，对有违法违规行为的除依法给予处罚外，充分利用互联网等新型传媒，以黑名单形式及时向社会公布，并进行重点监管和长期跟踪。[①]

当然，法律制度和信用体系都可以纳入社会信用制度（正式的和非正式的）的形成和构建来认识。社会信用制度的构建需要两大基石：一是道德、二是法律。两者从不同的方面维系着社会的信用关系。道德对经济主体的约束是内在的、自觉的，法律对经济主体的约束是外在的、强制的，二者缺一不可。建立以道德和法律为基石，以清晰的产权关系为基础的社会信用制度，是完善我国社会主体市场经济体制的重要保障。

---

① 宋奇慧：《健全文化市场体系　加快文化产业发展》，《人文杂志》2005 年第 4 期。

(三) 行业协会和中介组织

市场运行还需要发展完善的行业协会和市场中介组织。

行业协会是一种民间组织，处于企业和政府的中间层，它不是依靠政府利用行政手段来协调行业内企业的行为，而是依靠协会的章程，依据行业自身的特点对行业发展和行业企业的行为进行规范，这就对协调市场运行起到政府不能起到的作用。

市场中介组织是以第三方的身份对经济主体活动的规范性做出客观、公正的评估和评价。这些中介机构包括会计事务所、审计事务所、法律事务所，等等。当各个经济主体之间需要掌握彼此的情况，需要对对方的经济行为、经济实力、管理能力、团队状况、过去的历史等进行全面了解和评价的时候，如果企业自己去做，就很可能失去客观性。而市场中介组织则可以依据相关的法律法规，凭借自己的专业性、权威性来进行这项工作，保证企业获得的相关信息真实、可靠。

第三节　现代文化市场体系的培育

了解了现代文化市场体系的特殊性，接下来，我们就来讨论现代文化市场体系的培育问题。

一　我国现代文化市场体系演化的特殊矛盾性

(一) 培育和发育

首先简要说明一下，本章我们为什么要用"培育"这个概念而不用"发育"。这是因为"发育"是指现代文化市场体系通过自组织的方式逐步演化的过程，而"培育"则是通过他组织的方式、顺应市场发育的规律，发挥人的主观能动性，推动现代文化市场体系逐步发展的过程。发育，主要讲的是要利用市场这只"看不见的手"调节市场的运动；培育，则主要讲的是要利用政府这只"看得见的手"，通过宏观调控的方式，建立健全现代文化市场体系。当然，我们用培育这个概念，不是说现代文化市场体系只是需要培育，而是从中国当前文化市场发展的阶段性特征出发，认为建立健全现代文化市场体系首先要以"看得见的手"为主，逐步过渡到"看得见的手"和"看不见的手"协同并用的阶段，最后以

"看不见的手"为主。培育和发育都是现代文化市场体系演化的重要现象,"培育"是外在的手段,但外在手段必须服从市场演化的内在规律;发育是内生因素,是市场演化的核心驱动力量,但发育也离不开外在的"培育"。

现代文化市场体系的结构是一个耗散结构,要形成这个耗散结构,并维持这个耗散结构,都离不开他组织。在这个过程中,政府就相当于"贝纳德对流"实验中给容器底部加热的外在之火,需要持续不断地与现代文化市场体系进行物质、能量和信息的交换,不断地提供政策支持、服务支持、金融支持,提供相应的公共服务平台,才能促使现代文化市场形成自组织的耗散结构,从而不断演化发展。

总之,纯粹的市场发育过程是不存在的,而仅仅依靠外在的培育力量也是无法形成有效的现代文化市场体系的。因此,培育和发育两者都不可偏废,必须同时并举,才能更好、更快地推动现代文化市场的形成。

(二)我国现代文化市场体系形成的阶段性特征

我国首次将文化产业纳入国家经济社会发展的战略蓝图是在 2000 年 10 月召开的中共中央第十五届五中全会上。全会通过了《中共中央关于制定国民经济和社会发展第十个五年规划的建议》,第一次提出了"文化产业"的概念,要求"推动信息产业与有关文化产业结合",同时积极完善文化产业政策,加强文化市场建设和管理,推动有关文化产业发展。

十多年过去了,虽然我国文化产业取得了长足的进步,但与发达国家相比,整体上还处在产业发展的初级阶段;或者从市场形态发生的角度说,还处于成长初期。在这种情况下,建立健全现代文化市场体系就必须发育和培育并举。发育和培育并举并不是说两者不分主次,而是根据我国现阶段文化产业的特征,把培育作为矛盾的主导方面,培育居于领导和支配地位;而发育则作为矛盾的次要方面,作为被领导和被支配的方面。这就是建立健全我国现代文化市场体系现阶段所必须抓住的主要特征。原因主要是:

第一,我国人均 GDP 早就突破了 3000 美元,人民群众对文化产品和服务的需求空前增加,这就要求大力发展文化产业。然而,事实上我国文化产业的发展还远远无法满足人民群众的需要。当常态的文化产品无法满足市场需求的时候，我们就会面临两种挑战，一是低俗文化、没落文化、非主流文化的流行。精神世界的空间，你如果没有东西去占领，自然有别的东西来占领。正确的思想不去占领，错误的思想就会去占领；马克思主义、无产阶级的思想不去占领，各种非马克思主义、非无产阶级的思想甚至反马克思主义的思想就会去占领。二是外部的文化产品会趁机进入中国。虽然我国加入了WTO，按照乌拉圭回合协议中的文化例外原则，各国可以对自己的文化进行保护，以维护文化的多样性，但随着全球化、信息化和都市化的迅猛发展，外来文化进入的渠道越来越多；而且通过进出口通道，对产品的配额要求也越来越高，更多产品走入国门已经是不争的事实。在这种情况下，如果我们的文化市场依靠缓慢发育来建构，我们的思想市场就会被越来越多的非主流意识形态产品所占据，被越来越多的外来文化产品所占领，久而久之，社会主义文化市场就会逐渐沦为他国文化产业的附庸。

第二，如果我国文化市场体系没有迅速形成，不仅我们的市场会成为别人的市场，甚至我们的产品也会被纳入别人的市场体系而受制于人。前文分析中国艺术产业的国际地位时已经可以很清楚地看到这一点。如何尽快培育起自己的文化市场体系，这是我们目前面临的一个十分紧迫的问题。

第三，从国际经验看，文化市场体系的演化是离不开"政府之手"的。有人认为，发达国家的文化市场是"原生性"的，具有"演化生成"的性质；而我国的文化市场则是"继生性"的，具有"整体建构"的性质。原生性市场经济国家的文化市场是从某种自发活动和具体的行业市场逐步发展起来的。而转型国家的文化市场则是一开始就是一个异质系统，涉及主观的建构和整体性规则的改变。[①] 这种说法仅仅是根据西方国家没有"文化市场"这个概念来推论的。其实，这样的推论是不正确的。前面我们根据市场演化的自组织和他组织理论已经阐述了市场演化过程中发育和培育二者都不可偏废，从实际情况看，发达国家的文化市场也是依靠培育和发育这两种手段来促进文化市场体系演化发展的。还是以艺术产业为例，这个产业在西方已经发育成熟，市场也已经健全和完善，

---

① 张晓明等：《全面构建现代文化市场体系》，社会科学文献出版社2014年版，第26页。

但它并不是一开始就是靠自己自然地"演化生成"的,西方各国政府在艺术产业(其实是整个文化产业)的发展过程中功不可没。政府不仅控制艺术游戏规则的制定和监督;而且更是动用了大量的国家资本直接参与其中,设立艺术基金会以及各种公募、私募基金。同时,给予艺术品经营者以优惠的产业政策,促使更多的资本参与到艺术品市场中来。"国家补助的剧院也对援助创意产业起到了重要作用。美国在过去的 20 年间,商业演出或百老汇上演的新剧目的 44% 可以在非营利剧院的剧目中找到源头。英国的数据与此相似。许多成功的英国演员都曾在公共资助的英国剧院中磨砺他们的演技。"[1] 不仅仅只是美国、英国是这样,法国、德国、意大利、瑞典、韩国、日本等国政府都花了很大力气来培育文化市场。可以说,没有什么不依靠培育手段就会自然发育成熟的文化市场,文化市场必须通过培育和发育两种手段,才能演化生成。

第四,更重要的是,作为具有意识形态属性的文化产业,哪些可以推向市场,完全产业化,哪些可以半产业化,哪些不可以产业化,都必须首先厘清,这样才能形成与主流意识形态协同并进的产业结构、产业组织和市场体系。要形成这样的市场体系,政府就必须进行规划和规范,因此,培育是必不可少的。如果任由市场自然发育,就可能会出现偏离主流意识形态的市场演化趋势。这就违背了建立健全现代文化市场体系的初衷。

总的来说,我国现阶段文化市场体系演化生成的阶段性特征就是以"培育"为主导,顺应文化市场"发育"的规律来推动文化市场体系的形成。如果只是让文化市场体系自然发育,把发育作为矛盾的主导方面,那么现代文化市场体系就会有不能健康演化之虞。

那么,我国文化市场体系怎样才能在这两种手段的作用下逐渐发育成熟呢?下面我们从形态发生的角度来讨论一下这个问题。

二 现代文化市场体系的形态发生过程

文化市场体系是通过培育而逐渐发育起来的。如果把文化市场体系

---

[1] 张晓明等主编:《国际文化产业发展报告》第 1 卷,社会科学文献出版社 2007 年版,第 234 页。

比喻为一个有机体,这个培育和发育过程就是一个形态发生的过程。回声模型实质上就是形态发生模型①,所谓形态发生主要就是指事物的形态创造、消灭和演变过程,简单地说,就是事物的发育过程。它最早是生物学的概念,生物学的形态发生认为,细胞形成的早期,形态是不确定的,经过一段时间以后,会发育成与原来不同的、多种最终类型中的一种。②自然界的事物如此,社会事物同样有着这样的一个形态发生过程。结合回声模型,下面简略讨论一下文化市场体系形态发生的过程。

(一) 文化市场体系的构成和形态发生的逻辑起点

首先需要弄清楚文化市场体系发育的逻辑起点,这样,才能找到文化市场培育的着力点和逻辑顺序。

应该认识到,现代文化市场体系是对文化产品市场、文化服务市场、文化要素市场以及与其相应的中介机构、法律和信用体系等整个系统的一种指称。从演化的角度来说,它是一个"系统",共同构成现代文化市场体系,每一个板块都是这个系统缺一不可的一个组分、一个子系统,其中,产品、服务和要素是文化市场的内容;消费者决定规律是文化市场运行的机制;法律和信用体系是文化市场体系运行的保障;中介机构是文化市场体系运行的约束条件。从过程和地位来说,这个系统是一个精神产品的生产、分配、交换和消费系统,是社会主义市场体系的一个组成部分,与物质生产的市场体系、服务生产的市场体系一起构成社会主义市场体系。

作为一种以精神产品的生产为核心的市场体系,现代文化市场体系显然不同于物质生产的市场体系。前者所依赖的核心生产要素是物质性的,如农业社会依赖的主要是土地,是以土地为核心来组织其他生产要素。工业社会主要依赖的是机器(技术),是以机器为核心来组织其他生产要素。现代社会则更多的依赖的是服务。而文化市场体系所依赖的是生产要素,其核心则是创意(文化资源),是以创意为核心来组织生产要素,由于创意主要依靠个人的才能,所以,文化市场体系发育的逻辑起

---

① [美]约翰·H. 霍兰:《隐秩序——适应性造就复杂性》,周晓牧、韩晖译,上海科技教育出版社2011年版,第118页。

② 杨斌主编:《软科学大辞典》,中国社会科学出版社1991年版。

点就是创意人才。这个起点同时也是文化市场体系培育和发育的逻辑起点。

(二) 现代文化市场体系形态发生的基本路线

那么,现代文化市场体系的形态发生过程是怎样的呢?

初步而言就是,首先,创意生产主体产生创意;接着,创意通过产权评估机构形成价格,进入生产要素市场,或直接与创意转化主体对接,进入创意产品化领域,形成可以出售的产品;产品再通过营销等生产性服务市场,进行推广(当然,所有产品从创意开始就已经开始营销);接着进入渠道进行分销,最后在终端市场与消费者连接,实现自己的价值;如果创意经由上述环节和过程在实现自身价值以后,还"意犹未尽",或者说创意产品还能够给人们带来除第一次消费以外更多的价值,就继续进行衍生产品的开发(见图7—1):

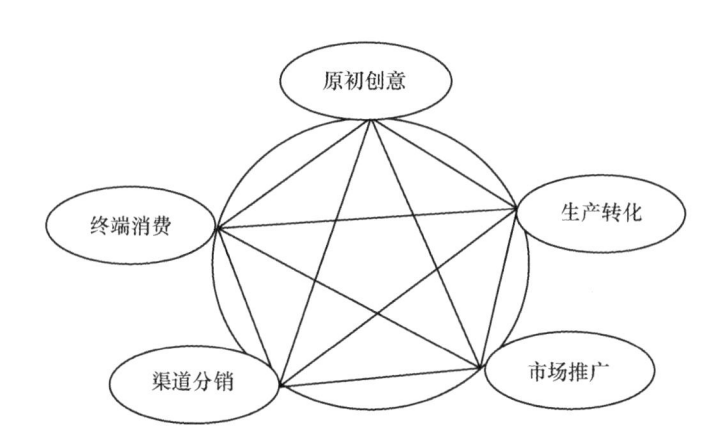

图7—1 创意的产业化和市场化流程图

所有创意都要经历这个过程,才能产生经济效益和社会效益。当许许多多的创意产品经由这个过程实现价值补偿和价值增值以后,就会逐步形成许许多多个相应的行业市场,许许多多的行业市场相互作用、相互影响,就构成了整体的文化市场。于是,现代文化市场体系就通过这个过程发育起来,并在这个过程中,逐步形成健全的现代文化市场体系。下面我们结合案例来进行具体的分析。

(三) 现代文化市场体系形态发生案例分析

1.《云南映像》

《云南映像》是中国演艺产业中一部里程碑式的作品,在2004年中国舞蹈"荷花奖"上一举夺得五项大奖。目前已经在全球巡演了数千场。我们以《云南映像》为例,可以把创意的产业化和市场化过程看得很清楚。

创意主体和初始创意。《云南映像》的创意主体是著名舞蹈家杨丽萍。2000年杨丽萍到云南采风收集素材,她发现有很多精彩的土风舞蹈深藏在大山深处无人知晓,有些古老的山歌由于传唱者的老迈,已经处于濒危状态。据说,一种叫作"绿春神鼓"的鼓舞,只有一两个老太太会打跳了。这些景象让杨丽萍产生了一个想法,那就是如果通过舞台把它们记载下来、表现出来,这些舞蹈和音乐就可以流传下去。于是,她从中央民族歌舞团退休,到云南各地收集整理民间歌舞。在这个过程中,她萌生了创作一部新的舞蹈作品的想法,这部新的舞蹈作品既不表现甜美、也不表现酸涩,而要表现一个具有全人类共性的、充满人性的舞蹈;而且这种舞蹈是"原生态"的。

生产转化。对于杨丽萍来说,这只是一个初始创意,要把这个创意变成一个产品,还需要金融、人才、信息等方面的支持。恰好云南旅游歌舞团为解决节目老化和经济赤字的问题,邀请杨丽萍编排一个反映云南风情的新节目,双方一拍即合,《云南映像》就由杨丽萍这个创意主体进入到创意生产主体的领域。更重要的是,2001年年底,云南山林文化公司与杨丽萍全面合作,山林文化公司曾经策划了数十场高水平的音乐、舞蹈、戏剧演出,有着丰富的市场经验;同时山林文化公司还创办了云南少数民族文化传习馆,用数年时间在云南各地发掘民间艺人和有歌舞天分的青少年,集中到传习馆进行原汁原味的文化艺术传习。这为《云南映像》的创意转化准备了充分的金融、人才和信息方面的要素,为创意向产品转化提供了有力的支撑。

市场推广。随着《云南映像》创意转化的完成,山林公司对节目进行了系统推广,2003年8月8日,《云南映像》首次公演,即令整个云南为之沸腾。产品初试的成功,为《云南映像》走向全国和走出国门增添了信心。于是,他们进入了更高层次的推广和销售。2004年,与北京希肯国际演出公司合作,在北京保利剧院连演9场,原定5场,后又根据市场情况加演4场,上座率均超过90%。这期间,希肯公司照样进行了系统的市场推广。首先,在预热期,以软、硬广告为主,软广告每轮的宣传主题都不一样,硬广告每轮的投放数量都根据整体推广战略的需要而不同。同时,剧组还借云南省在北京举办云南文化宣传系列活动的时机,举办了"民族服饰走向北京街头"的宣传活动,多名演员身穿民族服饰走上长安街,向人们展示云南民族风情的同时,为《云南映像》做了巧妙的宣传;一向低调的杨丽萍也频频接受媒体的采访,媒体跟踪报道,展开了强大的营销攻势。

国内市场的推广和营销成功以后,《云南映像》又与北京派格太合环球文化传媒投资有限公司进行合作,开展国际市场的推广和营销。派格太合耗用4年时间,把国际巡演的合作伙伴确定为Willian Morris、Clear Channel和Stageholding三个全球最大的演出经纪公司。《云南映像》先后在国外演出数千场,大获成功。

渠道分销和终端消费。对于很多产品或服务来说,渠道分销和终端消费是紧密联系在一起的。从渠道和终端来看,《云南映像》也是煞费苦心。例如,在北京市场,《云南映像》于2005年5月和2006年1月两次赴京演出,演出场次达16场,票房总收入达930万元,占期间全国巡演的33%。为什么要把北京作为一个重要的渠道呢?首先,因为北京引进国外的演出多,而原创的大型本土歌舞节目则很少。其次,节假日是北京人文化消费的黄金时间,所以选在"五一节"和"春节"进行演出是最佳的时机。为什么把保利剧院作为终端呢?首先,因为保利剧院地处北京市东二环路东四十条立交桥东北角,地理位置优越。其次,保利剧院2000年10月完成全面装修改造,到2005年才运行4年多时间,需要精品节目进入,以不断提升剧院的品牌形象;同时,保利剧院在节目内容挑选上定位于各门类、品质优秀的艺术表演,而《云南映像》正好满足这样的条件,两两匹配,相得益彰。再次,保利剧院有1428个座位,可以满足《云南映像》这类高质量的节目对剧场规模的要求。最后,保利剧院本身对进入剧场的节目十分挑剔,对每场演出都要经过严格的挑选,保证上演的节目对观众负责。保利剧院同意《云南映像》入场表演,这也是对《云南映像》节目质量的一种间接肯定。由此可见,文化产品或服务的渠道建立和终端选择是实现自身价值的一个十分重要的环节。

衍生产品开发。《云南映像》成功以后，还围绕这个品牌进行了衍生产品的开发，如组建了云南映像茶叶有限公司、云南映像生态饮品有限公司等，这些衍生产品与《云南映像》一样，主打原生态文化。

从《云南映像》的成功可以看出，它经历了一个从原初创意到生产转化、市场推广、渠道分销和终端消费的全过程。可能有人会产生疑问：一个画家把自己的作品直接卖给买家，哪里就经历了这么多的环节呀？表面上看，画家和画商之间的交易过程似乎只有两个环节，其实，画家在这以前，同样需要经历上述各个环节；只是当画家的作品被人们广泛认同以后，这些环节才看起来不存在了（其实是隐藏到背后去了）。我们以"国粹油画"为例，来看一下这个过程。

2. 案例分析：国粹油画

前面我们已经举过这个例子，这里再从市场演化的角度做一点分析。

原初创意和生产转化。宽视从艺术题材、艺术技法、艺术市场等给刘令华提出了一揽子意见，引导刘令华根据市场的潮流调整创作策略、适应市场需要。这里面既包含了一些新的原初创意、也包括了生产转化行为。

市场推广。如宽视公司进行政府方面的公关，让刘令华把几十幅作品带进APEC论坛展出，令各国政要驻足流连。并策动媒体传播：刘令华的事迹、作品和新闻报道被世界各地数十家纸质媒体和网络大量报道，成为学术界、美术界研究和评价的对象。

渠道建设。刘令华在亚洲、欧美及京沪都举办了很多场好评如潮的个展；他的作品很快被世界各地名牌美术馆陆续收藏。

终端营销。宽视公司前期投入2000多万元人民币，通过各种手段让消费者认识刘令华和他的作品，并认可和喜欢"国粹油画"。这样，在刘令华的作品首次拍卖时，其单幅的价格就超过了100万元人民币。

从刘令华作品的知名度提升、价值增值和价值实现的过程可以看出，刘令华只是其作品市场化过程中的原初创意主体，而上海宽视则充当了生产转化主体、市场推广主体、渠道建设主体和终端营销主体。有了这些主体和环节，国粹油画的价值才最终得以实现。

可以说，当很多这样的产品或者服务通过这样的一个过程实现自身价值的时候，相应的行业市场就发育起来；各个行业市场相互交融、共同演化，整个文化市场体系也就逐步形成了，这可以说就是文化市场体系发育的实际过程。

(四) 形态发生及消费品市场与要素市场的关系

上面所阐述的现代文化市场的形态发生过程，更多的是着眼于消费品市场的形成和发育，对于要素市场的阐述尚未涉及。事实上，没有要素市场给消费品市场提供能量，消费品市场是无法形成的。或者说从地位上说，消费品市场是现代文化市场形态发生的基础系统，而要素市场则是这个市场系统形态发生的动力机制；动力没有对象就是一种抽象的动力，而对象没有动力就无法前进。《云南映像》如果没有云南山林公司金融资本的支持，就无法达到今天的这个水平，甚至可能无法诞生；如果没有杨丽萍、荆林、刘令华以及其他许许多多参与这两个项目的人才支持，同样无法形成一个完美的产品；如果没有现代的电脑、灯光、虚拟等技术条件，其美感很难达到今天的这种效果。

我们可以把创意、转化、生产、推广这几个环节叫作"创意生产过程"；而把分销、终端、消费这三个环节称为"创意消费过程"。显然，在这个市场的形成过程中，每一个环节都离不开劳动力、产权、金融、技术、信息等生产要素。在创意生产过程中，这些要素主要是帮助完成整个生产过程，比如，上海宽视在签约以后要为刘令华提供衣食住行方面的保障、要进行政府方面的公关、要举巨资进行市场推广和渠道建设等，如果没有足够的资本、足够的人力、足够的信息渠道肯定是无法进行的。而在消费环节，这些要素则是帮助完成消费过程、或者说产品价值实现过程。如参与拍卖，就需要熟悉拍卖业务的人才、需要拥有进入拍卖场的各种费用，如交通费用、拍卖保证金等，当然也必须通过媒体获得相关的拍卖信息。总之，在文化市场体系的形态发生过程中，离不开劳动力、产权、金融、技术和信息等各种生产要素，这些要素所构成的市场体系，是作为整个现代文化市场体系发育发展的动力机制而存在的，没有这个动力机制，现代文化市场体系就无法发展起来。这与没有上海宽视的相关要素投入，就没有"国粹油画"市场的发育成熟是同一个道理。当然这些生产要素是否能够充分发挥自己的作用，是以是否有一个良好的原初创意为条件的。

当然，文化创意产业的要素市场与非文化创意产业要素市场在要素的特质方面是有所不同的。比如，劳动力市场一般分为人才市场和一般劳动力市场，前者是指受过专门教育的劳动者，后者是没有受过专门教育的普通劳动者。从创意产业来说，可以分为"创意劳动力市场"和"创意辅助劳动力市场"，前者主要生产创意，包括初始创意、创意转化、创意生产、创意推广和创意销售过程中的创意劳动者；后者主要是指把创意劳动者的创意成果进行运输、分销、终端营销等的具体执行者，如企业办公室人员、财务人员、司机等。

为了进一步说明消费品市场与要素市场之间的关系，我们再来考察一下消费品市场的核心要素，那就是消费者。没有消费者，消费品市场就会落空。但是一般的市场体系研究都不把消费者作为一个生产要素来考虑，实际上，从文化产业来说，消费者既是消费品市场的核心要素，也是生产要素市场的核心要素；或者说，消费者是连接两个市场的枢纽要素、关键要素。前面说过，文化产品的市场规律并不是传统市场意义上的竞争规律和供求规律等，而是消费者价值决定规律。文化产品的生产是为了满足消费者的精神需求，从一般意义上说是要契合消费者的审美情趣，在更深层次的意义上说则是为了满足消费者的思想需求，因此文化生产是一种思想的生产，文化市场是一种"思想市场"[1]；但是这种思想的生产并不是某个生产者孤芳自赏的、纯粹个人的存在，而是一种能够与广大消费者产生共鸣的、具有一定普适价值的思想。这种普适价值可能是适应某个地域、某个群体、某个阶层或某个民族，总之是要能够引发一种具有规模化的市场反应。作为一种生产要素，文化产品的生产就是要把握消费者的需求，把消费者自身的思想情感作为生产资料纳入生产领域，产品才能真正适应消费市场的需要。如果我们没有把消费者作为一种生产要素，没有把消费者的思想情感纳入生产过程，我们的产品就很可能无法在市场上实现价值补偿和价值增值。马克思说过，没有消费的生产是一种没有实现的生产。[2] 当文化产业以消费者作为生产要

---

[1] 张晓明等主编：《国际文化产业发展报告》第1卷，社会科学文献出版社2007年版，第30页。

[2] 《马克思恩格斯选集》第2卷，人民出版社1972年版，第96页。

素的核心时，才能在市场上实现自己。创意是起点，消费者是终点，其他生产要素都是在这个链条上共同发挥自己的作用。

因此可以说，现代文化市场的发生、发育和发展是从创意开始的，但创意的思想来源则必须是现实的，是与消费者的思想能够产生共振的，因此，消费者的思想是创意最重要的生产要素。当能够与消费者思想产生共振的创意诞生以后，就需要资金、劳动力、技术、信息等其他生产要素，来实现创意的产品化和市场化。正是在这个过程中，现代文化市场体系就逐渐形成了。

有人认为原生性市场经济国家的文化市场是从某种自发活动和具体的行业市场逐步发展起来的，而转型国家的文化市场则是一开始就是一个异质系统，涉及主观的建构和整体性规则的改变。从上面的讨论可以看出，转型国家的文化市场同样要经由一个一个行业市场的发展才能发展起来，并不是一个什么异质系统；至于是否需要主观建构或者改变整体性规则，我们从市场演化的自组织和他组织过程中已经看到这一点，因为市场演化需要他组织，所以就存在主观建构，不管是西方还是东方。至于"改变整体性规则"和所谓"异质系统"，在该书中则语焉不详，不知何指。如果是改变市场的游戏规则，则只有顺应、而不能改变；如果说文化市场体系是一个与物质市场体系不一样的异质系统，则无论转型国家还是发达国家都不例外。因此，现代文化市场体系的形成无关"原生""继生"的问题，市场演化有着自己的普遍规律，外国的孩子是吃着饭一天天长大的，中国的孩子也是这样长大的。

三　现代文化市场体系的培育系统

现代文化市场体系的培育是一个系统工程，只有制定和遵循科学、系统的培育路线，才能不断健全文化市场体系，推动文化市场体系逐渐发育成熟。

培育，必须要弄清五个方面的问题，即谁培育（主体）、培育谁（对象）、培育什么（内容）、培育方法（策略）、培育目标（战略）。从上面关于文化市场体系形态发生的案例分析出发，我们对这几个问题做一个简要的分析。

（一）谁培育（主体）

从前面的分析可以看出，现代文化市场体系的培育主体显然是政府。目前文化市场体系的发育尚在过程之中，市场发展的要素、机制、环境、动力、政策法规和资源引导等都需要政府来健全。只有这些方面都健全了，市场才能顺利发育，并逐步完善和成熟。

文化产业涉及意识形态规制和国家文化安全问题，因此，建立一个什么样的文化市场体系，首先需要政府对文化经济结构、文化产业结构、文化市场结构、文化企业行为和文化市场绩效等有一个基本的预设。如果任由市场自然发育，就很可能降低主流意识形态的纯正性和影响力，甚至危及国家文化安全。

当然，主体是政府，并不是说一切都由政府来包办。实际的培育过程中，还需要调动全社会的力量与"政府之手"协同并进。

（二）培育谁（对象）

对于培育谁这个问题，在不同的经济学体系中往往会有不同的回答。前面我们已经指出，现代文化市场体系的形成是一个不断向前演化发展的过程，而主流经济学并不是这样认为的，它们将市场理解为非真实时间、静态和不存在知识问题的均衡状态，或者说是一种机械运动，而不是一种有机的演化运动。这显然与我们关于市场演化的主张方枘圆凿。

市场演化是一个复杂的过程。我们认为，在众多的经济学理论中，奥地利学派的非均衡经济理论、特别是其市场过程理论恰恰可以更好地描述和解释复杂的市场运动和市场演化。这种理论关注真实时间过程中的知识发现与利用，强调真实时间中的人类行动，以过程分析代替状态分析，将市场过程理解为不断学习、发现、创造、复杂、争胜、开放的动态过程，一个动态、演化和复杂的过程。这种理论与我们有关市场演化的观念是一致的，因此，我们可以运用市场过程理论来简单讨论一下"培育谁"的问题。

市场过程理论认为，企业家是市场经济的灵魂，他们修正和改善市场中相互作用的各种决策的过程，就是市场过程。在这个过程中，企业家运用自己发现和利用对交易双方有利的交易机会，发挥着推动市场过程的作用；而这个发现过程用哈耶克的理论来说，就是一个争胜竞争的动态过程，其特征表现为潜在企业家能够自由进入市场，争先恐后地争夺认识到的利润机会。那么，企业家的外延是什么呢？奥地利学派的中坚米塞斯认为，企业家是在市场数据发生变化时行动的人，它不是特指资本家或工人、管理人员或雇员、生产者或消费者，这些人都有可能成为企业家。任何生产者、消费者或资源拥有主体，只要对变化采取行动，就或多或少是一个企业家。企业家是行动的人，是在那些仅仅具有想象结果、尚未成为事实的虚构事物中进行选择的经济主体。企业家是市场过程的关键，是市场过程的动力，是推动市场过程的主体。而社会经济增长的真正源泉，就是企业家发现和利用利润机会与知识的动态过程。企业家将资源引导到价值更高的用途上，促进了价值的增加，就构成了经济增长；而企业家的这种行动，就构成了经济增长的实际过程。① 在这个过程中，奥地利经济学派引入了真实时间，意味着人类行动必然存在学习过程，一个不断获取知识的过程，包括策略、行事方式、程序、范式、解决问题的方法等。正是主体通过不断的学习、共同演化，成就了市场体系的最终形成。② 没有可以一蹴而就的市场，也没有什么所谓"原生""继生"的市场，市场就是一个过程，是构成市场的主体不断学习、不断适应、不断演化的过程。

市场过程理论的核心思想，就是在独特的时间观、知识观和对经济主体理解的基础上，始终如一强调真实时间流淌过程中通过企业家争胜竞争过程不断发现和解决知识问题的思想精髓，这是主流经济学所不屑关注，然而为真实市场运行实际存在而又不能回避和舍弃的。

从市场过程理论来看，现代文化市场体系建设就是要以培养企业家为核心对象。这个对象包括企业主、企业生产者、经营管理者、普通雇员、工人，还包括消费者，也可以简单地说，就是企业主和消费者。

（三）培育什么（内容）

从现代文化市场体系的形态发生可以看出，文化市场体系培育的逻辑起点就是创意者。当创意者的思想与消费者的思想契合以后，所形成

---

① 王廷惠：《争胜竞争的企业家发现过程——市场过程理论的市场观》，《南京社会科学》2005年第1期。
② ［美］伊斯内尔·柯兹纳：《市场过程的含义》，冯兴元等译，中国社会科学出版社2012年版，第41—56页。

的创意就能产生市场效应，从而发展成为产业。面壁虚造、脱离现实、孤芳自赏的东西是不会产生经济价值的。因此，现代文化市场体系首先要培育的就是依托创意人才而形成的创意市场。这，是整个现代文化产业市场体系的本源。

弗罗里达在《创意经济》中认为，创意产业发展的三个条件是人才、技术和包容度。从我们前举的相关案例也可以看到这一点。比如，《云南映像》除了杨丽萍以外，还有中国著名音乐家三宝、国家一级舞美设计师孙天卫以及长期从事艺术经营的企业家荆林等创意人才，没有这些创意人才为前提，就没有《云南映像》，其他如《印象刘三姐》《印象丽江》等是因为有了张艺谋，"国粹油画"是因为有了刘令华，离开了这些创意人才就没有相应的产品。推而广之，如果某个行业创意人才很少，那么这个行业就难以通过丰富多彩的文化产品发展成为一个产业，缺少产业的行业也就难以形成一个市场。据麦肯锡顾问公司统计，1 万个创意能够被企业相中的最多 1000 个，而这 1000 个当中又最多只有 100 个形成产品，这 100 个最多有 20 个真正赚钱，这 20 个中，又最多只有 1—2 个上市，发展成为行业龙头。"有证据令人信服地表明，在一个地区艺术天才大规模地多样化聚集，能够产生一个艺术和创意产品的'领先市场'。如果相互之间配合适当，就将使当地企业更好地设计他们的产品，更成功地营销他们的产品，更好地为后续市场做准备。"[①] 因此，人才是文化产业的起点，也是市场演化生成的起点。这样一来，培育创意人才和创意阶层、形成创意人才市场就成为健全现代文化市场体系的头等大事。

第一，关于人才要素的讨论，相关文献很多，我们这里只想强调一点，那就是，从创意产业所需要的条件来说，要培养一支创意人才队伍、形成一个创意阶层，需要创造一个让人才脱颖而出的、具有包容性的社会环境，这个环境自然包括政策环境、人文环境、交通环境、投资环境等一系列内容。弗罗里达的"3T"要素中，宽容是其中之一，一个缺乏宽容的环境是无法产生创意的，也是无法留住和吸引创意人才的。为了衡量一个地区吸引创意人才的能力，弗罗里达运用了三类创造力指标来

---

① 张晓明等主编：《国际文化产业发展报告》第 1 卷，社会科学文献出版社 2007 年版，第 241 页。

进行评价：种族多样性、同性恋居民的比例和人均专利申请数量。当这些指标都高的时候，就表明这个区域的文化具有多样性、包容性强、具有创造的活力，这样的环境就有留住和吸引创意人才的魅力。约翰·霍金斯认为，创意生态需要的地方是：有大量的人、活跃的市场、专项建设环境和高速宽带网络。① 而查尔斯·兰德利则认为如果有这样一个地方，无论是一组建筑群、部分或是整个城市，具备一些能够产生想法和创新的软硬件基础设施，就可称为"创意环境"②。可以说，没有良好的创意环境，就没有创意人才聚集的条件；反过来，创意人才的聚集，又可以进一步强化创意环境。"二战"时期，欧洲创意人才纷纷逃亡美国纽约，这里很快聚集起了一大批创意人才，至今这里仍然是全球的创意产业高地。

第二，除了人才和依据人才而形成的创意市场外，最重要的就是培育市场消费者。前面说过，消费者对文化产品的消费除了具有日常生活经验以外，还需要有相关的知识，比如欣赏音乐要有音乐知识、欣赏美术作品要有美术知识。有了知识以后就是进行消费实践，如参加音乐会、参观美术展览等，通过消费实践，逐步积累消费经验、提高消费能力。最后，在累积的消费经验的基础上，形成消费偏好。一般来说，消费偏好是形成文化产品高利润的重要条件，因为有了这种偏好，就有了为满足这种偏好而愿意支付更多金钱来满足这种偏好的支付意愿。因此，政府培育文化市场体系的一个十分重要的工作就是要培育消费者。主要的方法就是，加大公共文化服务体系建设，普遍地提高人民群众的文化消费能力；鼓励大专院校相关院系和社会力量广泛开展培训工作，为人民群众提供专业知识培训；出版相关通俗读物，丰富人们的消费知识；利用网络和移动终端，普及文化消费，培养群众的消费能力。

第三，培育市场主体，推动市场演化。所谓市场主体，是指在市场上从事交易活动的组织和个人。既包括自然人，也包括以一定组织形式出现的法人。通常情况下，市场主体指企业、政府、中介机构以及其他

---

① ［英］约翰·霍金斯：《创意生态》，林海译，北京联合出版公司2011年版，第96页。
② ［英］查尔斯·兰德利：《创意城市》，杨幼兰译，清华大学出版社2009年版，第200页。

非营利机构，当然还有消费者。我们这里的主体主要是指企业、中介机构和相关非营利机构。只有培育一大批市场主体，充分调动其积极性、主动性和创造性，才能推动现代文化市场体系的形成。

现代文化市场体系的市场主体包括创意主体、创意转化主体、创意生产主体、创意推广主体、创意营销主体、创意传播渠道主体、创意终端主体、消费者主体，还有就是投资主体、资源主体、技术开发主体、信息传播主体、中介服务主体等。只有这些主体都培育起来了，产业才能发展起来，市场才会成熟起来。

第四，就是要构建完善的政策和法律体系。政府作为国家机器的代表，其在市场体系培育过程中的核心作用就是保护产权不受侵犯。不仅要保证国有资产的保值增值，而且要保障其他所有者的合法权益。只有切实保障各类市场主体在竞争中的平等地位，切实保障他们的利益不受侵害，才能充分调动和发挥他们在发展市场、开拓市场方面的积极性和创造性，才能依靠市场自身的运动，促进市场的自我发育和完善。

第五，就是要建立一个统一开放、竞争有序的文化市场体系。关于这一点，已经有很多文献进行过详细讨论，本书没有什么新观点，不再赘述。

（四）培育方法（策略）

文化产业既具有商业价值也具有精神价值，而精神价值的核心就是其意识形态属性。这种属性直接影响人们的思想和精神，直接引导民众的价值判断和价值选择，这种判断和选择可以直接关系到对一个国家、民族和社会制度的认同与执政的合法性和合理性的肯定。因此，现代文化市场体系培育的一个基本原则就是要坚持文化产业精神价值的主流意识形态导向。

通常把这个基本原则表述为社会效益第一、经济效益第二，或者社会效益首位原则。其实这种表述笼统而不清晰，不利于指导文化产业的发展和文化市场的建设。因为这个表述意味着文化产业首先必须考虑如何把社会效益最大化，如果没有社会效益或者社会效益小于经济效益的产业都不能去发展。但是文化产业的本质却必须是经济价值最大化，如果文化产业都首先考虑把社会效益最大化，文化产业就可能发展不起来。如果表述为在精神价值正确的前提下，实现商业价值最大化，这可能更有利于文化产业和文化市场建设的实践。因为精神价值正确就可以使文化产品和文化市场不至于对主流意识形态产生错误的影响，但是却有利于产业的发展和市场的发育。因此，我们可以把文化产业划分为以下六种性质的产业，即"纯粹只有社会效益"的产业，"社会效益第一，经济效益第二"的产业，"社会效益和经济效益平衡"的产业，"经济效益大于社会效益"的产业，"纯粹只有经济效益"的产业和"具有负面社会影响"的产业其六种产业，这样来划分可能更符合文化产业和文化市场的实际，在实践中也更具有操作性。

第一类，"纯粹只有社会效益"的产业，这类行业或者产品怎么可以叫产业呢？实质上，这类产品也需要经济的、精力的、时间的、智力的投入，它们的产出理应获得价值补偿，但由于这类产品的政治性很强、娱乐性受限，在大众社会里其消费的群体有限，无法通过市场交换来实现价值补偿，但为了社会的精神文明建设、为了传播正能量，又需要生产出来，于是，经由政府全额补贴来生产和传播。因此，它们同样实现了自己的价值补偿。如近几年四川拍摄的主旋律电影《远山的红叶》《天上菊美》《雨中的树》，这些电影都需要政府投资，甚至很多时候为了充分实现其社会效益，还需要政府组织免费观看。当然，说这类电影纯粹只有社会效益也不完全正确，只是说从直接的投入和产出来看，是看不到经济效益的，但从长远看，从影片对人们精神的无形的影响看，它们会激励人们更加积极地改造世界，因此同样产生了经济效益、同样实现了价值增值，只是我们无法去计算这类产品的经济效益而已。

第二类是"社会效益第一，经济效益第二"的产业，这类文化产业对主流意识形态同样有着积极的、正面的影响，也有一定的赢利能力，但往往还需要政府给予部分补贴，才能持平。如党报党刊，它们是党的喉舌，以弘扬主旋律为宗旨，是主流意识形态的坚守者和传播者，能够通过媒介经营赚取一定的利润，但要完全维持正常的运营，需要政府财政给予一定的补贴，否则难以为继。这类产业就属于社会效益第一、经济效益第二的文化产业。

前面两类产品的定位明确的是要把社会效益的最大化作为核心的、终极的目的，甚至是唯一的目的，因此，它们就是属于典型的社会效益第一、经济效益第二的产业。

第三类是"社会效益和经济效益平衡"的产业，如很多的演艺产业就属于此类。这类产业只是把传播社会正能量、传递正确价值观、维护主流意识形态作为一个策略、一个战术原则、一个前提、一个参照、一个背景来考虑，而不是作为产业目的来考虑。它们注重通过更加大众化的方式来追求产品的消费规模，注重娱乐性和观赏性，通过市场交换来实现自身的价值补偿，实现盈亏平衡。如果销售规模足够大，可以实现价值增值，但总体上利润不高。这类产业虽然以经济效益为目的，但由于其战术前提，客观上产生了社会效益，实现了经济效益与社会效益的平衡。

第四类是"经济效益大于社会效益"的产业。这类产业与第三类产业一样，以追求经济效益为目的，社会效益只是一个参照系和战术原则，但它们所实现的经济效益远远超过社会效益。如电影《泰囧》表现的就是一个很传统的主题："重利"如何被"重情"所感染、所转化，让一个低端的角色通过自己的思想和语言潜移默化地改造一个高端的角色。尽管主题很传统，但其社会效益是正面的，能够产生正能量，不危害主流意识形态。而这部影片的经济效益却是很大的，在上映首周，票房就达到3.1亿元，创造华语片首周票房纪录，截至2013年2月17日，获得12.67亿元的票房，而这部影片的投资成本仅仅只有6000万元。可见其经济效益远远大于社会效益。

第五类是"纯粹只有经济效益"的产业，如很多游戏产品，什么坦克大战、飞机大战、俄罗斯方块，基本说不上有什么关乎社会效益的内容，更与主流意识形态相去甚远，但却能够产生经济效益。当然有些游戏产品在游戏的过程中涉及价值判断和道德判断，则另当别论。

第六类是"具有负面社会影响的产业"，这里面的类型也比较多，如明目张胆与主流意识形态对立、对峙的产业，与主流意识形态存在冲突的产业，无关意识形态、但有伤社会风化的产业，等等。这类产业全部都在禁止之列。

当然，上面六类产业或者说产品在每一个行业都是存在的，只是有些行业某一类产品更多，某些行业某一类产品更少。由此看来，我们不能动辄就把社会效益第一挂在口头上，而要从实际出发，分类分别对待不同的文化产业和产品，建立不同层次的现代文化市场，这可能更有利于文化产业的发展和文化市场建设的实践。

(五) 培育目标 (战略)

进一步地，为了保证主流意识形态能够成为国家和民族的精神主流，同时又能保证文化产业和文化市场体系的健康发展和发育，政府的培育文化市场体系的重要工作就是要安排好前述几种文化产业在整个产业结构和文化市场结构中的数量和比例。决定文化市场体系之中，哪些属于完全竞争性领域、哪些应该属于完全垄断性领域、哪些属于垄断竞争性领域、哪些属于寡头性垄断领域，在这种情况下，形成合理的市场产权结构、合理的市场产业组合、合理的市场区域布局和合理的市场权责机制，最终形成统一开放、竞争有序的市场体系。这就是政府培育现代文化市场体系的、最基本的战略目标。

合理的市场产权结构。合理的市场产权结构是指有利于促进社会生产力不断向前发展、有利于保障主流意识形态主导地位的多元化的生产资料所有制结构。合理的市场产权结构最本质的特征是对社会经济资本占有的多元化，其明显标志在于尊重、承认、提倡和保护合理的财富创造资源、财富创造方式和财富成果的拥有。其最突出的作用在于，通过利益机制激发各方社会资源的积极性，从而最大限度解放生产力、推动社会的精神文明建设。文化产业的产权制度是推动文化产业发展的一个根本性的经济制度，离开了政府强制力的确立和推行是无法建立起来的。因此，可以说，合理的市场产权结构是政府培育现代文化市场体系的一个十分重要的战略目标。

合理的市场产业组合。一方面，产业组合是建立在市场分工基础上的、有利于专业化生产、有利于经营效能发挥的各类产业群体的结构和配合方式。前面我们说过，文化产业和现代文化市场有各种各样的主体，这些主体凭借自己的专业性在市场上发挥不同的作用，任何一个主体的缺失都会影响整个产业效益的实现。没有企业家将创意转化为商品或服务，创意就只是一个抽象的存在；有了企业家把创意转化为产品，如果没有推广营销企业的专业营销，也无法赢得大规模的消费者；有了消费者如果没有大量的终端企业，消费者也无从对产品进行消费。这些都有了，如果没有投资者对项目进行投资，没有金融资本的进入，创意也难成为产业。另一方面，各类产业也有一个比例的问题，出版产业、互联网产业、会展产业、电影产业、演艺产业等，哪些是重点、哪些是必要的配置等，政府都应该通过产业政策来进行引导。这样才能形成合理的产业组合。

合理的区域市场布局。所谓合理的区域市场布局，就是根据区域的文化资源禀赋和相应的消费特征等，对区域的文化产业和文化市场进行合理的区域配置。当产业组合和产业布局达到相对合理状态以后，就能够产生良好的社会效益和经济效益，并形成区域核心竞争力。当然，产业组合也好、市场区域布局也好，其合理性都取决于市场的发育程度和成熟程度，也取决于政府宏观调控的科学性和调控的力度。成都市在文化产业发展和文化市场建设中就把传媒、文博旅游、创意设计、演艺娱乐、文学与艺术品原创、动漫游戏和出版发行七个行业作为重点，这很符合成都市文化资源的禀赋条件。以文博旅游为例，成都市拥有"一主多副多馆"的会展场馆设施体系："一主"是指位于天府新区的中国西部国际博览城，"多副"是指世纪城会展中心、非物质文化遗产博览园等副中心，"多馆"是指除主场馆之外，在都江堰市、龙泉驿区、温江区、双流县、金堂等建设的专业场馆、会议中心和会议型酒店，并大力推动会展业与旅游业、体育业、文化创意产业和健康产业的融合发展。如世纪城会展中心就和九寨沟"九寨天堂"宾馆联合起来开展会展旅游，实现了会展业与旅游业的无缝对接。结果成都成为中国西部最大的会展旅游城市，全国第五大会展中心城市。

合理的市场权责机制。市场权责机制是指对市场主体的行为规范具有一定强制性、广泛性和持久性的市场惩戒系统和威慑系统。其核心就是按照权责对等的原则建立起来的市场道德规范和相应的法律体系。惩戒的对象就是失信人员和失信行为。这样才能保证市场健康有序地发展。

建立统一开放竞争有序的现代文化市场体系。统一开放、竞争有序是现代文化市场形成的前提条件，也是现代文化市场形成的直接结果。市场封锁、行政垄断、条块分割，都会对资本、人才、商品等要素的自由交换和自由流通形成障碍，一旦形成障碍，市场机制的作用就会受阻，市场体系就无法建立健全。因此，必须大力发展以文化商品的自由流通为先导的文化商品经济、推进社会主义文化市场经济体制的形成，才能最终建立起统一开放、竞争有序的、完善的现代文化市场体系。

第四节 本章小结

本章首先研究了现代文化市场体系的特殊矛盾性，主要包括以下几个方面：

第一，与传统的文化市场相比，现代文化市场体系与传统文化产品的标准化、规模化不同，现代文化市场体系的消费是以个性化和定制化为特征的。从生产方式来看，互联网成为现代文化市场体系发展的核心生产力，离开了互联网，个性化、定制化和规模化的现代文化市场体系难以形成。此外，传统文化市场体系中物质形态产品占比较高，现代文化市场体系是以非物质形态的消费产品和生产要素为主体。特别是作为头脑产物的创意，成为现代文化市场的一个关键要素——离开了创意，就没有文化创意产业，当然也就没有现代文化市场体系。

第二，现代文化市场体系的特殊性还表现在文化产品的消费特征上。那就是消费的经验性、趣味的偏好性和体验的差异性三个方面。

第三，现代文化市场体系在文化市场的层次上也有自己的特殊性。人们对文化产品的消费能力和消费对象，存在不同的层次；文化产品的价值有大小之分，这种大小的不同，同样构成了文化产品的层次；文化产品还有私人消费品、准公共物品、公共物品的区别，这也构成了不同的层次。

第四，现代文化市场体系的特殊性还表现在运行机制上。从价值决定规律来说，社会必要劳动时间无法作为衡量文化产品价值的尺度；从价值交换规律来看，文化产品缺乏等价交换的标准；文化产品并不完全是通过市场竞争来实现其价值的；从竞争规律来看，不是价格、供求等决定竞争，而是文化商品的消费特征决定竞争，文化商品消费特征不同、其市场竞争度也不同。文化商品的竞争度有四种情况。其一，具有竞争性的文化商品市场，如艺术品收藏。其二，具有低竞争性的文化商品市场，如电影。这类产品由于以大众消费为对象，通过规模化出售来实现自身价值，所以其价格往往并不高，竞争度较低。其三，没有竞争性的文化商品市场，如文化公共物品。文化公共物品虽然是免费的，但其生产是要消耗价值的，在其成为公共物品之前是具有竞争性的。而一旦进入消费领域就是没有竞争性的了。其四，与传统市场具有同样竞争强度的文化商品市场。这主要是与文化产品的生产和消费有关的物质产品市场，如电视机、摄像机。从供求规律来看，一般市场依据供求来调整价格和产品数量，形成市场竞争。文化市场则不然，很多文化行业都存在众多利基市场，它们组成文化产品市场的长尾，满足不同兴趣消费者的精神需求，不像对物质产品的需求那样可替代性强。在上面论述的基础上，提出了消费者价值决定规律是现代文化市场运行的核心规律。

总的来看，现代文化市场具有低竞争度和低成本排他性的特点。主要的市场规律不是传统意义上的价值规律，也不是传统意义上的供求规律或竞争规律，而是消费者价值决定规律，亦即产品价值的实现程度要看产品是否契合消费者的精神需要。如果契合，即使不是名家作品，也可能一夜风行；如果不契合，即使是名家的作品也可能折戟铩羽。所以，文化产品的价值不是一种客观的、可用社会必要劳动时间来衡量的价值，而是一种关系价值、一种心理价值，其价值的大小决定于生产者及其产品和消费者之间的关系，决定于消费者接触产品的过程中，对产品的心理体验水平及其认同度。当文化产品契合大多数消费者需要，而且其价格水平使这种产品的消费具有非排他性的时候，文化产品就可以获得较大的市场规模，甚至获得远远超出实际投入的收益和经济价值。在这个过程中，生产者本身所产生的精神效应对文化产品价值的市场实现也会产生积极的作用，但前提条件必须是作品本身能够获得消费者的青睐。

接着本章提出了我国现代文化市场体系演化的阶段性特征。第一，文化产品尚无法满足人民群众精神生活的需要。如果文化市场依靠缓慢发育来建构，思想市场就可能会被越来越多的外来文化产品或非主流意识形态产品所占据。第二，如果我国文化市场体系没有迅速形成，不仅我们的市场会成为别人的市场，甚至我们的产品也会被纳入别人的市场体系而受制于人。第三，从国际经验看，文化市场体系的演化离不开"政府之手"。第四，更重要的是，作为具有意识形态属性的文化产业，哪些可以推向市场完全产业化，哪些可以半产业化，哪些不可以产业化，都必须首先厘清。因此，我国现阶段文化市场体系演化生成的阶段性特征就是以"培育"为主导，顺应文化市场"发育"的规律来推动文化市场体系的形成。

而现代文化市场是如何演化的呢？本章运用 CAS 创立的形态发生模型来阐述了这个过程。首先研究了文化市场体系发育的逻辑起点，这个起点就是创意人才。从这个起点出发，文化市场体系形态发生的基本过程就是：创意生产主体产生创意；接着，创意通过产权评估机构形成价格（也可以不经过这个环节），进入生产要素市场，或直接与创意转化主体对接，进入创意产品化领域，形成可以出售的产品；产品再通过营销等生产性服务市场，进行推广（当然，所有产品从创意开始就已经开始营销）；接着进入渠道进行分销，最后在终端市场与消费者连接，实现自己的价值；如果创意经由上述环节和过程以后，还"意犹未尽"，或者说创意产品还能够给人们带来除第一次消费以外的更多的价值，就继续进行衍生产品的开发。当许许多多的创意产品经由这个过程实现价值补偿和价值增值以后，就会逐步形成许许多多个相应的行业市场，许许多多的行业市场相互作用、相互影响，就构成了整体的文化市场。于是，现代文化市场体系就通过这个过程发育起来，并在这个过程中，逐步形成健全的现代文化市场体系。随后，以《云南映像》、"国粹油画"为例进行了证明。

最后提出了现代文化市场体系的培育系统。围绕谁培育（主体）、培育谁（对象）、培育什么（内容）、培育方法（策略）、培育目标（战略）五个方面进行了阐述。现代文化市场体系的培育主体是政府。培育对象包括企业主、企业生产者、经营管理者、普通雇员、工人，还包括消费者，也可以简单地说，就是企业主和消费者。培育内容包括创意人才、消费者的消费能力、市场主体、中介机构、政策法律和道德体系等。培育原则是在精神价值正确的前提下，实现商业价值最大化。培育目标是合理的市场产权结构、合理的市场产业组合、合理的市场区域布局和合理的市场权责机制，最终形成统一开放、竞争有序的市场体系。

结论与展望

自20世纪90年代以来,创意产业在全球迅猛发展,很快成为衡量一个国家综合实力的重要指标之一。但是,创意产业是以精神产品的生产为主的产业,而目前的经济学则主要是以物质产品的生产和服务为主要研究对象,因此在很多方面,用已有的经济学来解释创意产业或者为创意产业的发展提供理论指导都显得力不从心,必须在研究方法和研究思路上进行创新,才能建构科学的创意产业理论。本书运用CAS理论研究创意产业的要素构成及其系统演化,就是这样一个有益的尝试。

一 研究结论

本书的主要研究结论是,第一,创意产业系统是一个复杂适应系统,它是生成的、自成的自组织系统,而不是一个预成的、构成的他组织系统。因此,必须按照自组织原理来发展和管理创意产业。第二,创意产业系统中的主体都处在由其他主体所提供的情境中,由于所有的主体都变动不居,因此无法用静止的、线性的方法来对每一个主体赋予一种可以确定其变化的函数关系;但是如果用计算机模型来进行仿真研究,则很可能会有所得。比如,可以通过遗传算法来为创意产业的进化过程建立计算机仿真模型;通过回声模型(条件复制)来模拟创意产业的整体演化过程。第三,从拉动创意产业发展的市场角度看,由于创意产品的消费往往需要累积的消费能力和消费资本,而且具有偏爱价值,因此主体的信用分派理论、传递水桶算法在运用于创意产业时,除了直接赋信以外,延宕赋信和链式赋信都存在诸多困难,因此需要采用新的赋信方法,即"链式累积赋信"和"非敏感赋信",这样才能发现创意产业真实的运动规律，从而指导创意产业的发展。第四，创意产业的各个主体必须进行充分交互；而且每个节点都必须具有鲁棒性，创意产业才能逐步向前演化，并发展壮大。仅仅只有主体、没有交互，系统就无法维持；仅仅只有交互，但没有充分的交互，系统的演化就会很缓慢；从系统内部来说，实现充分交互的重要条件就是节点的鲁棒性。如果某一个节点主体的鲁棒性不够，它与其他主体的不充分交互就会形成负反馈传导至整个系统，造成系统演化的停滞、延缓，乃至系统的崩溃。798 的形成过程、日本动漫产业的发展都充分证明了这个理论。因此，发展创意产业必须重视系统每一个主体的发展，任何一个要素处于薄弱的地位，都会影响整个产业的发展。

应该说，这种基于 CAS 的理论与方法对创意产业所进行的系统探讨，构建了一种全新的创意产业理论体系。

二 主要创新点

（1）运用 CAS 理论来研究创意产业，目前国内外只是运用 CAS 理论的某一个部分来研究创意产业的某个局部。本书把 CAS 理论全面系统地运用于对创意产业整体系统的研究，并重点探讨创意产业系统的形态发生过程，在国内外尚属首次。

（2）运用这一理论，本书首次提出了创意产业的十大构成主体，并首次构建了十大主体交互的"群风车模型"，让人们清楚地看到了创意产业系统内部主体之间的层次结构、交互关系以及价值运动模式（见第二章第一节）；接着以闻名全球的北京 798 文化创意产业园区为例，阐述了作为 CAS 系统的创意产业的七大特性，全面探讨了创意产业系统主体在执行系统、信用分派、规则发现等方面的适应性功能及其区别于其他产业的特殊性（见第二章第二节和第三节），特别是根据创意产业主体对规则赋信的困难，根据 CAS 理论的传递水桶算法，创造性地提出了"链式累积赋信"和"非敏感赋信"的理论（见第三章第二节第三部分）。

（3）运用这一理论，本书首次利用遗传算法构建了北京 798 文化创意产业园区演化的计算机仿真模型，为创意产业研究的科学化，提供了有示范价值的探索（见第三章第二节第二部分）。

（4）运用这一理论，本书首次利用霍兰的回声模型模拟了整个创意产业的形态发生过程（见第四章第二节和第三节），这个研究对于企业、区域乃至国家的创意产业发展都有着重要的理论价值和实践意义。

（5）运用这一理论，本书首次把 CAS 理论与其他复杂性理论联系起来，系统地研究了创意产业的自组织演化机理，包括演化的条件、演化的动力机制、演化的形式、演化的复杂性（混沌）等（见第五章第二节至第五节）。

应该说，这种基于 CAS 的理论与方法对创意产业所进行的系统探讨，构建了一种全新的创意产业理论体系。

（6）通过这个研究，本书对于 CAS 理论有了更新的认识。霍兰对主体聚集的阐述主要是聚类和集聚。本书通过研究认为，集聚的方式除了聚类以外，集聚主要是通过标识进行黏着，实现对称性破缺，然后产生选择性交配和条件复制；通过选择性交配和条件复制主体又进行再聚集，从而在更高的层次上演化。这样，"聚类—黏着—复制（交配）—集聚—再聚集"，就形成了 CAS 的层次结构和演化路径（见第四章第二节和第三节）。同时，本书指出了霍兰回声模型的两大缺陷，即"位置"生成问题、主体染色体交互的权力分配问题（见第一章第二节第三部分）。

三　本书所创理论的应用前景

本书认为，第一，创意产业系统是一个复杂适应系统，它是生成的、自成的自组织系统，而不是一个预成的、构成的他组织系统。因此，必须按照自组织原理来发展和管理创意产业。

第二，创意产业系统中的主体都处在由其他主体所提供的情境中，由于所有的主体都变动不居，因此无法用静止的、线性的方法来对每一个主体赋予一种可以确定其变化的函数关系；但是如果用计算机模型来进行仿真研究，则很可能会有所得。比如，可以通过遗传算法来为创意产业的进化过程建立计算机仿真模型；通过回声模型（条件复制）来模拟创意产业的形态发生过程。

第三，创意产业的各个主体必须进行充分交互；而且每个节点都必须具有鲁棒性，创意产业才能逐步向前演化，并发展壮大。仅仅只有主体、没有交互，系统就无法维持；仅仅只有交互，但没有充分的交互，系统的演化就会很缓慢；从系统内部来说，实现充分交互的重要条件就是节点的鲁棒性。如果某一个节点主体的鲁棒性不够，它与其他主体的不充分交互就会形成负反馈传导至整个系统，造成系统演化的停滞、延缓，乃至系统的崩溃。798 的形成过程、日本动漫产业的发展都充分证明了这个理论。因此，发展创意产业必须重视系统每一个主体的发展，任何一个要素处于薄弱的地位，都会影响整个产业的发展。

本书认为，中国创意产业的现状很大程度上是由于创意产业各个主体之间的交互尚处于"弱交互"状态、一些重要节点的鲁棒性比较差造成的。中国创意产业要发展壮大，必须为创意产业主体的交互创造良好的条件，同时增加节点的鲁棒性。本书为如何开展这些方面的工作提供了比较深刻的洞见，具有较强的指导意义和现实意义。

中国目前创意产业占 GDP 的比重还不足 4%，而美国等西方国家早就超过了 20%。2005 年以来，尤其是近几年，国家对发展创意产业给予了空前的重视，中央和地方的各种发展战略和政策都相继出台，很多地方都把创意产业的发展列入了地方经济发展的重头戏。本书对于政府如何扮演好自己在创意产业发展中的角色、如何按照自组织的规律来引导创意产业演化发展、如何推动创意产业各个主体之间进行充分的交互、如何增加每个节点的鲁棒性等都给出了具有启发意义的、可操作的思路；同时对于如何根据 CAS 的演化理论培育创意产业园区，也具有较强的指导价值。

四 研究展望

(一) 关于创意产业十大主体球型交互的猜想

关于创意产业主体的构成及其关系，是本书的一个重要创见。但本书仅仅凭直觉认为，十大主体之间的交互在相空间里，应该是一个球形的结构。事实上，创意产业主体交互的吸引中心态是否真的会构成一个球形结构（或许是一个"类球形"结构也说不定），就需要运用物理数学方法才能加以验证。因此，这个理论应该仅仅看作一个猜想，需要做进一步深入系统的探讨。

(二) GA 仿真的问题

本书对于把 GA 运用于创意产业的计算机仿真研究，仅仅提出了建模思路，但囿于本人在计算机知识方面的不足，尚未将其付诸实施。其结果是否真如我们所推断的那么确定,还须通过正式的计算机实验来证实。

(三) 创意产业的 ECHO 模型演化问题

本书对基于 ECHO 模型的创意产业演化进行了全面的阐释,并以北京 798 文化创意产业园区为例进行了说明;本书也认为日本的动漫产业、美国好莱坞的电影产业同样可以沿着这个思路,通过计算机模拟,重现这些产业的演化过程。但这些演绎和假说,都需要通过基于复杂适应系统理论而建立起来的 SAWRM 计算机平台来进行实验。由于我们对这个平台的掌握和应用都尚在摸索之中,因此,这个工作只有留待以后去进行。如果计算机实验支持我们的结论,那么,我们相信会发现更多的、有关创意产业的演化规律。

参考文献

马克思：《1844 年经济学哲学手稿》，人民出版社 1985 年版。

《马克思恩格斯选集》第 2 卷，人民出版社 1972 年版。

林拓等：《世界文化创意产业发展前沿报告》，社会科学文献出版社 2004 年版。

张晓明主编：《2004 年中国文化创意产业发展报告》，社会科学文献出版社 2005 年版。

刘勇：《感悟创造：复杂系统创造论》，科学出版社 2008 年版。

[日] 夏日房之介：《日本漫画为什么有趣》，潘郁红译，新星出版社 2012 年版。

李常庆等：《日本动漫产业与动漫文化研究》，北京大学出版社 2011 年版。

[日] 增田弘道：《日本动漫产业的商业模式》，李希望译，龙门书局 2001 年版。

阮艳萍：《动画文化生存：一种媒介生态的角度》，厦门大学出版社 2010 年版。

[日] 手冢制作公司编著：《手冢治虫：原画的秘密》，阿修菌译，世界图书出版公司 2010 年版。

[日] 内藤泰弘：《如何成为职业画手》，刘旸译，辽宁科学技术出版社 2012 年版。

孙立军等：《美国迪斯尼动画研究》，京华出版社 2010 年版。

李捷：《美国动漫史话》，中国青年出版社 2013 年版。

谢伦灿：《艺术产业运营学》，人民出版社 2007 年版。

张冬梅：《艺术产业化的历程反思与理论诠释》，中国社会科学出版社2008年版。

厉无畏：《创意改变中国》，新华出版社2009年版。

［英］查尔斯·兰德利：《创意城市》，杨幼兰译，清华大学出版社2009年版。

［澳］约翰·哈特利：《创意产业读本》，曹书乐译，清华大学出版社2007年版。

王众托：《知识系统论》，科学出版社2004年版。

曾国屏：《自组织的自然观》，北京大学出版社1996年版。

沈小峰：《混沌初开：自组织理论的哲学探索》，北京师范大学出版社2008年版。

钟永光等：《系统动力学》，科学出版社2009年版。

［德］赫尔曼·哈肯：《协同学》，凌复华译，上海世纪出版集团2005年版。

周明等：《遗传算法原理及应用》，国防工业出版社1999年版。

［比］伊·普里戈金、［法］伊·斯唐热：《从混沌到有序》，曾庆宏、沈小峰译，上海世纪出版集团2005年版。

苗东升：《复杂性科学研究》，中国书籍出版社2014年版。

苗东升：《复杂性管窥》，知识产权出版社2014年版。

［美］珍妮特·瓦斯科：《浮华的盛宴——好莱坞电影产业揭秘》，毕香玲、迟志娟译，中信出版社2006年版。

苗东升：《系统科学精要》（第2版），中国人民大学出版社2006年版。

［美］M.盖尔曼：《夸克与美洲豹》，杨建邺等译，湖南科学技术出版社1998年版。

［美］亚历山大·科萨科夫：《系统工程原理与实践》，胡保生译，西安交通大学出版社2006年版。

周子琰、姜奇平：《创意经济新论——中国蓝海风暴》，新星出版社2006年版。

［美］海尔布伦等：《艺术文化经济学》，中国人民大学出版社2007年版。

［英］吉姆·麦圭根：《重新思考文化政策》，何道宽译，中国人民大学出版社2010年版。

［英］阿兰·斯威伍德：《文化理论与现代性问题》，黄世权等译，中国人民大学出版社 2013 年版。

陈子长、翟涛、韩子寅、杨星科编著：《创新文化生态系统研究》，科学出版社 2013 年版。

［美］R. Keith Sawyer：《创造性：人类创新的科学》，师保国等译，华东师范大学出版社 2013 年版。

［美］蒂姆·哈福德：《适应性创新》，冷迪译，浙江人民出版社 2014 年版。

［美］克里斯·安德森：《创客：新工业革命》，萧潇译，中信出版社 2012 年版。

李怀亮、刘悦笛：《文化巨无霸》，广东人民出版社 2005 年版。

［美］黛博拉·佩里·皮肖内：《这里改变世界》，罗成译，中信出版社 2013 年版。

［英］马特·金登：《创新之门》，谢绍东等译，电子工业出版社 2014 年版。

［美］理查德·弗罗里达：《重启——后危机时代如何再现繁荣》，龙志勇、魏薇译，浙江人民出版社 2014 年版。

［瑞士］R. 詹姆斯·布雷丁：《创新的国度》，徐国柱、龚贻译，中信出版社 2014 年版。

刘立云：《中国嵌入型文化产业集群发展研究》，社会科学文献出版社 2014 年版。

姚林青主编：《文化创意产业集聚与发展》，中国传媒大学出版社 2013 年版。

杨永忠：《创意经济学》，福建人民出版社 2009 年版。

［英］贾斯汀·奥康诺：《艺术与创意产业》，王斌、张良丛译，中央编译出版社 2013 年版。

［美］史蒂文·约翰逊：《伟大创意的诞生》，盛杨燕译，浙江人民出版社 2014 年版。

［美］布莱恩·阿瑟：《技术的本质》，曹东溟、王健译，浙江人民出版社 2014 年版。

温勇增：《系统涌生原理》，经济日报出版社 2014 年版。

李学伟、吴今培等：《实用元胞自动机导论》，北京交通大学出版社 2013 年版。

唐恢一编著：《系统学》，上海交通大学出版社 2013 年版。

吴彤：《自组织方法论研究》，清华大学出版社 2001 年版。

［日］中野晴行：《动漫创意产业论》，甄西译，中国传媒大学出版社 2007 年版。

葛洪：《抱朴子外篇全译》，贵州人民出版社 1997 年版。

［美］大卫·赫斯蒙德夫：《文化产业》，张菲娜译，中国人民大学出版社 2007 年版。

吴明娣：《艺术市场研究》，首都师范大学出版社 2010 年版。

西沐：《中国艺术品市场概论》（上卷），中国书店 2010 年版。

李捷：《日本动漫史话》，中国青年出版社 2012 年版。

许国志主编：《系统科学与工程研究》，上海科技教育出版社 2000 年版。

［美］约翰·H. 霍兰：《隐秩序——适应造就求复杂性》，周晓牧、韩晖译，上海科技教育出版社 2011 年版。

叶滢：《窑变 798》，新星出版社 2010 年版。

孔立雯：《骤变 798》，湖南美术出版社 2011 年版。

谭跃进、邓宏钟：《复杂适应系统理论及其应用研究》，《系统工程》2001 年第 19 期。

王毅、吴贵生：《基于复杂理论的企业动态核心能力研究》，《管理科学学报》2007 年第 10 期。

陈蔚珠、陈禹：《以复杂适应系统理论探析企业信息系统项目风险》，《复杂系统与复杂性科学》2004 年第 1 期。

张兵、曾珍香、李艳双：《基于 CAS 理论的企业可持续发展的动态支撑机制研究》，《科学学与科学技术管理》2004 年第 1 期。

李刚、邢书宝：《资源承载力人工社会模型研究》，《计算机技术与发展》2007 年第 17 期。

秦小林、张庆国、杨书运：《复杂性科学及其在生态系统研究中的应用》，《安徽农学通报》2007 年第 13 期。

［英］约翰·霍金斯：《创意产业的核心因素》，石同云译，《产业研究译丛》2009 年第 5 期。

［英］约翰·霍金斯：《创意经济·如何点石成金》，洪庆福、孙薇薇、刘茂玲译，上海三联书店2006年版。

［美］理查德·凯夫斯：《创意产业经济学·艺术的商业之道》，孙绯等译，新华出版社2004年版。

张江、李学伟：《用数字人工生命模型探索复杂适应系统》，《复杂系统与复杂性科学》2005年第2期。

张江、李学伟：《经济复杂系统的建模研究——人工经济模型》，《复杂系统与复杂性科学》2005年第2期。

隋新、张永庆：《创意产业研究理论述评》，《经济问题探索》2008年第2期。

吕挺琳：《自组织视角下文化产业集群的优越性与演进》，《经济经纬》2008年第6期。

上海文化发展基金会办公室课题组编著：《C产业：创意型经济的引擎》，上海三联书店2006年版。

郭鸿雁：《创意产业链与创意产业集群》，《当代经济管理》2008年第7期。

冯艳：《创意产业要素支撑体系研究》，《科技管理研究》2009年第7期。

肖骁：《创意产业价值链研究》，《中国集体经济》2008年第3期。

厉无畏：《创意改变中国》，新华出版社2009年版。

［美］理查德·弗罗里达：《创意经济》，方海萍等译，中国人民大学出版社2006年版。

孔建华：《北京798艺术区发展研究》，《新视野》2009年第1期。

张嗣瀛：《复杂系统的演化过程n（n-1）自聚集》，《复杂系统与复杂性科学》2005年第7期。

张嗣瀛：《复杂性科学，整体规律与定性研究》，《复杂系统与复杂性科学》2005年第1期。

法国文化交流部网（http：//www.culture.gouv.fr/culture/regions/role.htm）。

英国文化、传媒、体育部官方网站（http：//www.culture.gov.uk）。

澳洲传播、讯息科技及艺术部（http：//www.cultureandrecreation.gov.au/cics）。

香港特区政府网（http：//sc. info. gov. h/gb/www. policyaddress. gov. 2005. 10.19）。

文化创意产业专署网站（http：//www. cci. org. tw）。

[美] 简·雅各布斯：《城市经济》，项婷婷译，中信出版社2007年版。

陈旭、谭婧：《关于创意城市的研究综述》，《经济论坛》2009年第3期。

王克婴：《比较视域的国际创意城市发展模式研究》，《山东社会科学》2010年第4期。

汤培源、顾朝林：《创意城市综述》，《城市规划学刊》2007年第3期。

Allen J. Scott, Creative Cities: Conceptual Issues and Policy Questions.

甘霖等：《创意城市的国际经验与本土化建构》，《国际城市规划》2012年第3期。

冯艳：《创意城市（产业）要素支撑体系研究》，《科技管理研究》2009年第7期。

Allen J. Scott, *The Culture Economy of Cities: Essays on Geography of Image Producing Industries*, London: Sage Publications of London, Thousand Oaks and New Delhy, 2000.

张晓明等主编：《国际文化产业发展报告》第1卷，社会科学文献出版社2007年版。

张晓明等主编：《国际文化产业发展报告》第2卷，社会科学文献出版社2009年版。

程恩富主编：《文化经济学》，中国经济出版社1993年版。

李怀亮、金雪涛：《文化市场学》，首都经济贸易大学出版社2010年版。

胡惠林：《文化产业学概论》，书海出版社2006年版。

[澳] 约翰·福斯特等：《演化经济学前沿》，高等教育出版社2005年版。

[澳] 戴维·思罗斯比：《经济学与文化》，王志标、张峥嵘译，中国人民大学出版社2011年版。

顾钰民：《健全现代市场体系》，重庆出版社2009年版。

黄文叡：《艺术市场与投资解码》，台北：艺术家出版社2008年版。

[意] 阿莱西娅·左罗妮：《当代艺术经济学》，管理译，东北财经大学出版社2016年版。

[美] 威尔伯·施拉姆、威廉·波特：《传播学概论》，陈亮等译，新华出

版社 1984 年版。

林拓等：《世界文化产业发展前沿报告》，社会科学文献出版社 2004 年版。

孙伟平：《事实与价值》，中国社会科学出版社 2000 年版。

张晓明等：《全面构建现代文化市场体系》，社会科学文献出版社 2014 年版。

吴明娣主编：《艺术市场研究》，首都师范大学出版社 2010 年版。

杨斌主编：《软科学大辞典》，中国社会科学出版社 1991 年版。

［英］约翰·霍金斯：《创意生态》，林海译，北京联合出版公司 2011 年版。

王蕾：《市场体系培育研究》，中国人民大学出版社 2012 年版。

纪宝成主编：《中国统一市场新论》，中国人民大学出版社 2007 年版。

［美］理查德·豪伊：《边际效用学派的兴起》，晏智杰译，中国社会科学出版社 1999 年版。

张京成等主编：《创意为王：中国创意产业案例典藏》，科学出版社 2007 年版。

［美］伊斯内尔·柯兹纳：《市场过程的含义》，冯兴元等译，中国社会科学出版社 2012 年版。

［美］埃德蒙·费尔普斯：《大繁荣》，余江译，中信出版社 2013 年版。

金冠军：《文化资源的市场机制配置和政府宏观调控》，《上海大学学报》1994 年第 6 期。

宋奇慧：《健全文化市场体系　加快文化产业发展》，《人文杂志》2005 年第 4 期。

王立科：《培育现代文化市场体系的政府作为》，《上海青年》2006 年第 4 期。

李康化：《我国文化产业市场化发展的路径选择》，《福建论坛》（人文社会科学版）2009 年第 10 期。

曹巍嵩：《建立适应"十二五"规划的现代文化市场新体系》，《决策探索》2010 年第 11 期。

王国华：《完善文化市场主体的方法与路径》，《思想战线》2010 年第 3 期。

魏鹏举:《文化产业的市场结构及其全球市场趋势研究》,《思想战线》2010 年第 3 期。

罗紫初、秦洁雯:《论文化市场体系的内涵、结构与特征》,《出版科学》2014 年第 1 期。

黄先蓉、徐唯:《世界主要发达国家文化市场体系建设相关政策及启示》,《中国编辑》2014 年第 2 期。

黄先蓉、郝婷:《论文化市场体系建设中的政府与市场定位》,《现代出版》2014 年第 2 期。

罗紫初、李昕烨:《文化市场体系建设与一般市场体系建设的共性与差异比较研究》,《出版科学》2014 年第 5 期。

郝婷、黄先蓉:《文化市场体系建设应遵循的原则》,《新闻前哨》2014 年第 6 期。

朱静雯、李靓:《我国文化技术市场体系建设存在的问题、成因及对策》,《出版科学》2014 年第 6 期。

黄先蓉、郝婷:《我国文化市场体系建设制度创新刍议》,《中国出版》2014 年第 11 期。

罗紫初、洪璇:《现代文化市场体系中政府与市场的角色定位探析》,《出版科学》2015 年第 2 期。

郝婷:《我国文化市场体系建设中制度设计的不足及原因探析》,《编辑之友》2015 年第 3 期。

[美] T. L. 萨迪:《网络层次分析法原理及其应用》,鞠彦兵、刘建昌译,北京理工大学出版社 2015 年版。

[美] 梅拉妮·米歇尔:《复杂》,唐璐译,湖南科学技术出版社 2011 年版。

Dr. Verena Wiedeman, "Creative Industries: Public Policies in Support of Film", *Music and Broadcasting in Developing Economies*, 2004.

Beckman T., "Knowledge Management Seminar Notes", ITESM, Monterry, Mexico, June 1998.

Cert-Jan Hospers, "Creative Cities: Breeding Places in the Knowledge Economy", *Knowledge, Technology & Policy*, 2003.

Wiig K., *Knowledge Management Foundations. Arlingdon TX*, USA: Schema

Press, 1993.

Nonaka I. Teece D. (eds.), *Manmaging Industrial Knowledge*, London, England: Sage Publication Ltd., 2007.

Probst G., *Managing Knowledge*, New York, USA: John Wiley & Sons, Ltd., 2000.

Guruge A., *Corporate Portals Empowered with XML and Web Services*, Boston, MA USA: Digital Press, 2009.

Davenport T., *Information Ecology*, New York: Oxford University Press Inc., 1997.

Harold L. Vogel., *Entertainment Industry Economics – A Guide for Financial Analysis (Fifth Edition)*, Tsinghua University Press, 2011.

The Elizabeth Currid Warhol, *Economy: How Fashion Art and Music Drive New York City*, Copyright © by Elizabeth Currid, 2013.

Finland Cultural Industry Committee, *Final Report*, Helsinkj: Finland Ministry of Education, 1999.

Gb Dcms, *Creative Industries Mapping Document 1998*, Landon: Gb Department of Culture, Media and Sport, 1998.

John Howkins, *The Creative Economy: How People Make Money from Ideas*, London: Alien Lane, 2014.

Florida R., *Cities and the Creative Class*, New York: Rouledge, 2011.

Graham Drake, "This Place Gives me Space: Place and Creativity in the Creative Industries", *Geoforum*, 2013.

Gert – Jan Hospers, "Creative Cities: Breeding Places in the Knowledge Economy, Knowledge", *Technology & Policy*, Fall, 2013.

Annm, "Urban Development and the Policies of a Creative Class: Evidence from the Study of Artists", *Environment and Planning A*, 2006.

Bruno S. Frey, *Arts & Economics*, New York: Springer – Verlag Berlin Heidelberg, 2010.

Charles L., *The Creative City: A Toolkit for Urban Innovators*, Earthscan Publications, London, 2014.

Peter H. Creadve, "Cities and Economic Development", *Urban Studies*,

2013.

Pratt A. C., "Creative Clusters: Towards the Governance of the Creative Industries Production System", *Media International Australia Incorporating Culture and Policy*, 2001.

John Kreidler, *Creative Community Index*, New York: basic 2002, Tyler Cowen, In Praise of Commercial Culture, Massachusetts: Harvard University Press, 1998.

Warfield J. N., "Twenty Laws of Complexity", *Science Applicablein Organization Systems Research and Behavioral Science*, Vol. 16, 1998.

Nonaka Ikujiro and Noboru Konno, "The Concept of Ba: Building a Foundation for Knowledge Creation", *California Management Review*, 1998.

Teece D. J. Pisano G. Shuen A., "Dynamic Capabilities and Strate Management", *Strategic Management Journal*, Vol. 18, 1997.

Babaoglu O. H. Meling, A. Montresor Anthill, "A Framework for the Development of Based Peer – to – peer Systems", *Distributed Computing Systems*, 2012.

Lukszo Zofia Verwater, Ivo Bouwmans, "Intelligent Complexity in Networked Infrastructures", *Systems, Man and Cybernetics*, Vol. 3, 2010.

Montemagno C., R. Doumani, C. Doumani, "Engineering with Life: New Tools for the 21st Century", *Bio Micro and Nanosystems Conference*, 2006.

Guo Donghang, E. Santos, A. Singhal, E. Santos, Qunhua Zhao, "A Daptivity Modeling for Complex Adaptive Systems with Application to Biology", *Systems, Man and Cybernetics*, 2007.

Ervin Laszlo, Christopher Laszlo, *The Insight Edge*, Quorum Books, 1997.

Ervin Laszlo, *System, Structure and Experience*, Gordon and Science Publishers, 1970.

John Briggs, F. David Peat, *Seven Life Lessons of Chaos*, Harper Collins Publishers, Inc. (USA), 1999.

David Ruelle, *Chance and Chaos*, Princeton University Press, 1991.

Ilya Prigogine, *Is Future Given*: World Scientific Publishing Co., Pte Ltd.,

2003.

Murray Gell–Mann, The Quark and the Jaguar, W. H. Freeman and Company, 1994.

Poul Ormerod, Butterfly Economics, Faber and Faber Limited, 1998.

John Gribbin, Deep Simplicity, Allen Lane, 2010.

Duncan J. Watts, *Small Worlds*, Princeton University Press, 1999.

Bart Peter, *The Gross: St Martin's Lane*, London, 1999.

Boyle, James Shamans, *Software and Spleens*, Harvard University Press, 1996.

Howe, Michael J. A., *Genius Explained*, Cambridge University Press, 1999.

Koestler, Arthur, *The Act of Creation*, Hutchinson London, 1964.

Janet Wasko, *How Hollywood Works*, Sage Publications of London, Thousand Oaks and Delhi, 2013.

John Howkins, *Creative Ecologies: Where Thinking Is A Proper Job*, University of Queensland Press, 2009.

John Hartley, *Creative Industries*, Blockwell Publishing Ltd., 2010.

Henry Jenkins, *Convergence Culture–Where Old and New Media Collide*, New York University Press, 2006.

Fang F. K., Sanglier M., eds., Complexity and Self–organization in Social and Economic Systems, Springer–Verlag, 1997.

Holland, J. H., *Emergency—From Chaos to Order*, Oxford University Press, 1998.

Holland, J. H., *Adaptation in Natrual and Aritificial Systems* (2nd edition), Cambridge, Mass: MIT Press, 1992.

Miroslav Jovanovic, Evolutionary Ecomonic Geography: Location of Production and the European Union, Taylor & Francis Group, 2009.

Fan, D. P., "Towards Complex Holism", *Systems Research and Behavioral Science*, 2007.

Francescotti, R. M., Emergence. Erkenntnis, 2007.

I. Prigogine, I. Stengers, Order out of Chaos, Bantam Books Inc., 1984.

Henry N. Pollack, *Uncertain Science Uncertain World*, Cambridge University

Press, 2003.

Takeshi Matsuda, Sengo Nohon Ni Okeru Amerika No Sofuto Pawa Haneikyuteki Izon No Kigen, Iwanami Shoten, 2008.

Gell – Mann, M. , Complex Adaptive Systems, In George, A. Cowan and et al (ed.) Comlexity: Metaphors, Modals and Reality, David Pines, David Meltzer, 1994.

Gell – Mann, M. , What is Complexity, Complexity, John Wiley and Sons, Inez. 1995, http://www. Santafe. Edu/sfi/People/mgm/complexity. Html.

后　　记

阅读，已经成为最重要的生活方式，我读故我在。20世纪80年代中叶从读理科到读文科，从读文学到读美学、哲学和心理学，90年代又开始读新闻学、传播学和市场营销学，期间获得文学硕士学位，做过近10年新闻记者。21世纪初又转向读文化、创意产业和复杂系统科学，获得工学博士学位。读之余，毕竟有些思考，于是去从事研究工作，自始迄今，已20年有余。所及领域几乎都在学术期刊上发表过文章，新闻传播学还出版过专著。自己觉得所有作品虽然都是原创，但大都不配叫学术成果，不过是读书心得或者经验总结而已。

写一本书如果没有任何创见，那不过是对生命的浪费。最重要的，根据我买书和读书的经验教训，是浪费了读书人的金钱和时间。像我这样的读书人是很穷愁的，一旦被书名吸引，或者被一些专家忽悠，就会去买某一本书，特别是这些年买回来的书往往很快都会进垃圾桶，使我觉得写书真的要有"干货"，不然，读书人坑读书人是不道德的。

这本书是根据我的博士论文改写的，一直没有出版，是想看一下经过若干年以后论文是否还有价值，如果见光死，就没有必要出版；另一个原因是即使想出版，自己也拿不出出版费用。现在看来，与同类著作相比，这本书的学术质量并不差，加上四川省社会科学院征集建院60周年优秀成果，赞助出版费用，蒙同人见爱，始得问世。哪些同人居然投了赞成票，我不知道，在此表示感谢。

希望本书是自己多年来在多学科游弋的一个有价值的小结。限于智商，书中的不足和瑕疵也是明显的，盼望读者诸君不吝赐教。

肖　云

2018 年孟夏于蓉城浣花溪畔者也居